モンロー研究所のヘミシンク技術が可能にした

死後探索 2

魂の救出

ブルース・モーエン

坂本政道 監訳 ・ 塩崎麻彩子 翻訳

ハート出版

献辞

本書を以下の方々に捧げたい。

不思議な教師(匿名を望み、本書ではレベッカと呼ばれている)に。
その愛と理解とサポートがなければ、
なにひとつ成し遂げることはできなかっただろう。

勇気と技術によって道を開き、道具を与えてくれた、
ロバート・A・モンローに。

その導きと教育によって、
私が死後の世界を探れるようにしてくれた、
モンロー研究所のスタッフに。

最初から愛と忍耐をもって支えてくれた家族に。

愛と勇気によって、
私が本書を生み出すのを助けてくれた妻ファロンに。

探索の方法を学ぶのを手助けしてくれた、
物質界と非物質界の友人たちに。

魂の救出――目次

単独航海

ひとりで、ハリケーンに襲われて

疑いの彼方へ

プロローグ

私たち人間は物質世界を超えたところでどうなるのか——そんな好奇心を覚えたことから、私は「向こう」の世界への航海を開始した。

好奇心が船の帆をいっぱいに膨らませ、私の航海の推進力となった。ヴァイキングやコロンブスが、世界は平らではなく、航海を続けても未知の奈落に落ちてしまうことはないと発見したように、私も航海を続けるうちに、私たちの物質的な存在は死で終わりはしないことを発見した。

私たちの住む物質世界の縁《へり》を超えたところに、死後の世界が存在する。それは、私たち誰もが、死んだときに入っていくことになる「新世界」なのだ。「死後探索」シリーズの第一巻、『未知への旅立ち』には、私が死後の世界で探索をしたり、発見をしたりした旅の体験のうち、初期のものを収録した。本書、『魂の救出』はその話の続きとなる。

このテーマについて、臨死体験から書いている著者たちもいるが、私にはそういう体験はない。また超能力があったり、超常現象に出会ったりして、死後の世界を探索できるようになったわけでもない。ただ好奇心さえあれば、普通の人でも、死後の世界で途方もない経験をすることができるのだ。あなたと私との間に何か違いがあるとすれば、私が好奇心によって「あの世」を探索する方法をすでに学んでいるということだけだ。普通の人間でも、誰でもそういうことができるのだと知っていただきたい。

『未知への旅立ち』は、「ダンサー」と呼ばれていた幽霊のカップルを、ある若い女性の自宅から撤去させたところで終わっていた。あの経験は、人間が死後も存在するというのが本当だと信じきれない私の疑いを解消するうえで、ひとつのターニングポイントとなった。あの経験の間に私が収集した情報は、紛れもない真実だと実証された。しかしそれでも、死後の世界についての私の疑いは根強く残っていたのだ。

人生の中で身につけてきた信念が、自分の経験したことと相容れなかったため、私は、そういう経験が本当なのだということを頑《かたく》なに受け入れまいとしていた。

『未知への旅立ち』の後も、新たな旅に出るたびに、証拠は次々と集まっていた。私は再三にわたって、人が死後も確かに存在し続けるということを示す、裏づけ情報を持ち帰った。私の旅では、ある人たちの死の状況、日や時刻、肉体的な外見、習慣や癖などについての情報が手に入った。時には、私には知るすべがないような、ずっと以前に死んだ親族について、名前や説明が手に入ることもあった。私は死後世界への旅で、どんな理知的な人にでもその存在を納得してもらえるような、裏づけの取れた情報を何度も発見した。

それなのに、私の疑いは根強かった。

私にはわかったのだが、疑いというものは、何としても受容を拒む、強い力なのだ。疑いのせいで私は、証拠をみな、もっともらしい説明をつけて片づけてしまっていた。信念と経験が対立するなかで、私はいつも、疑いのために死後世界の実在を完全には受け入れられずにいた。

だがそれでも、私の好奇心は疑いの余地のない確固たる証拠を渇望しており、私はさらなる情報を求めて物質界の縁を越える航海を繰り返していた。航海から帰るたびに、私は新たな秘宝を持ち帰った。

私はモンロー研究所で学んだテクニックを利用し、「救出活動」という手段を用いて、引き続き死後世界の探索を続けた。

そもそも私が非物質界を認識できるようになったのは、フォーカス23に囚われてしまっている死者たちの「救出活動」にたずさわったおかげだった。私は初め、「救出活動」という入り口を通らなくては、死後の世界に入国することができなかった。

しかし、認識力が向上するにつれて、私は徐々に、もっとほかの入国方法や探索方法を開発していった。

私が発見したところによると、私たちが住む物質界でも、死後世界の存在を実証してくれるような経験をすることができるのだ。

たとえば、肉体的に生存している他人について、考えていることや感じていることを読み取るという、実証可能な能力がある。莫大な距離や時間に隔てられている肉体的に生存中の人たちとの間で、非物質界を通じてコミュニケーションをとることは、私にとって日常茶飯事となった。物質界で起こることのタイミングを感じ取る能力は、ごく当たり前のものとなった。あらゆるものに対して、自由にコミュニケーションがとれるようなレベルで絆を感じるのも、ごく普通のこととなった。非物質界の友人たちとの関係はどんどん深まって、彼らからの情報を実証できるところまで行った。日常生活で決断を下すときに、そうした友人たちが教えてくれることを重視するようになった。私は、スーパーの駐車場で入り口に近い駐車場所を見つける、といった単純なものから、電磁気的重力理論のように複雑なものまで、様々な情報を受け取った。異世界のある部分を探索することは、ただただ楽しかった！

私が三年にわたって収集した、死後世界の実在を示す証拠の多くは、動かしがたい確たる証拠だったが、それでも私の疑いはしつこく残っていた。徐々に私は、得られる情報に内的な整合性があることに気づき始めた。この世での信念や行動が、死後世界を探索する経験にどれほど影響するか、わかるようになってきた。新たな航海を重ねるたびに、自分の経験の正しさを信じる気持ちが増してきた。それによって、自分の道を歩み、この世での目的を追求していくうえで、全宇宙が援助してくれるということを、徐々に信じられるようになってきた。

本書では、私が発見したことをもっとお伝えしたいと思っている。

救出活動について書くことによって、この世での信念や行動がどれほど死後に影響するかを明らかにしてみたい。

それ以外の経験について書くことによって、ほかにどんな可能性があるか、いくらか示せればと思う。

お読みになるときに心に留めておいてほしいのだが、これらは私の経験に過ぎない。

私は、これらの経験によって疑いを克服し、死後世界は誰もが死んだら行くことになる本当の世界なのだと信じられるようになった。

しかし私は、この件に関して、私の言葉をそのまま受け入れろとは言わないし、そうしてもらえるだろうとも思っていない。逆に私は、読んだり聞いたりすることで、何かが信じられるだろうとは思わないし、信じるべきだとも思わない。

私は死後の世界が現実であることを最終的に受け入れるまでに、三年半も航海を続けねばならなかったが、その間に、ただ直接の経験のみが、頭で信じていることを確かな知識に変えてくれるのだと教えられた。また、その年月のうちに私は、実際に試してみるだけの好奇心さえあれば、普通の人間でもその手の経験が可能なのだという確信を、さらに再確認することになった。

『未知への旅立ち』が出版社で編集作業に入る頃には、それを早く本屋に並べたいという焦りのような感覚が、不快なほど常につきまとうようになっていた。そのプロセスを速めるために、できることなら何でもしたいというプレッシャーが高まってきていた。

モンロー研究所の創始者であるボブ・モンローが死後の世界に入ってから、すでに一年以上がたっていた。もっと出版社をせかせなくては、というプレッシャーの一部は彼から来ていた。

一九九六年七月、私がヴァージニアでハウスシッティング（家人に代わって留守宅に住み込む仕事）をしていたとき、事態は頂点に達した。ボブとはかなり定期的にコミュニケーションを取っていたが、ボブは、物質世界ではただ座って本を書いてばかりはいられないのだ、ということなど忘れてしまっているかのようだった。物質世界では時間を使って生計を立てなくてはならないことなど忘れてしまっているように思えた。

ある日、郵便ポストまで四〇〇メートルほど歩いて行ったとき、私はまたボブの存在を感じた。もうこれ以上せかされるのはごめんだと感じて、私は会話の中で彼にくってかかった。

「ブルース、きみの本を世に出すペースのことで、いささかフラストレーションを感じてるようだね」とボブが言うのが感じられた。

「まったく！」私は心の中で叫んだ。

「ボブ、あの連中を怒らせない範囲で、できるかぎりせっついてるんですよ」

「ああ、わかるよ。それなのに物事がなかなか進まないようだね」

「できるかぎりのことは何でもやってるんですよ。あなたがたがもっと速く進んでほしいと思うなら、少しは責任を負ってくれてもいいじゃないですか」

「おやおや、いささかフラストレーションが溜まってるようだね！」

「そのとおりですよ！　あの本が早く世に出てほしいと思うなら、たった今、五千ドルを空中から出して、私の手の中に落っことしてくださいよ！　そのお金で編集してくれる人を雇って、三千部を印刷して、車のトランクに入れて売り歩きますから！」

私は両手をくっつけて、手のひらを上にして前に突き出し、お金が空から落ちてくるのを待った。

「さあボブ、五千ドルを今すぐ、この手の中に。そうしたら私は自費出版して、車のトランクに入れて売り歩きますよ！　早くしてほしいんでしょう。だったら、ほら、この手の中に落として」

「そのことで、きみにプレッシャーをかけに来たわけじゃないんだよ、ブルース。きみの言うとおりだ。きみはできるかぎりのことをしているよ」

「そりゃどうも！」

「今から私たちが仕事を引き継いで、最初の一冊を世に出してあげるよ。きみの助けが必要だとしても、それはほんのちょっとしたことだけだ。助けが必要なときは知らせるよ。それに、私たちはもう手はずを整えているから、きみは二冊目を書き始めていいぞ」

「だといいですが。今の状況からすると、フルタイムで執筆できるだけの資金を貯めるために、数ヶ月はエンジニアの仕事に戻らなくちゃならないでしょう。一日仕事をした後で、二、三時間執筆するというわけにはいきませんよ。一冊目のときにやってみたけれど、書いたものは一貫性に欠けてました。すべてを理解できるパターンにまとめるには、フルタイムで書かなくちゃ」

「心配はいらないよ、ブルース。すべて手配してあるから」

「本当ですか。お金はどこから来るんですか？　空から降ってくる？」

「今にわかるよ」

私は郵便物を受け取ってから、一冊目の本の原稿に出版社が提案してきた変更をほどこす作業を続けるために、家に歩いて戻った。ノートパソコンの前の椅子に座った途端、電話が鳴った。出版社からだった。出版社のオフィスは、五〇キロほど離れたシャーロッツヴィルにあった。それもあって、私はそこでハウスシッティングをしていたのだ。

担当者は私に、『未知への旅立ち』の出版について話し合うために、二日以内にオフィスに来て彼のパートナーに会ってほしいと言った。その話し合いが終わったとき、私は署名済みの契約書と、印税の前払い金を持ち帰ることになった。初出版の著者に前金が支払われるのはまれなことだ。その前金を資金として、私は本書『魂の救出』を執筆することができたのだ。

「さあこれで、どうして二冊目を書き始められるのかわかっただろう」

出版社のオフィスを後にしたとき、ボブが言うのが感じられた。

「実際は空から降ってくるわけではなかったし、きみの言った金額ではないが、書き始めることはできるだろう？」

「ええ、ボブ。ありがとう」私は心の中で返事をした。「ありがとう」

私は十日ほど後に、デンバーに戻り、『魂の救出』の執筆を開始した。前の本と同じく、これは私が続けている旅をありのままに書き綴った実話だ。ただし、プライバシーを守るため、要望に応じて名前や地名の一部は変更している。

『未知への旅立ち』の終わりに書いたとおり、私の持っている情報は、一冊の本に詰め込むには多すぎる。

『魂の救出』はシリーズ二冊目の本なので、読者は耳慣れない用語にぶつかるかもしれない。そのような用語の理解を助けるために、必要と思われるものを選んで付録Dの用語解説にまとめてある。本書を、続き物のストーリーの第二部と考えていただいたほうが、よりよく理解していただけるはずだ。

1章〜12章

****

不思議な教師との旅

航海術は、海をよく知っている人の監督下で学ぶのが一番だ。「不思議な教師」であるレベッカは、長年にわたって死後の世界を探索しており、彼女から航海術を学ぶことができた私は幸運だった。誰もが知っているとおり、生徒の準備ができたときに教師が現れるものなのだ。

第1章　ダイコトミーランド《さかさまのくに》――別世界の探索

レベッカと私は相変わらず、非物質的に会っては、一緒に死後世界を探索していた。『未知への旅立ち』でお読みになったかもしれないが、死後世界が現実であることを示す山ほどの証拠は、たいてい私たちが一緒に非物質界を旅して手に入れたものだった。二四〇〇キロも離れて住みながら、私たちは非物質界で会って、「救出」や他の活動を行なっていた。後で私は、そうして起こったことを、思い出せるかぎり日誌に記録した。翌日に電話で記録を比較することは、自分の経験の正しさをチェックするための、お決まりの習慣になっていた。私たちの記録はいつも一致した。どちらか一方が、他方よりも細かい記録になっていることもあったが、基本的な情報はいつも一致していた。

そんな旅をしていた、あるときのこと。私は、レベッカに会うつもりで、非物質界の待ち合わせ場所に行ってみた。すると彼女の笑い声が聞こえてきた。

「ハ、ハ、ハ！　私を見つけられないでしょう」

笑い声の合間に、そう言うのが聞こえた。

「隠れん坊よ。目隠しして十数えて」

彼女が派手なビューンという音を立てて飛び立ち、その動きがわからないように私の知覚を閉ざすのが感じられた。非物質界での目隠しのようなものだ。私はその間、バカバカしく思いながら闇の中に浮かんで、心の中で声に出して十まで数えた。

「もういいかい！　探しに行くぞ」

私は待ち合わせ場所に浮かんだまま、彼女の場所をつきとめようと、すばやくまわりじゅうをスキャンした。彼女のシグナルをとらえると、レーダー誘導のミサイルのように、レベッカの方向に向かって飛び立つ。彼女を見つけるのは、難しくも何ともなかった。

「まったく簡単だよ。隠れ方はうまくなかったね！」

「あなたが深く考えすぎなければここに来られるって、わかっていたのよ」

と彼女はクスクス笑った。

「この前、ここに連れてこようとしたとき、あなたはここに入れなかったけど」

「この前、どこに連れてこようとしたって？」

「あたりを見回して、この場所がどんな感じがするか教えてよ」

まだ笑いながら、彼女は言った。

私は周囲に向かって意識を開き、自分がどこにいるのか印象を得ようとした。フォーカスし、外に向けて意識を広げていくと、自分がいるのがどこであれ、かなり巨大な場所だという感じがしてきた。二次元のような感じでありながら、そんなはずはないのに、あらゆる方向に無限に続いているような感じがした。私の「解釈者」が、記憶をつなぎ合わせて、今いる場所の概念を組み立て始めるのがわかった。

「この場所は巨大だな。これまで体験した中で、一番大きな場所のように感じる」

と私はレベッカに言った。

「光速の何倍ものスピードで永遠に飛べたとしても、どの方向へ行っても果てには行き着かないだろう」

私がそう言った途端、その場所全体がみるみる縮みはじめ、目の前の空間に二次元の角砂糖が浮かんでいるというようなサイズになった。後ろにいるレベッカのクスクス笑いが聞こえた。

たった今起こったことを彼女に話し始めると、それは角砂糖の大きさから小さな光の点になり、そして消えてしまった！　私は、その場所がなぜかとても小さくなって見えなくなった、と言おうとした。すると音もなく膨らんで、それはたちまち元の無限大のサイズに戻った。後ろで、レベッカがまだクスクス笑っているのが聞こえた。

この場所のほかの性質が明らかになってくると、実に奇妙な場所だとわかった。頭の中で、それを言い表す概念を組み立てた途端に、その概念の正反対に外観が変わってしまうのだ。この場所に最適の呼び名は「ダイコトミーランド（さかさまの国）」だ、と私は考えた。ダイコトミーランドは、ある意味では『未知への旅立ち』で紹介した「フライング・ファジー・ゾーン」に似ている。それは私の認識とは別に、独自の存在を持つ意識レベルのようだ。とても奇妙な別世界だ。

ダイコトミーランドで漂いながら、その場所について、しっかりした概念を形成しようとするうちに、レベッカがこの前会ったときに、私をここに連れてこようとしたことを思い出した。あのときなぜ、入り口があっても通り抜けられず、中に入れないと感じたのかわかった。その入り口に近づこうと思うたびに、それは到達できないほど遠くに移動してしまった。そして、それが遠すぎると思うと、また、すぐ目の前にあるのだった。その入り口は、通り抜けられるだけの広さがあると思うと、すぐに電子すら通り抜けられないほど狭く閉じてしまった。「入り口が閉じてしまって入れない」と思うとすぐに、それはまた広がるのだ。

この不思議でナンセンスな入り口を通り抜けようと何度か試みたすえに、私は入ることを諦めたのだった。レベッカは実際、この前のときも私をここに連れてくることができていたのだが、私はそれとの相互作用に夢中になりすぎていたので、特別な場所だとは気づかなかった。それでレベッカが、「深く考えすぎなければここに入れるとわかっていた」と言ったのだ。それで彼女は、隠れん坊という、ちょっとした作戦を使ったというわけだ。

私は、合理的な概念を組み立てる力の敗北をそうやすやすと認めるわけにはいかず、ひとつダイコトミーランドを困らせてやろうと決心した。頭を使ってこれを出し抜き、一定の概念にはまってしまうように誘導しようと考えたのだ。記憶の中を探しまわって、「さかさま」がないものを見つけようとした。そして……

「この場所はフットボールだ」私は頭の中で、ダイコトミーランドに向かって、声に出して言った。そしてリアクションを待ち受けた。

その場所全体が、癇癪を起こした小さな子どものように、ブンブンうなって揺れ動き始めた。まるで、私が手に余る課題を投げかけたせいで、回路に負荷がかかりすぎたかのようだった。私はフットボールのボールを思い描き、それをしっかり保持しようとした。残念ながら、私の「解釈者」が黙ってはいなかった。他の記憶との連結作用で、「解釈者」はフットボールのボールから、フットボールの試合へと飛躍した。フットボール場で選手たちが走ってプレーしているのが見えた。それから「解釈者」の連結作用によって、場面が、ただのフットボールの試合からフットボール場全体へと広がった。そしてフットボールファンの大観衆がスタンドで声援を送っているのが見えた。その大観衆が見えた途端、ダイコトミーランドは仕事のネタを見つけた。私の概念は大観衆の反対、無人の状態へとジャンプした。そして私が見ているうちに、ダイコトミーランドは私の思い描く映像／概念を、大観衆と無人との間で何度も切り替えた。まず満員のスタンドが見えたかと思うと、パチン！　無人のスタンドが見える。パチン！　また満員のスタンドだ。

私はこの知恵くらべでは負けてしまったが、もう一度試してみずにはいられなかった。いずれにしても、合理的な概念化の力は、どんな挑戦にも対処できるはずなのだ。ダイコトミーランドに負けたくなくて、私は心の中で叫んだ。

「この場所は野球の球だ」

そして、何が起こるのかを待ち受けた。ダイコトミーランドは、知性の証拠を見せた。この場所には学習能力があるのだ！　ダイコトミーランドは、私の思い描いた映像／概念を野球の球から変化させ、無人のスタンドと満員のスタンドを、すばやく一定したサイクルで切り替え始めた。レベッカが、私のまぬけぶりを面白がって爆笑するのが聞こえてきた。

ダイコトミーランドになんか負けていられないぞ！

〈私が何も与えてやらなかったらどうなるんだろう？〉と私は考えた。〈完全に沈黙してやろう〉

私は頭を空白にして、黙ったまま、そこに漂っていた。

ダイコトミーランドはいっぺんにあらゆる方向へ跳ねまわり始めた。揺れ動き、暴れている。何かすごいことをやってみせたいのだが、落ち着いていられなくて何も思いつけずに大騒ぎをしている悪ガキのようだ。頭の中を完全に何も考えない状態にしておくのはとても難しかった！　その揺れたり暴れたりがおさまったかと思うと、私はランダムな騒々しいノイズに飲み込まれていた。またもや、ダイコトミーランドにしてやられてしまった！　ランダムなノイズは、ありとあらゆるものの寄せ集めで、「無」の反対というわけだ。

ダイコトミーランドを負かそうとした私の努力は失敗に終わり、レベッカも私も大笑いしながらそこを後にした。

翌日、電話で彼女とメモを比較すると、彼女が仕掛けたちょっとした作戦のことも、私がダイコトミーランドを出し抜こうとした一部始終も、細かいところまですべて確認が取れた。レベッカは、私がそこでしていたことを話しながら、何度も吹き出していた。

私が行なってきた、物質界を超える世界への航海はたいてい、もっと真剣な雰囲気のものだった。しかし、このダイコトミーランドへの旅は、遊園地にある「びっくりハウス」の非物質界版のようだった。

そこで遊んだことで私は、概念の形成について、学べることがあると気づいた。ダイコトミーランドが反対の概念を返してくるときに利用していたのは、「解釈者」が出来事を記憶の中に蓄えたり呼び出したりするときに使う連結作用なのだ。頭の中を静かで何も概念の存在しない状態に保つことは、「解釈者」と「知覚者」のバランスをとれるようになるために、とてもいい訓練になる。この領域で繰り返し経験を積めば、概念を形成するのを抑える練習ができて、本当に「向こう」にあるものを、もっとはっきり知覚できるようになるだろう。

この技術は、非物質界という新世界のどんなレベルでも、何かやり取りをしたり情報を集めたりする際に、たとえば疑いのような、自分の心の傾向を克服するのにとても役に立つ。また、私が「無」に心を集中しようとしたことで、ダイコトミーランドが「すべて」に対して道を開いた、ということもわかった。これで、もっと頻繁に瞑想したくなりそうだ。

第2章　魔法の絨毯《じゅうたん》に乗って

人はみな、人生で困難な選択に直面する時がある。

一九九三年の春が、私にとってはそういう時だった。妻と私は円満に離婚を決め、私は財産のほとんどを妻と子どもたちに譲った。私はエンジニアとしての仕事に満足できなかったので、職を辞し、自分ひとりでコンサルティング会社を始めた。

初夏になる頃には、ヴァージニアに行って死後の世界を探索したいという衝動がとても強まり、強迫観念といえるほどになっていた。私は数ヶ月間、感情的にうちひしがれており、ヴァージニアから二四〇〇キロも離れたところに住む子どもたちと、知を探求する旅との間で引き裂かれる心境だった。そのようなときには、どんなにつらくても、しなくてはならないことはわかっているものだ。

子どもたちと離れることがほぼ確実となり、私は手紙やビデオや電話で連絡を取る以上の関係を保ちたかったため、非物質界で交流するという、自分が開発中の能力を使って、別のかたちでのコンタクトを試みることにした。私はこれまでとは違った種類の航海に出ることにしたのだ。

この航海は、物質界を超えて死後の世界を探索しようとするものではなかった。子どもたちと私は、眠っている間に旅に出て、新しいコンタクトの方法を開発しようとしたのだ。私は肉体によらずに子どもたちの部屋へ行き、夢の中で彼らと会った。それから、パパと一緒に空飛ぶ魔法の絨毯に乗ろうと誘った。おかしな感じがするかもしれないが、当時はそれが、私の生活のなかで数少ない楽しみと喜びのひとときだったのだ。

これを試みた最初の晩、私はどうしたらいいのかよくわからなかった。目を閉じてリラックスし、美しい豪華な絨毯が現れるというふりをした。しばらくすると、一八〇センチ×一二〇センチの絨毯が心の眼前に現れ、すぐ近くに浮かんでいるのが見えてきた。鮮やかな色合いの複雑な模様が表面全体に交差しており、長い金色の縁飾りとふさが縁をぐるりと取り囲んで垂れ下がっている。それがイマジネーションの中で充分に形づくられると、私は飛び乗るというふりをした。空飛ぶ魔法の絨毯の真ん中に座って、娘のシェーラのことを考え、彼女の部屋を思い描いた。

絨毯は動き始めた。

しばらくすると、シェーラの母親の家の外壁を通り抜け、シェーラの部屋が見えてきた。私はベッドから一メートルほどのところに浮かび、九歳の娘が寝ているのをはっきりと見ることができた。名前を呼ぶと、娘は非物質的に目を覚まして、私の夢に入って来た。そして起き上がり、二メートルと離れていない場所に浮かんでいる私を見た。娘が大喜びで絨毯によじ登り、私の隣りに腰を下ろすと、私たちは飛びながら壁を通り抜けて弟の部屋へ行った。息子のダニエルは当時四歳だった。名前を呼ぶと、彼も目を覚まし、私たちの夢の中へ入ってきた。嬉しさに目を見張りながら、ダニエルはベッドから這い出して絨毯に上り、反対側の隣りに座った。それから私たちは、閉じた窓を通り抜け、夜空へと飛び立ったのだった。

その初めての旅のとき、シェーラはおばあちゃんとおじいちゃんに会いに行きたがったが、行ってみると、ふたりとも自分に気づいてくれなかったので少々がっかりした。ダニエルは動物園に行くことを選んだが、行ってみると、動物たちはほとんどみな寝ていた。起きていた動物の中には、私たちが飛んでいくのが見えるかのように、こちらを見上げるものもいた。

夜な夜な、パパの魔法の絨毯で一緒に飛びに出かけるたびに、子どもたちは交代で行き先を決めた。子どもたちを部屋へ迎えに行った後、私たちは窓を通り抜けて外に飛び出し、近所の木の上空を越えて、それからどこでも好きなところに向かうのだった。あるときは、シェーラが地球の反対側の中国まで行きたがった。向こうが本当に昼間なのか確かめたいというのだ。行ってみると確かに昼間だった。またある晩は、ダニエルの提案で、月のまわりを回って飛んだこともある。

こうして旅を始めた頃、たびたび問題が起こった。どこかへ向かっている最中に、私が「救出」を手伝うようにという「呼び出し」を受けることがあったのだ。私はシェーラとダニエルに、二、三分いなくなるけれどすぐに戻ってくるよ、と話した。実のところ、救出が長くかかりすぎて、私が戻るとシェーラとダニエルはもう自分たちで家に帰っていた、ということもあった。子どもたちは、自分たちだけでおいていかれるのを嫌がった。私は、これがみな現実に起こっていることだとは、半分くらいしか信じていなかった。しかしその疑いも、妻がこの件について質問してくるまでのことだった。私は、子どもたちとの夜間飛行について、誰にも話したことはなかった。子どもたちにも話していなかった。なので、妻がわざわざこんなふうに言ってきたのには驚いてしまった。

「夜、子どもたちと何かしているの？」と彼女は訊いた。

「ああ、この二週間くらい、時々、魔法の絨毯に乗りに行ってるんだ」

「シェーラがそう言っていたわ。そして、あなたがしばらく消えてしまうことがあるって」

「そう、少しの間だけ、呼び出しに応えるためにそこを離れなきゃならないことがあるんだ。それからまた、もとの旅を続けるんだよ」

「そんなふうに消えてしまう前に、子どもたちを家に帰すほうがいいんじゃないかと思うわ。シェーラは、あなたがいなくなると怖がるから」

「きみの言うとおりだ。今後は、私が呼び出しに応えに行かなきゃならなくなったら、子どもたちをちゃんと部屋に送り届けることにする」

「それに、今後は」と彼女は厳しい口調で言った。「何かこの手のことを始める前に、まず私に話してよ。いいわね」

「わかった」と私は答えた。

たいていの人は、こんな会話をするのはどちらも完全に頭のイカれた奴だけだと思うだろう。私もそれは承知している。この手のことに対処しなくてはならないのは、妻にはかなりの負担になっていたに違いない。妻とその家族は、いわゆる「霊界」での私の活動について、大きな懸念を抱いていた。これもまた、私たちの信念体系が衝突したエピソードのひとつとなった。

この会話の後、私はシェーラとダニエルの不安を取り除くために、魔法の絨毯に乗りに行くときの手順を変更した。次に娘の部屋へ行くとき、私は絨毯に乗っては行かなかった。まず娘の注意を引いてから、そろそろ自分の空飛ぶ絨毯の作り方を憶えてもいい頃だよ、と言った。

娘が非物質的に見守るなか、私は娘のベッドの横に立ち、両手を合わせて、左右の指先がみな触れ合うようにした。それをゆっくり離していきながら、絨毯を作り出そうとした。指先同士が離れると、巻かれた魔法の絨毯が現れた。私はそれを広げて、近くの空中に浮かべておいた。

それからシェーラに、自分の魔法の絨毯をどんなものにしたいか考えるようにと言った。二、三秒すると、シェーラは自分の指先を合わせてから引き離した。シェーラ自身も驚いたことに、シェーラの絨毯が実体化した。私のと同じように、巻かれた状態だった。

シェーラはその端をつかんで勢いよく広げた。彼女がその色合いと質感を変更し、縁全体に房飾りを付け加えると、実に美しい絨毯になった。それから私たちはそれぞれ自分の絨毯に乗ると、シェーラの弟の部屋へ向かった。

ダニエルは絨毯の作り方を教わると、自分も絨毯を広げて、独自の仕上げを加えた。男の子の習性として、ダニエルの絨毯にはどうしてもペダルが必要だったようだ。それもふたつで、片方はブレーキ、もう片方はアクセルというわけだ。ダニエルはさらに、ハンドルもつけ加えた。空中で絨毯を方向転換させるのに必要だというのだ。ダニエルは満足するとそれに飛び乗り、私たちは窓を通り抜けて外へ飛び出した。

こんな話はみな、かなり馬鹿げていると思われるだろうが、私に言えることは、私たちは大いに楽しんだということだ。世界中を飛び回って、もっと中国に行ったり、また動物園に行ってみたりした。横に並んで、音もなく木々の梢《こずえ》の上を飛び、そこにあるものを何でも眺めた。お互いに別れて違う場所へ行き、家でまた集合するというのもやってみた。練習するうちに、子どもたちは自信を身につけていき、自分で旅をしたり、必要なら自分で家に帰ったりすることができるようになった。あるとき、子どもたちはママに一緒に来てもらいたがった。私たちは彼女の寝室に飛んで行き、一緒に来るように誘った。彼女は私の後ろに乗り、私たちは壁を通り抜けて外へ飛び出した。

シェーラとダニエルが、自分の絨毯を作って飛ぶことに自信が持てるようになると、私が救出活動のためにいなくなっても、もう文句は出なくなった。子どもたちは、救出活動が退屈で、それが終わるまで楽しみがお預けになると知り、たいていは私が戻るまで自分たちで飛び回っているほうを選んだ。時には私についてきて、父がいったいどこで何をしているのかを見ることもあった。ついてきて私の救出活動を手伝ってくれることさえあった。

そういう体験のひとつを、『未知への旅立ち』で紹介した。

私が戦車に轢《ひ》かれて死んだ少年を救出しているのを、子どもたちは近くに浮かんで見ていたのだ。子どもたちに呼ばれて少年が絨毯のひとつに飛び乗ると、子どもたちはその子をやすやすとフォーカス27へ移動させたのだった。魔法の絨毯に乗って空を飛ぶなんて、子どもにとっては夢のようなことに違いない。今でも私は、眠りに落ちていくときに、子どもたちと一緒に過ごしたあの楽しい時を思い出すことがある。そうすると、私たちはまた出かけて、夜空で飛行を楽しむのだ。

一九九三年の秋が来る頃には、私は、ヴァージニアへ行って、物質界を超えたところでの人間存在について探索したいという強迫観念に従おうと決心していた。それは人生で最もつらい、心を引き裂かれるような決断だった。ユーホールで借りたバンを運転して出発した私は、何キロも走る間、手を振ってパパに別れを告げる幼い子らの姿を思い出して、ずっと泣き続けていた。

第3章　ワフンカ、そして別世界の共有

私がヴァージニアに引っ越してすぐに、「別世界の共有」というテーマが、レベッカとの会話の中で浮上してきた。レベッカはこの分野の研究者であるチャールズ・タートの書いた論文を読んでいたので、「別世界の共有」について説明するために、タートのした実験のことを教えてくれた。そうして話し合ううちに、私が「ワフンカ」と呼ぶ島での非物質的な探検が、興味深いかたちで始まったのだ。

タートは、催眠にかかりやすい、ふたりの学生を被験者として実験をした。催眠によって、たやすく深いトランス状態になるような学生たちだ。

まず、被験者のひとりが、もうひとりを催眠にかける。その後で、後者が前者を催眠にかける。ふたりは交互に催眠をかけあい、最終的にふたりとも非常に深いトランス状態になる。充分な催眠状態になると、タートはふたりが一緒に行くべき場面を指示する。ふたりはその場面に入っていき、互いに交流しあうのだ。

ある実験で、タートは海辺の砂浜の場面を指示した。その指示を受けて、被験者たちはふたりとも、砂浜へ行ったことを報告した。それぞれがひとりで砂浜にいるのをイメージするだけでなく、鮮明で完璧にリアリスティックな海辺の砂浜で、実際に一緒に過ごしたという。私の記憶では、被験者たちはお互いを目にして、声を聞いたり触れ合ったりすることができ、リアルそのものに感じられる海で一緒に泳ぐことさえできたということだった。報告によると、足の裏には砂の感触があったという。ビーチボールをお互いにトスしあうこともできたという。彼らの知覚するかぎりでは、ふたりとも物質界と見分けがつかない別世界の浜辺にいたと感じられたのだ。つまり、それが別世界の共有ということだ。

この話はなんともいえず魅力的で、楽しそうに思えたので、私たちはすぐに、どうしたらこれを自分たちで試してみられるだろうか、と話し合い始めた。私はその場の思いつきで、まずはお互いに、非物質界にあるかもしれない物を何か映像化するように努めてみよう、と提案した。ふたりともそれを見ることができれば、それがタートの被験者たちの報告したような、共有される完全な別世界につながっていくのではないかと考えたのだ。

「どんなものがいいと思うの?」レベッカが尋ねた。

「大きなオレンジ色のボールはどうだい? ビーチボールくらいの大きさの」

「大きなオレンジ色のボール? エンジニアっていうのは、ずいぶん鮮明な想像力を持ってるのね!」

「まあ、手始めってことだよ。ふたりとも同じものを見られるようになればいいんだったら、大きなオレンジ色のボールってのは、映像化しやすそうじゃないか。確かに、共有する世界としてはちっぽけだけど、まずはそこからスタートしよう」

「どこに見えればいいの？」

「一メートルくらい離れて立って、間にある空間にそれを映像化しようよ」

私たちは互いに向かいあって立ち、間の空中に大きなオレンジ色のボールを映像化しようとした。私にはぼんやりとしたボールの印象があったが、実際に何かを見ることはできなかった。華々しいことは何も起こらなかった。そのときは、共有される別世界に入ることはできなかった。実のところ、このアイデア全体のバカバカしさに、ふたりして笑い出してしまい、私はたちまちすべてを忘れ去ったのだった。

二週間ほどして、私はある奇妙な感覚についてレベッカに話していた。

私は一九七〇年代初めごろから、その感覚のスイッチを入れたり切ったりできるようになったのだった。説明するのは難しい。奇妙な感覚なのだ。その感覚をスイッチオンしようとすると、頭蓋骨の一番下の後ろ側、背骨と頭蓋骨のちょうど境目のあたりに、少し電気を帯びたような、ぼんやりしたボールのようなものが感じられるのだった。それが何なのか、どんな役に立つのか、見当もつかなかったが、二〇年前にそれが起こるようになってからずっと、興味を抱いてきた。

レベッカは意識の様々な状態を感じ取る技術に優れていたので、私は彼女ならそれを解明してくれるかもしれないと思ったのだ。

「それを今も感じることができるの？」と彼女は訊いてきた。

「ああ、ただ目を閉じて、頭蓋骨の一番下にあるその場所を感じさえすればいいんだ」

「じゃあ、そのスイッチを入れてみて。私がそれについて何か感じられるかどうか、やってみるから」

レベッカは目を閉じ、長い息を吐いてリラックスした。私も目を閉じ、あのかすかに電気的な、ぼんやりした感覚を探した。それが見つかると、それに注意を集中した。その奇妙な感覚はいつもより強かった。

「うーん……私はトンネルの中に発射されてるわ！」とレベッカが言った。

私は目を開け、奇妙な感覚をオフにした。

「大丈夫かい？」私は少し心配になって訊いた。

「そのようね。もう一度やってみて」

私は目を閉じ、その感覚を探してフォーカスし、それがまた強まるようにした。

「またトンネルの中に戻ったわ。すごく速く動いてる」とレベッカ。「もうちょっと長く続くようにしてみて」

突然、私にもトンネルの壁が見えてきた。おそらく直径が二メートルほどのトンネルで、すごいスピードで後ろに流れ去っていく。ザラザラした白黒の不鮮明な映像が、あまりにも速く流れ去っているので、細部は何も見て取ることができなかった。

「こっちもトンネルの中にいるよ！」

「私のトンネルは、今、下に向きを変えて、右方向に曲がったわ」レベッカが言った。

私のトンネルも、レベッカがそう言う直前に同じように曲がった。私は猛スピードで飛び去っていくトンネルの壁を見つめながら、その奇妙な感覚にフォーカスし続けた。すると、私のトンネルは急な九〇度ターンで、上に向きを変えた。私は無意識に道なりのコースをたどり、トンネルの中央を進み続けた。

「きみのトンネルも、急角度で上向きに曲がったところかい？」と私は訊いた。

「そうよ！」そして二、三秒後に、「今、壁が変わって、煉瓦でできてるみたいな模様が出てきたわ」

「こっちもだ！」

私たちはそのトンネルを進み続けていったが、私がその奇妙な感覚を意識できなくなると映像は途切れた。私がその感覚に注意を引き戻すなり、トンネルの中をすっ飛んでいく映像イメージが戻ってきた。私たちは五分くらい、この奇妙な感覚で遊んでいた。やがて、私がその感覚を見失って取り戻せなくなったので、遊びは終わりになった。
二、三週間したある晩の真夜中近く、私たちは屋外にあるホットタブ（水着で入るジャグジーのようなもの）の中に座って、暗い田舎の夜空に輝く星々を見上げていた。

「ブルース」と、レベッカが提案してきた。「あれをまたやってみましょうよ。あなたの首の後ろの、あのおかしな感覚っていうのを」

「ＯＫ」と私は答えた。「いい加減、あれに名前をつけなきゃならないね。いつも『頭蓋骨の一番下のおかしな感覚』なんて言うのは面倒になってきたから」

「何か名前を思いついたの？」

「『ワフンカ』ってのはどうだい？」私は、頭に浮かんできた言葉をそのまま口にした。

「ワ……何ですって？」

「ワフンカだよ」

「いいわ。じゃあ、そのワフンカをもういっぺん試してみましょうよ」レベッカは笑いながら言った。

私は目を閉じ、ワフンカを感じようとした。それにフォーカスし、頭蓋骨の一番下に感じるその感覚が大きく、強くなるようにした。一五秒から二〇秒ほどで、それは葡萄の粒くらいからテニスボールくらいの大きさになり、弱くてはっきりしない電気的な感覚から、抗《あらが》いがたいほどの強さにまで高まった。それから私は、世にも奇妙なものを目にした。ホットタブのはるか上方から何かが落ちてくるのを、非物質的な視覚がとらえたのだ。それは巨大なオレンジ色のボールだった。何もないところから現れて落下してきたかと思うと、水しぶきひとつたてずにホットタブの湯に飛び込み、そのまま浴槽の底を突き抜けて地球の中心に向かっていった。私が慌てて肉体の目を開けてみると、もうレベッカも目をまん丸に見開いていた。

「私が今見たものを見たかい？」私は尋ねた。

「ものすごく大きなオレンジ色のボール……ビーチボールくらいの大きさの、オレンジみたいなものなら、そう、見たわよ！」と彼女は答えた。

「私もだ！」

私たちはふたりして、爆笑した。何週間か前に少しだけ試して、そのまま忘れてしまっていたエクササイズが、たった今成功したことがわかったのだ。オレンジのボールが確かに現れた。あのときにイメージしたように、私たちの間の空間に静止して浮かんでいるのではなく、空からまるで巨大な石のように落ちてきたのだ。私たちがようやく笑いを抑えられるようになると、私はもう一度ワフンカのスイッチを入れた。

「またトンネルに戻ったわ」レベッカが言った。

「こっちもだ！」

一〇秒か二〇秒ごとに、ふたりのどちらかが、見えているものをできるだけ手短に描写した。トンネルは方向や、壁の質感や、色や模様などが変わっていった。やがて私はトンネルから出て、小部屋にいるのに気づいた。鮮明なフルカラーのとても現実的な部屋で、大きさはおよそ三メートル四方、天井は見えないほど高かった。誰だかわからない女性が反対側の壁際に、壁のほうを向いて立っていた。私は左に向かって歩き、部屋の隅に近づいて、その女性をもっとよく見ようとした。

「私は部屋の中にいる。女の人がひとり、壁から一メートルくらいのところに、その壁に向かって立っているのが見えるよ」と私は言った。

「私も部屋の中にいるわ。壁の近くにいて、部屋に差し込んでいる光を見上げているところよ」レベッカが答えた。

「一本の光線が、その女性の左肩を照らしている」と、私は見えるものを描写した。すると女性の頭が動いた。いったん左肩を見てから、また光源のほうに視線を戻したようだった。

「ええ、私の左肩に光が当たっているわ」

女性は頭をきょろきょろさせてから止めると、私をまっすぐに見つめた。

「部屋の隅に立っているのはあなたなの？」

「そうだよ」そして私は、非物質的な手を彼女に振ってみせた。「この隅っこに立って、きみに手を振ってるのは私だよ！」

レベッカも手を振り返してきた。

「ここに立って、あなたに手を振っているのは私よ！　あなたの前にあるのは、暖炉かしら？　私のいるところからだと、暖炉みたいに見えるんだけど」

非物質的なレベッカは、しゃがんで暖炉を見てから、両手と両膝を床について、暖炉に向かって這い進み始めた。

「いや、これは暖炉じゃないわ。何か、また別のトンネルみたいよ」そう言いながら、彼女は中にもぐりこみ、姿を消した。

私も歩いていって、両手と両膝をつき、彼女の後から中にもぐりこんだ。反対側に抜け出すと、私は空中の高いところから、美しい円形をした深い青色のプールを見下ろしていた。その周囲はまったくの暗闇だった。私がいるのは、プールの上空およそ一〇メートルのところだ。そこから見下ろすと、直径四、五メートルの金属製の輪がひとつ、はっきりと見て取れた。その輪の周囲に沿って、金色のパイプが二〇本ほど均等に並び、プールの水面からほんの少しだけ突き出ていた。

「きみは、プールからどのくらいのところにいるんだい?」

「水面のすぐ上よ。プール全体と、何か小さなパイプみたいなものが突き出ているのが見えるわ」

「こっちはきみよりずいぶん上にいるんだと思う。プールと、まわりの暗闇がかなり見えるよ」

ろうそくの炎のような小さな炎が、パイプすべてから同時に吹き出し始めた。炎は輪の中心から外側に向かって広がり、どんどん大きくなって、一メートル半くらいにまでなった。炎はパイプの近くでは幅が広く、優美なカーブを描きながら先細りになっていた。炎のパイプに近いほうの端はとても幅が広くて、隣り同士がほとんど接しそうなほどだった。ろうそくの炎のように、鮮やかな赤、黄色、オレンジなどの色合いで、プールの深い青を背景にして、見事な美しさだ。炎がその大きさを保っているうちに、私は自分が目にしているものが、美しい完璧な蓮の花に似ていると気づくことができた。

「プールの水面の炎が、蓮の花みたいだわ」とレベッカが言うのが聞こえた。

すると、炎が爆発するように、上に向かって噴出した。美しい花弁のようなサイズの炎が、ひとつの筒状の円柱となってプールから噴き上がり、私の横を通過して、頭上に見えるほど高くそびえ立った。

「炎の柱がプールから立ち上がってるのが見えるかい？」と私は尋ねた。

「きれいね」とレベッカが答えた。

私はそこに浮かんだまま、小さな炎が集まってできている壁を見つめていた。やがて、私がワフンカの感覚を見失うと、その場面は薄れて消えていった。私が肉体の目を開けたとき、レベッカの目はまだ閉じていた。彼女が目を開けるまで、私は黙っていた。

「すごい！　あれは何だったんだろう？」私は声を上げた。

「どうやら、私たちは別世界を共有してたみたいね」というのが彼女の答えだった。

私たちは少なくとも三〇分は、それぞれが見たり感じたりしたことをおさらいしながら、情報を比較しあっていたはずだ。とても珍しく面白い経験だったので、レベッカと私は、その後もかなりの期間、「共有される別世界」の探索を続けていた。ワフンカを使って探索をするのはゲームのようになった。

チャールズ・タートの研究に敬意を表し、そして私たちが「共有される別世界」を初体験したときのホットタブにちなんで、このゲームを「ホットタブ・モディファイド・チャーリー」（訳註・モディファイドとは「修正された」の意）と呼ぶことにした。私はこれを、一度に二人から八人までの人たちとプレーしたことがある。「ホットタブ・モディファイド・チャーリー」のルールは単純だ。全員がリラックスして目を閉じる。私がワフンカのスイッチを入れて、その感覚を強める。それから全員が順番に、できるだけ手短な表現で、得られた印象を何でも描写する。開始から五分以内に、全員が「共有される別世界」にいることになるのだ。あるときは、プールと炎の柱のように、ファンタスティックでシュールな場面のこともあった。また、あるときは、遠い過去の場面のように、ひとつの物語が展開していくこともあった。

ワフンカを使う実験には、副作用があった。といっても、深刻なものではない。単なる副作用だ。

ある日の午後、私は自分特製のスパゲッティソースの大鍋をかき回していた。これは私のレパトリーの中で、数少ない得意料理のひとつだ。それで、私の料理というのがどんなものかわかるだろう。鍋に入れた材料がみなグツグツと煮立ち始めたとき、私はふと、ワフンカを使ってみたらソースに影響があるだろうかと考えだした。よく考え直す間もなく、私はワフンカのスイッチを入れ、その感覚が強まるようにした。スパゲティソースの鍋を大きな木のスプーンでかき混ぜながら、ワフンカのエネルギーをその鍋に集中させるのは、なんだか馬鹿らしい感じがしたが、実験というのはそんなものだ。何が起こるのかやってみなくては。私は三〇秒くらいそれを続けていたが、そこで電話が鳴った。

「ブルース？　レベッカだけど、あなた、いったい何をしているの？」少し苛立ちを含んだレベッカの声が聞こえてきた。

「特製のスパゲッティソースを作ってるところだよ。それが何か？」

「ほかに何をしているの？」彼女はじれったそうに訊いてきた。

「うーん。馬鹿げた話に聞こえるだろうけど、ワフンカをソースに集中させようとしてるところなんだ」私は少しおずおずと答えた。

「だと思ったわ！」

「ええっ、何があったんだい？」私は尋ねた。

「私は研究所で、ある人と、ブースを使ったセッションをしてるところなのよ。コントロールパネルに向かって、いろいろなヘミシンク音のスイッチを入れて、ブースの中の人をモニターしているの。彼女の探索に、私がガイダンスを与えて援助してあげることになっているのよ」

「それで？」

「なのに突然、私はトンネルの中に発射されちゃったのよ。壁がものすごいスピードで飛び去っていくので、コントロールルームでの仕事には、とても集中していられないわ！」

「そして私はちょうど、とても強力なレベルのワフンカを維持して、スパゲッティソースに向けているところだったというわけだ！」

「そうよ。このセッションはあと四五分くらい続くの。これが終わるまで、ソースで実験するのはやめておいてくれるかしら。そして、私が車を運転して家に帰る時間をちょうだい。再開はその後にしてくれる?」

「もちろんだよ! ごめん、ワフンカが一二、三キロ離れても何か効果があるなんて、知らなかったんだ」

「ええ、お互い、今そのことがわかったわね。私はセッションに戻らなくちゃならないから、話はまた後で」

そう言うと、レベッカは電話を切った。そして私は、ワフンカなしのスパゲッティソースをかき混ぜに戻った。そのとき以来、私はもっと慎重になり、それの実験をするのは、レベッカがその場にいるか、前もって承知しているときだけにした。離れたところにいる別の人にこんな影響を与えたのは、私には初めてのことだった。これほどエネルギーの高い「おもちゃ」を扱うときには、よく考える責任がある、ということを私は学んだ。

レベッカと私が行なったワフンカの実験は、あるひとつの筋肉を鍛えるようなものだった。その筋肉が死後探索の道具として使えることを、私は発見した。

私はよく、救出活動や、あるいはただ探索をするためにリラックスした後で、それをスイッチオンする。そうすると、それは非物質的な世界での知覚を大いに促進してくれるのだ。『未知への旅立ち』で紹介した「シー・アン・スポット」と同じく、それは探索のための道具になっている。この道具をどこで手に入れたのか、はっきりとはわからない。私としては、ワフンカは人類誰もが備えている、自然な能力だという気がする。私はただ、幸運にもそれに気づいたというだけなのだ。

私は非物質界での知覚力を開発しているうちに、意識せずに、この「筋肉」を鍛えていたということではないだろうか。その強さが一定レベルに達したとき、私はその存在に気づき始めたのだ。

こうした発見の道を歩んでいる人たちの中には、似たようなものに気づいている人がいるかもしれない。読者のみなさんの中にも、頭蓋骨の一番下に、かすかに電気的な、ぼんやりしたボールのような感覚があるのに気づいている方がいるかもしれない。

物質界の境を超えて発見の航海に乗り出す方々は、いつの日か、私が述べたような奇妙な感覚に気づくのではないかと思う。もしそうなったら、ぜひ、それで実験をしてみていただきたい。

誰か一緒にやってくれる人を（あなたの頭が少しおかしい、などと考えない人を）見つけて、「ホットタブ・モディファイド・チャーリー」を試してみるのだ。

もしその実験で、「共有される別世界」の兆候が少しでも見られれば、あなたはワフンカという島を発見したことになる。物質界の水平線のはるか彼方、死後世界の海に浮かぶ、ワフンカというその島を。

第4章　おばあちゃんとスカンク

嗅覚は、私たち人間の肉体的な感覚の中で、最も鋭敏な感覚だ。何かの集合の中から、十億分の一単位の匂いでも嗅ぎつけることができる。言い換えれば、十億もの空気の粒の中にほんの一粒、何かが混じっていても、通常の嗅覚で感知することができるのだ。

それとは別に私たちには、非物質的な嗅覚もある。私はそのことを、レベッカから祖母の話を聞いて知った。

レベッカは、祖母が亡くなってしばらくして、家族の農場を訪ねるために、自動車で長い旅をした。出発が遅く、まる六時間もハンドルを握り続けて疲れてしまったが、まだあと二時間も夜のドライブを続けなくてはならなかった。暗い、二車線の田舎道を走っていたとき、彼女は祖母が後部座席にいることに気づいたという。

「こんばんは、おばあちゃん。後ろの席に座っているんでしょう」レベッカは心の中で言った。

「道づれがいたら役に立つんじゃないかと思ったんだよ。もう暗くなってるし、おまえがだんだん疲れてきてるのがわかるからね」とおばあちゃんは答えた。

「ありがとう、おばあちゃん」

ここで知っておいてもらわなくてはならないことがある。レベッカは子どもの頃から、いつもスカンクのにおいが大好きだったということだ。

農場に住んでいた子どもの頃、レベッカは、なぜスカンクのにおいをかけられてしまった犬をみんなが忌み嫌うのか、理解できなかったという。あの臭気をいい匂いだと思う人はあまり多くないが、なぜか、レベッカはいつもそれを好んでいた。おばあちゃんが後部座席にやってきてすぐに、スカンクのにおいが車内に充満し始めた。

「可哀想なスカンク。きっと車にはねられたのね」レベッカは心の中で独り言を言った。

「違うよ」とおばあちゃんが言った。「おまえはあのにおいが好きだから、持ってきてやったんだよ。残りの道中、眠らずにいられるように、おまえが目的地に着くまで、必要なだけあのにおいを持ってきてあげるよ」

レベッカによると、それから二〇分ごとに、スカンクのにおいが車内に漂ってきたという。

私は合理的な思考をするタイプなので、おばあちゃんが、レベッカの走っていた道で二〇分ごとにスカンクが轢かれるように取りはからったのだろうと考えた。「おばあちゃんが魔法でも使ったかのように、スカンクのにおいを車内に持ってくる」というのと同様、やはり不合理な考え方だが、なぜかそっちのほうが理論的で合理的な説明だと思えたのだ。

この話を聞いてから一週間ほどしたある日のこと、日暮れからだいぶたった頃に、私はヴァージニア州の田舎の家で、レベッカと一緒に座っていた。外気は暖かく、まったく無風で、葉の一枚もそよがず、露の一滴すら蒸発しそうもなかった。突然、スカンクのにおいが部屋に充満した。においの気配がしてきて、やがてそれが徐々に強まった、というわけではない。ある一瞬から次の一瞬に、まったくの無臭から、窒息しそうなほど強烈なにおいに変わったのだ。私の好きなにおいではない。あまりにも強烈なので、涙が出そうなほどだった。

「うへっ！　スカンクが家に入り込んで、その辺で一発やったみたいなにおいがするぞ。狂犬病のスカンクじゃないといいが」

私は不安に駆られてそう言うと、歯をむき出して白い尻尾を上げているスカンクがいないかと、部屋じゅうを見回した。

「違うわ、おばあちゃんが会いに来たのよ」

「『おばあちゃん』っていう、ペットのスカンクがいるのかい？」私は不信感を抱きつつ尋ねた。

「違うわよ、馬鹿ね」と彼女は答えた。「私の祖母よ。憶えてるでしょう、車で旅行したときのことを話したじゃない？」

「でも、このにおいはものすごく強烈じゃないか」

「そうね、素晴らしいにおいじゃない？」レベッカはにっこり微笑みながら言った。

「本物のスカンクのはずだ。家のどこかにいるに違いない。ううっ、狂犬病のスカンクもいるからなぁ。襲ってこないうちに、見つけて追い出したほうがよさそうだぞ！」

口から泡を噴いているスカンクが今にも飛び出して襲ってくるに違いないと思って、私は部屋を見回した。恐ろしく痛い狂犬病の注射をされるところまで目に浮かんでいた。

「スカンクはいないわよ、ブルース。落ち着いて！　ただ、おばあちゃんが訪ねてきただけよ」

「そんなはずはない！」私は大学教育で仕込まれた確信をもって言い張った。「そんなことができるはずはないよ！」

次の千分の一秒で、スカンクのにおいは消え去った。だんだん薄れて、一定の時間をかけて最終的になくなった、というのではない。スイッチを切ったときに電球の光が消えるように、ただ消えてしまったのだ！　ゼロ！　何もなし！　完全に消えてしまった！

私は自分の鼻が信じられなかった！

私ははじかれたように立ち上がって、家中を部屋から部屋へと駆け回り始めた。あんな強烈なにおいが、すべての部屋から瞬時に消えてしまうなんてありえない。しかし、家中どこにもにおいは残っていなかった。レベッカは私の慌てぶりを見て笑っていた。

「何してるの？」彼女はずばりと訊いてきた。

「あのにおいが、家中からそんなにすぐ消えるなんてはずはない。少なくとも、どこかにかすかな名残くらいあるはずだ！」

「私は今座っているここで、まだにおいを感じているわよ」

私は彼女の座っているところに駆け寄って、においを嗅いだ。

「ここにはない。におわないぞ！」と彼女に言った。

「あら、私にはにおうわよ！　おばあちゃんはまだここにいるし、まだスカンクのにおいがするわ」とレベッカは言い張った。

私は彼女を立ち上がらせ、私の後についてこさせた。私たちは家中の部屋を嗅ぎ回った。私には何のにおいも感じられなかった。レベッカはどこへ行ってもスカンクのにおいがすると言った。私の鼻には、なぜかまったく感じられなくなっていた。

「おばあちゃんの訪問から、あなたは何か学べた？」とレベッカが後で訊いてきた。もうおばあちゃんは行ってしまった、と彼女が言ってからのことだ。

「何か学ぶって？　どういうことだい？」

「あなたは、ものすごくスカンクのにおいがして涙が出てきそうなほどだ、と言っていたわよね。そこで何かが起こって、もうにおいはしなくなった。いったいどうして、一瞬でにおいが消えたんだと思う？」

思い起こしてみると、明かりを消すときのようににおいが消えてしまった、その直前に、私はこう言ったのだった。「そんなはずはない！　そんなことができるはずはないよ！」そう言った瞬間、においの感覚が瞬時に跡形もなく消え去ったのだった。

「非物質的な人間がこの鼻にスカンクのにおいを嗅がせられるはずなんかないと、疑いを口にしたところだったよ」

「あなたは、そんなことは不可能だという自分の『信念』を口にしたところだった、と言っていいかしら？」

「そうだ、そう言ってもいいよ。そんなことが可能だとは思えないんだ」

「でもあなたは、においがあんなふうに家から消えてしまったことも、ありえないと言ったわよね？」

「そうだよ、私の化学の知識や、屋内の空気の流れから考えると、あれもありえないことだ。こんな静かな晩で、空気の流れがないんだから、においが消えるには外に拡散していくしかないはずだ。これだけの大きさの家で、風もないとなると、においの最後の痕跡がなくなるには、ゆうに一時間はかかるだろう。スカンクが家の中で一発やったとしたら、何日もかかるかもしれない」

「それなのに、あなたはその両方を経験したのよね？」

「そうだ。でもやっぱりありえないことだよ！」

「あなたの経験を説明するとしたら、どういう解釈が可能かしら？」

私はその問いについて考え込んだ。ついさっき経験したふたつのことは、どちらも物理的に不可能であるだけでなく、互いに相容れない現象だった。私はしばらく呆然としていた。と、そこで答えが頭の中に閃《ひらめ》いた。

「それは物理的には不可能でも、非物質的には可能なのかもしれないな」

「どうぞ続けて」レベッカがにやりとして言った。

「自分の信念と疑いに基づいて判断を下すまでは、私はにおいを感じていたんだ。きみのおばあさんの存在を感知することができる、非物質的な嗅覚というものを経験していたんだよ。合理主義的な判断と疑いが割り込んできた途端に、私は自分の抱く信念に基づいて、今経験していることはありえないと口にした。私の経験は、これまで現実として受け入れてきたものと対立していたからね。それで、私自身の経験をありえないといって否定したんだ。その可能性を否定したとたん、あのにおいは、私の経験から消えてしまった」

「いいところに気づいたみたいね。どうぞ続けて」

「自分の直接経験をありえないと否定してしまったために、それを引き続き経験することができなくなったんだな。私にはもうおばあちゃんのスカンクのにおいが感じられなくなっても、きみにはまだ感じられた。あの非物質的なにおいは、自分がそれを直接経験したのが本当のことだと受け入れてこそ、知覚できるものなんだ。その存在を否定してしまえば、それを経験したり感知したりするすべはないということだ」

「よくできました。じゃあ、ほかのものの知覚について、どんなことがわかるかしら?」とレベッカは尋ねてきた。

答えはわかりきっているはずだったが、私はまた考え込んだ。すると、信念というものが私の知覚に及ぼしているものすごい影響に気づいたのだ！　不信、あるいは疑いは、不可能だと信じられていることの知覚を妨げる。私は油断しているときには、不可能だと思うようなことも知覚できるのだが、疑いが割り込んでくる余裕ができた途端に、知覚がストップしてしまうのだ。突然、たくさんのことがすっかり腑に落ちた。

「人が幽霊を見られないのは、幽霊なんて存在しないと信じているからなんだ。実際に幽霊を目にしたとしても、自分の見ているのが幽霊だと判断した途端に、それは消えてしまう。疑いが、幽霊をとらえる知覚をブロックしてしまうんだ。ある人たちに奇跡が起こらないのは、そんなことは起こるはずがないと信じているからだ。もしそれが可能だと信じていれば、どんな奇跡的なことでも起こってくるはずだ。死にそうな重病人が、肉体の状態にかかわらず即座に癒されたりという、まったく説明不可能なことも経験できるかもしれない。信念というのは、ものすごくパワフルなものなんだ。それが起こりうるんだと、まったく疑いなしに信じられれば、人は衆人環視の中で空を飛ぶことだってできるかもしれない」

「水の上を歩いたり?」レベッカが訊いた。

「イエスはそうやったのか! あの男は、何でも起こりうるということを完全に信じていたんだ! 湖の上を歩ける可能性について、まったく何の疑いも抱いていなかったんだ!」私は気づいたことを口に出した。

「じゃあ、このことから、あなたが非物質界を探索するときの知覚力について、何がわかるかしら?」

「『向こう』を知覚する私の能力は、自分が経験していることが本当かどうか疑い続けているせいで、ブロックされているに違いないな」

「そのとおり！」レベッカは笑った。

「でも、自分が本当だと思うことを何もかも信じてしまうのは、危険なことに思えるよ！ それって、精神異常の定義のひとつじゃないかい？ 実際にはそこにないものを見たり聞いたりすれば、精神病院に入れられるんじゃないか？」

「そのとおり！」

「うーん、たぶんその信念のせいで、私が『向こう』を知覚するうえで困難がいろいろ生じているんだな。たぶんそのせいで、私は『向こう』で何も見聞きできなかったんだ。たぶんそのせいで私は、『向こう』で何かを知覚できるようになるために、自分はただ印象をとらえているだけなんだといって、言葉のトリックを使う必要があったんだ。本当のことじゃなく、ただの印象なんだ、と言ってね。私はそれをインプと呼んでいた。正気の人でも、印象は抱くものだからね」

「そのとおり！」

知覚の機能の仕方、互いに相容れない信念が知覚をブロックすることについて、こうした洞察があまりにも急速にやってきたので、私は自分の喋っていることについていくのがやっとだった。

ライフライン・プログラムに初参加したときのことが思い出された。

あのとき私は、フォーカス27でまったく何も知覚できなかったのだ。他の参加者たちが、ありとあらゆる非物質界の人や場所と接触できたと言っているのに、なぜ自分はまったくの「無」しか経験できないのか、どうにも理解できなかった。今こそ、そのわけがわかった！　精神異常の定義についての私の信念、そしてたぶん、それ以外にもいろいろな信念が、私の知覚をブロックしてしまっていたのだ！　それはまさに、さっきスカンクのにおいで起きたことと同じだ。知覚しようとしているものが、自分の信念とあまりにも矛盾していたために、完全にブロックされてしまったのだ！

私の思考は、「解釈者」についての理解へと、一気に立ち戻った。

「知覚者」が非物質的なもの（現実ではないもの）を意識にもたらし始めると、「解釈者」の囁き声がその意識をシャットダウンしてしまった。「解釈者」は、記憶の中にもともと存在した関連のあるイメージを、「知覚者」が意識にもたらしたものと結びつけることで、そのシャットダウンを実行したのだ。私はしょっちゅう「ブラジルのバナナ」についての思考に絡め取られてしまい、それで「解釈者」をリラックスさせて、非物質界の知覚を継続できるようにする方法を学ぶことになったのだった。

今にしてわかったのだが、「解釈者」が、互いに結びついたイメージを頭の中にもたらして、新しい情報からなる記憶を作るとき、互いに結びついた信念も同様にもたらしていたのだ。

記憶の中には、イメージや音やにおいと一緒に、そういうものと結びついた信念も蓄えられているのだ。「解釈者」が頭の中にイメージをもたらしたとき、それに関連する信念もついてきたというわけだ。そういう信念が、「知覚者」が意識にもたらそうとするものと相容れなかった場合に、信念が知覚をシャットダウンしてしまったのだ。

「じゃあ、自分の不信が非物質界の知覚をシャットダウンしてしまうのを防ぐには、どうすればいいんだろう?」というのが、次にレベッカに尋ねるべき、理にかなった質問に思えた。

「あなたは『向こう』を知覚できるでしょう。どうやっているの?」

じつにレベッカらしく、答えをくれるかわりに、別の質問をしてきた。この質問も、自分で答えを出さなくてはならないようだ。

私はまた黙ったまま考え込んだ。おばあちゃんのスカンクのにおいが、最初に私の非物質的な意識に入って来たとき、それは現実に、非物質的な知覚に起きた出来事だった。私はそれを経験した。そして突然、ありえないような形でにおいが消滅するという経験をした。あまりにもすばやく起こったので、私はそれが起きていると気づく前に、ロープの上でバランスを崩し、「解釈者」の側に落ちてしまったのだ。

私は化学や物理の知識に基づく信念を持っており、それが、非物質的に知覚されるスカンクのにおい、という経験と矛盾していた。においを知覚してから、それが消えるまで、わずかながら時間的猶予があった。私は最初のライフライン・プログラムで「解釈者」をリラックスさせる方法を学んだのだが、あのときは、その猶予を活用していた。私は無理やり、心の中のコメントをストップさせたのだ。カルロス・カスタネダの言葉を借りれば、「世界をストップさせる」ということかもしれない。

「解釈者」に気づき、その活動を制限する方法を学ぶにつれて、私が非物質界を知覚できる時間的猶予が長くなってきた。「解釈者」と「知覚者」の間で「バランス」を取るポイントを見つけると、私は長時間にわたって、非物質界を知覚しつつ、情報を記憶に蓄えるということができるようになった。おばあちゃんのスカンクのにおいに関する体験は、私がまた「バランス」を失ってしまったという、新しい実例にすぎなかったのだ。

私が「バランス」を保つ方法を学ぶことができたのは、「バランス」を失うプロセスに気づいたところからだった。

「解釈者」の側にバランスを崩してしまうと、私の知覚はつながり合った一連のイメージのほうへそれていき、「ブラジルのバナナ」に行き着いてしまうのだった。「知覚者」の側にバランスを崩すと、知覚したものを何も記憶に蓄えられなくなってしまった。つまり、「クリックアウト」してしまったのだ。自分の経験を何も憶えていられなかった。

「解釈者」と「知覚者」の完璧な融合から少しでも逸脱して、「バランス」が崩れてしまいそうだと察知することによって、私は「知る」ことができるようになった。

非物質界についての知識が増すにつれて、私は自分の経験が本当のことだと、徐々に信じられるようになり始めた。それに伴って、非物質界での新しい経験と関連する記憶の中に、新しい信念が加わってきた。その後、非物質的なものを知覚するようになったとき、そういう新しい、貯蔵されたイメージや信念は、経験や知覚と矛盾しなかった。

確かに私の知覚は、まだ残っている疑いのせいで、依然として制限され続けていたが、私の能力は、探索を始めたときより格段に向上していた。というわけで、私が探索を続けることによって、徐々に信念が変化して疑いが取り去られていき、それに応じて知覚能力も向上していく、というプロセスが促進されたのだ。

答えは明らかだった。

私は引き続き、疑いを起こす信念を察知して、その影響を少なくしなくてはならない。探索を続けて、自分の経験に対する信頼を増していくことで、私の知覚能力は引き続き向上していくだろう。私の疑いは引き続き解消に向かっていくだろう。

「私が以前していたことは、信念を貯蔵している『解釈者』と、知覚する能力の『知覚者』との間で『バランス』を取ることだった。私は知覚を続けられるようにするために、不信を少なくとも一時的に保留にすることを学んだ。現在の経験や信念を超えたところに真実があるという可能性を認めておくことで、私は次第に自分の知覚が信頼できるようになってきた。信頼が増してくると、信念と疑念の対立が変わってきたり、なくなってきたりする。こうして私は、自分の経験への信頼を増していくことによって、無用となった古い信念を取り去ってきたんだ」

「またまた、いい線をついたわね」とレベッカは笑いながら言った。「信頼はいつだって一番大切なのよ！」

「うん、私が死後世界を探索するための知覚を向上させていくプロセスというのは、信念を変えて、疑いを取り除き、自分の経験を信頼できるようにしていくプロセスなんだ。私はまだ、正気と精神異常の境界がどこにあるのか、迷いを感じている。私が抱いている疑いの一部は、それと関係しているんだ。それも『バランス』の問題なんじゃないかな」

「そのとおりよ、ブルース。ちゃんと理解できたわね！」

おばあちゃんとスカンクという島を最初に見つけて、近づいていったときには、たいしたことのない些細な発見だと思っていた。もしレベッカが問題をことさらに指摘してくれなければ、そんな島はさっさと通過して、もっと大きく目を惹くような陸地を求めて航海を続けていただろう。〈スカンクのにおいがしたと思ったら、しなくなっていることに気づいた〉と日誌に書くだけで終わっていたかもしれない。

しかし、前にも書いたことがあるが、物質界の境を超えて航海するときには、いったいどんな情報や洞察という秘宝を見つけることになるのか、予想もつかないものだ。この秘宝は、私が発見した中で最も重要な宝となった。私の旅をずっと導いていてくれた「不思議な教師」であるレベッカに、私の限りない感謝を捧げたい。

読者の中には、自分の持つ無用となった古い信念が、「探索していろいろ学びたい」という情熱を妨げてしまっていることに気づく方もいらっしゃるかもしれない。付録B（ページ441）で、そうした信念を変えたり除去したりする方法を紹介している。そこに書いた内容は、レベッカが教えてくれたことに基づいている。それは私に役立ったので、興味を持ってくださるみなさんにも役立ってほしいと思う。

第5章　インドの大地震

大災害で大勢の人たちが一度に死ぬとき、私たち生きている人間が、何か手助けできることはあるのだろうか？　そんなに大勢の人が、そんなに短い時間のうちに死後の世界へ移動するとき、その人たちには何が起こるのだろうか？

『未知への旅立ち』をお読みくださった方は、一九九五年四月に起きたオクラホマシティの連邦ビル爆破事件のとき、私が非物質的に経験したことが、第一章に書かれていたのを思い出してくださるかもしれない。あの経験についての記述の中で、私は、それ以前のインドの大地震のときにすでに出会っていた「ヘルパー」の集団について触れた。これからお読みいただくのは、私が初めてそのヘルパーたちに引き合わされて、交流したときのことだ。

ヴァージニアでの新生活になじんでまもなく、私は、リタ・ウォレン博士が中心となったライフラインの研究グループに参加するようになった。これはモンロー研究所が進めている、人間の住む死後世界の領域をさらに探索し、地図を作ろうとする試みの一環だった。グループは月に一度集まりを持っており、ライフライン・プログラムの卒業生で近隣に住んでいたり、その地域を訪れたりする者は、誰でも参加することができた。私はかつて二度ライフライン・プログラムに出席していたので参加資格があり、研究に熱心に加わった。グループのメンバーはみな、非物質界での探索やコンタクトやコミュニケーションに必要となるスキルに関して、一定のレベルに達していた。そして全員が、グループとしてそういう体験ができることに興味を持ち、興奮を感じていた。

　ウォレン博士は毎月、研究のトピックを選定し、細かい質問票を用意して、私たちの集まりの準備をしてくれていた。質問票は、情報のデータベース作成のために、結果を収集したり文書化したりする手段となった。私たちはいつも金曜日の午後早くに集まり、二時間から四時間後に会合を終えた。モンロー研究所は、施設とヘミシンクテープを無償で使用させてくれた。グループのメンバーが探索セッションを行なう際には、プログラムの参加者が使用するのと同じＣＨＥＣ《チェック》ユニット（Controlled Holistic Environmental Chamber ＝ 全環境被制御室）を各自が使用した。

　典型的なセッションでは、グループはまずダイニングルームに集まり、ウォレン博士のリードでブリーフィング（事前ミーティング）を行なった。その後は、研究所で六日間のプログラムに参加したことのある人ならおなじみになっている、ルーティーンに従うことになる。メンバーがそれぞれＣＨＥＣユニットに入ると、コントロールルームのオペレーターが、目的にふさわしいヘミシンクテープをかけ、それをみなステレオ・ヘッドフォンで聴くのだった。そのテープのサウンドパターンが、探索しようとするフォーカスレベルにチューニングを合わせるのを手助けしてくれる。少し訓練を積みさえすれば、死後の世界で望みどおりの「場所」に注意を集中するのは、比較的簡単なのだ。

毎回のセッションが終了すると、グループのメンバーは、まだ記憶が新しいうちに、得られた情報を何でも記録に残すために、質問票に記入をした。こうして、各メンバーの経験は、将来に参照できるように、システマティックな方法で記録された。この方法を採ることで、各メンバーの得た情報に、他のメンバーの情報が混入しないように配慮されていた。

記入を終えると、グループはランチルームにふたたび集合して、デブリーフィング（事後ミーティング）を行ない、情報を比較しあうのだった。時には、こうしたディスカッションの結果、発見されたばかりの事実を考慮して、次のセッションに向けての指示が修正されることもあった。

トピックについてのブリーフィングから、ヘミシンクのテープセッション、文書の記入、デブリーフィング、という手順は、私が出席した研究グループの集まりに毎回共通するパターンだった。この集まりは、私にとってワクワクする時間であり、私は共通の目的を持つグループの一員として、物質界を超えた世界を探索できる月例の会合をいつも心待ちにしていた。

一九九三年秋、グループが集まることになっていた日の一、二週間前に、インドで地震が起こり、およそ六万八千人が死亡した。ウォレン博士は、研究のトピックとして「私たちのようなグループが、大規模な自然災害に際して、何か手助けできることがあるだろうか?」という問題を選んだ。

私はこれまで救出を行なってきた経験から、人が死んだ後で「囚われて」しまうことがあると知っていた。

その人の死の状況や、死後について抱いている信念のせいで、「囚われて」しまうのだ。それまで、一度にひとりずつ救出を行なってきてわかったのだが、人が「囚われて」しまう原因として一番よくあるのは、すでに死後世界に住んでいて手助けしてくれようとしている人を認識できない、ということだ。先に死んだ友人や、親戚や、ボランティアのヘルパーたちが、最初の接触を試みようとして困難にぶつかるのだ。

私はライフラインのトレーニングで、囚われた人の注意を自分に引きつけてから、手助けしている人のほうに、その意識を向けてやるという手法をすでに学んでいた。基本的には、それが救出の手順となる。ライフラインの研究グループに加わる前から、そういう援助や、マンツーマンで手助けすることには慣れていた。ウォレン博士が研究のトピックについて述べるのを聞いて、私は、いっぺんに何百や何千という人々を救出するなどということが可能なのだろうかと考え始めた。

この月のセッションは、その問題を探求する機会を与えてくれた。セッション前の最初のブリーフィングを終えると、私は未記入の質問票をつかんで、自分のＣＨＥＣユニットに向かった。その金曜日の午後は、ほかに八人から一〇人ほどのメンバーがいて、この興味深そうな、変わったトピックを探求しようとしていた。

　私は自分のCHECユニットに入って枕の形を整え、四五分くらい続くであろうセッションに備えて、暖かくいられるように、軽い毛布の下にもぐり込んだ。それから、コントロールルームのオペレーターに最初のセッション開始の準備ができたことを知らせる、ライトのスイッチを入れた。ステレオ・ヘッドフォンをかけて、楽な姿勢を取り、リラックスして開始を待った。

　私たちのセッションは、ライフライン・プログラムで使われる「フリーフロー27」というテープを使用した。このテープには、言葉によるインストラクションはほとんど入っていないため、死後世界のフォーカス23からフォーカス27までの領域で行なう、終わりの定まっていない、長時間の探索に最適だった。

　一九九三年秋の当時、私はまだ、モンロー研究所のプログラムによって到達した意識状態を探索するには、テープのヘミシンク音の助けが必要だと感じていた。今ではもう、プログラムのトレーナーたちが、「一度『向こう』に意識をフォーカスできるようになれば、テープはいらなくなりますよ」と言っていたのが真実だったとわかった。テープを必要としたということは、私が自分の経験の正当性を疑い続けていたことの、もうひとつの側面にすぎなかったのだ。経験を積むうちに、テープが必要だという信念に代わって、自分でできるのだという知識が徐々に根づいてきた。

私はテープの音を聴きながらリラックスして、「インドの地震の直後に、自分がグループの一員として何ができるのか学びたい」という意図を表明した。それから、閉じた目の前に広がる三次元の暗黒を覗き込み、何かが起こるのを待った。

ほどなく、私はレベッカと一緒に、フォーカス25――「信念体系領域」を飛行していた。大勢の人たちが、その領域に流れ込んできているのが見えた。地震の犠牲者の多くは、それぞれが死後について抱いている信念に呼応する、フォーカス25の特定のエリアに引きつけられているようだった。観察しているときに得られた印象の中で、私は、彼らの宗教的シンボルや文字を使って注意を引き、フォーカス27への移動を手助けする方法を見ることができた。

私はまた、こんなにも多くの人々が突然、予期せぬかたちでフォーカス25に出現したことで、元からこの領域に住んでいた人たちに影響が及んでいることにも気づいた。

私が経験から知っていたことだが、フォーカス25の信念体系に縛られている人たちは、自分の信念の中に葛藤を感じたときに束縛から逃れることがあるのだった。詳しいことははっきりとはわからなかったが、大勢の人々が空中から自分たちのただ中に現れてくるという現象によって、その人たちの信念に何か重大な疑念が引き起こされたらしい。そういう疑いを抱いたときに、自動的にフォーカス27に移動する者もあったようだ。後から振り返ってみると、私には見えなかったが、あの人たちの移動を助けているヘルパーたちがいたのではないかと思う。

私はフォーカス27に着くと、もう一度、「自分にどんな手助けができるのか学びたい」という意図を表明した。フォーカス23に移動して、非物質的な視界の前に広がる三次元の暗黒を熱心に覗き込んだ。

その真っ黒な広がりの中に、明るく鮮やかな緑色の小さな点が現れて、私の注意を引いた。私はその緑色に向かって加速するのを感じた。そこを通って反対側に抜けると、地上七、八〇メートルのところを飛んでいた。鮮やかなフルカラーの３Ｄ映画のように、緩やかに起伏する緑豊かな低い丘の連なりに沿って、かなりのスピードで飛行していた。やや右手の地平線上に、互いに接近した二本の白い煙の柱が晴れた青空に向かって立ちのぼっているのが見えた。何があるのかはわからなかったが、わずかに向きを変えて、その煙の柱を目指した。煙がどこから上がっているのか、興味があったのだ。

次に憶えているのは、小さなテント村、もしくは救援キャンプらしきもののはずれに立っていたことだ。

緑の田園のなか、都市でいえば一ブロックの半分くらいの敷地に、大きな灰色のテントが列をなして設営されていた。ボーイスカウト時代の知識からして、それは八人用の家型テントだったと思う。普通のロープとテント用の杭を使って、いくつも並んで張られていた。どのテントも垂れ幕状の入り口がぴったり閉じられていて、中に人がいるという印象だった。テントの列の間にある通路は、見るからにひっそりとして人気《ひとけ》がなかったが、私の左から右のほうへ伸びて、キャンプの中心部に通じる一本の狭い道だけは違った。

周辺の田園地帯から、少人数の集団を作ってこのテント村を目指して歩いてくる人たちがいた。左手を見ると、ほとんど途切れることなく田園地帯から歩いてくる人々がいて、キャンプへと通じる列に流れ込んでいた。地震の被害者らしく、疲れ切ってぼんやりした様子で、テントの間に見える唯一の細い道を通ってキャンプに入って来ていた。

また別の人たちもいた。それはキャンプのワーカーたちで、列をなしてキャンプに入ってくる人たちを迎えていた。道の両側にテーブルがいくつも据えられていて、そこからキャンプのワーカーたちが毛布やカップや水や食べ物を配っていた。テーブルとテーブルの間はとても狭かったので、人々は一列になって歩くしかなかった。物を配っているワーカーたちはみな、地震の被災者たちに対して、前の人のすぐ後ろについていくようにと指示を与えていた。

ワーカーたちが食料を配っている場所の近くに、先ほど私が目標にして飛んできた、二本の細い煙の柱の出所があることに気づいた。キャンプの中の二箇所で煮炊きのために火が燃やされており、食料が準備されていたのだ。煙の柱はそこから、風のない上空へとまっすぐ立ちのぼっていた。

右のほうを向くと、キャンプを通り抜けて一列になって進む人たちが見えた。私の右手方向にあるキャンプのはずれで、管のようになった何かの入り口らしきものに、人々の列が入っていくのが見て取れた。それは暗くて洞穴の入り口のように見えたが、平らに開けた地面の上に唐突に存在していた。

その入り口はトンネルに通じていた。トンネルも外側からは暗く見えたが、壁は半分透明だった。トンネルの壁越しに見ると、人々の列が中まで続いているのがわかった。みんな、指示されたとおり、前の人に続いて進んでいた。ぼんやりして、まわりにあまり意識が行かない状態のまま、多くの人はまだ食物の入ったお椀や毛布や水の入ったコップを持っていた。トンネルの中で、目にしている光や色合いに興味を抱いたらしく、あたりを見回したり前を見たりする人たちもいたが、それでもぼうっとしたように、前の人に続いて歩き続けていた。

入り口からほんの少し行ったところで、トンネルが地面から持ち上がって上に向かって続いていることには、誰も気づいていないようだった。長く暗い、曲がりくねったチューブが、はるか彼方の空に向かって伸びていた。私の立っているところからは、トンネルの向こう端は遠すぎて、行き先はわからなかった。

トンネルがどこへ続いているんだろうと考えていたとき、誰かが私の背後のやや右側に立っていることを初めて意識した。後になって気づいたのだが、私がキャンプに降り立ったときからずっと、彼はそこにいて私に話しかけていたのだ。彼はキャンプの様々な特徴やその機能を説明したり、指摘したりしていた。彼の声を聞いたとは言えない。むしろ、感じ取ったと言ったほうがいい。この研究セッション中に二度、彼に会い、そして七年後のオクラホマシティでも再会したが、今日に至るまで私は、その姿を見たことはない。

「これは大人数の人々をここから、きみが言うところの『フォーカス27』『公園』『レセプションセンター』へ輸送するために、私たちが使う方法なんだ」と彼が言うのが感じられた。「トンネルの向こう端には、きみが言うところの『ヘルパー』がもっと大勢待っていて、ひとりひとりが到着するのを個人的に出迎えるんだ。そのヘルパーたちは、ひとりひとりとコンタクトして、その人たちが新しい環境での生活に移行するのを手助けする。ある人たちは、地震で死んで、もう安全な場所に来たのだということを聞かされる。また別の人たちは、それぞれ自分のタイミングでそのことを悟るのに任される。そのヘルパーの中には、地震のせいで押し寄せてくる人たちを出迎えて手助けするために来ている、友人や身内や愛する人もいる。または、自分から手助けに加わるボランティアもいるんだ」

私が引き続きあたりを見回していると、彼が説明してくれたのは、煮炊きの火から立ちのぼる煙は人々をキャンプに引き寄せるための手段のひとつなのだ、ということだった。

人々の中には、物質界でまだ生きていたときに、そういうキャンプやキャンプの写真を見たことがある者もいるはずだ。それで、このキャンプは、死後世界の住人によって、そういう物質界のキャンプとそっくりに作られているのだという。そういう形をとれば、人々が予期するものとうまく合致する。それによって、なじんだ環境にいると感じるため、人々は平静を保てるし、援助するのもやりやすくなるということだった。

彼はまた、テントの並び方についても説明してくれた。中央の狭い道以外に通るところがないような配置になっているのには、わけがあるという。

「これは、きみの言う『フォーカス27』に移動するための列に人々を誘導する、さりげない方法なんだ。彼らがキャンプに近づいてくると、テントの間のスペースが狭いために、私たちが通ってほしいと思っているあの道以外のところは通りにくい。それで自動的に、ほかの人たちが集まっているところに向かって歩くことになり、列に入っていくんだ。これは、大人数を整理して、うまく『救出』できる手段に向かって誘導していくために、効果的なやり方なのさ」

ヘミシンクテープのタイミングからして、彼がキャンプの役割や仕組みを見せたり説明したりするのに、二〇分くらいかかっていたはずだ。彼との会話のどこか後のほうで、ヴァージニアのCHECユニットに戻る時が来たという、テープの指示が聞こえてきた。

私はホスト役の彼に、もう研究グループの仲間のところへ戻らなくてはならない、と説明した。少ししたら、自分がどうしたら役に立てるか教えてもらうために、もう一度戻ってくると彼に約束した。彼は私が伝えようとしたことを理解してくれたようだった。それから私はテープの音に意識を戻し、それに導かれて物質界の慣れ親しんだ場所に帰った。

テープが終わってからも、私は一分くらいCHECユニットの中に留まっていた。起こったことをみな思い出してみる時間が少し必要だったのだ。それから合図のライトをオフにして、コントロールルームにいる人に帰還を知らせてから、CHECユニットを出た。そして部屋のデスクに向かって座り、質問票に記入をした。記入が終わると、ランチルームに歩いていって、一杯のコーヒーを取って腰を下ろし、ほかのメンバーを待った。

全員が集合すると、私たちはデブリーフィングを開始し、それぞれが順番で体験してきたことを報告した。

大体において、まずは、どのメンバーも私とは別の場所に行ってきたようだった。同じ場所に、グループとしてまとまっていることはなかったようだ。

ほかのメンバーがそれぞれ、体験したことや、見てきた田園地帯や、歩いているのを見た人々について話すのを聞いていると、いくらか似通ったところがあるのはわかった。メンバーの何人かは、向こうで人と接触していた。その中には、地震の犠牲者らしき人もあり、様々なヘルパーらしき人もあった。

みんなが話しているうちに、探索のこの時点で、それぞれにストーリーがあることに、私は気づき始めた。ほとんどのメンバーは、地震が起きた地帯を、それぞれ別の側面から訪れたことがわかった。私たちはまだ誰も、自分たちがそれぞれ経験したことが、どのように組み合わさって全体像を作り上げるのか、わかってはいなかった。みんな、他のメンバーとはかなり違った領域に関わっていたようだった。

次に紹介する、私たちの第一回のグループセッションでの活動記録は、質問票のコピーから直接引用するものだ。私が書いていた記事の背景情報として、一九九五年七月に、ウォレン博士が質問票のコピーを快く提供してくださった。

グループのメンバーのひとり、B・Wは、フォーカス27で何人かのガイドたちに会っていた。そのガイドたちのアドバイスは、私たちがその地域一帯に「グループとして力を合わせて、光を送る」べきだ、というものだった。大勢の人々が「恐怖、フラストレーション、絶望の闇に囚われている」と、ガイドたちは説明した。「光のエネルギーを送ることで、その闇を払うことができ、人々が進んでいけるようになる」ということだった。

ほかの参加者のN・Dは、次のように説明していた。

自分の意図を表明すると「大勢の人たちがすぐに現れてきた。最初は（期待に応えられないのではないかと）少し心配だったけれど、ほとんどすぐに、トンネルが左手のほうに現れた。一種のタラップのようなものがかけられた」ということだ。地震の犠牲になった人々は、大挙して「タラップを上り始めた」。

N・Dはさらにこう続けている。

トンネルの向こう側の人たちが「手を差し伸べて、人々がトンネルのドアを通り抜けるのを手助けしていた。人々の大集団が、着々と、落ち着いて外に出て行った」。

レベッカは、フォーカス23で私の後ろに立っていたと説明し、次のように書いていた。「名の知れたインド人の指導者」が「自分の国の人々の必要について、ブルースに話をしていた。人々は掘っ立て小屋にいて、自分やお互いの面倒をみようとしているようだった。ブルースと私はフォーカス27の人たちとコミュニケーションをとり、指示を受けた。何もかも準備ができていて、

『キャンプ』にいる人たちが食物の配られているエリアへ行くようになっていた。私たちは、群衆の上を飛んで人々を呼び集めることになった。フォーカス25に行く人たちが多く、そのせいでフォーカス25には騒動が起きていた。フォーカス25の人たちも、多くが混乱したままフォーカス27へ行くのだった」。

ほかのふたりのメンバーが、空中で何かチューブのようなものを検分したと書いている。もうひとりは、私たちグループが、地球に生きている人たちにもっと死について教えるように努力すべきだ、というメッセージを受け取ったという。そうすれば、そもそも初めからフォーカス23に囚われる人が少なくなるようにできるはずだ、というのだ。

第一回のセッションの直後に、自分自身が記入した質問票を読み返すのは、興味深かった。読み返すことで記憶が揺り起こされ、経験から二年たって忘れていた細かい点がよみがえってきた。「どういう情報を受け取りましたか?」という質問に対して、私は次のように書いていた。

「大勢の人を集める手段となっている救援の『テント村』は、宗教的な信念を利用して、群衆にとって『救命用浮き袋』のような役割を果たす。

フォーカス25からの『救出』も可能なのだ。

このような場合、『テント村』は食料と避難場所を与えることを主眼に作られている。こうした『テント村』は死んだばかりの人を集める手段にもなりうる。ショックを受けて呆然とした状態の人々にとって、これは目にすることが当然予想されるものだ。彼らを『テント村』の非物質界バージョンに呼び集めることが、第一歩となる。

フォーカス25は緩衝地帯になる。大勢の人たちがフォーカス25で止まらずにすむように、人が『霊』だと思う存在の役をしてみせてやることで、手助けが可能だ。群衆の上に浮かんで、あるいは飛行して、ついてくるように呼びかけることで、多くの人がそれに誘われて来るかもしれない」。

「体験で、ほかに気づいたこと」という質問には、私は次のように答えていた。「レベッカを見つけて、テープの間ほとんどずっと、彼女とコンタクトを保っていた」。

B・Wが書いているところでは、フォーカス27で会ったガイドに、「瓦礫と化した地帯のツアーに連れて行かれた」という。大勢の人が生き埋めになっており、「恐怖と混乱、エネルギーの喪失で、囚われてしまっていた」。彼女とガイドは「光のエネルギー」を瓦礫の山に送り込んだという。それによって「生き埋めになった人たちのために、『魂の通り道』ができるから」と、ガイドが説明してくれたそうだ。

もうひとりのメンバー、R・Wは、「フォーカス23にもフォーカス25にも、大勢の人々が移動しているのが見えた」という。彼女は、人々の「流れに向かって、金色の光を掲げながら、それを見ていた」ということだ。

各自が経験したことを話すと、私たちグループが、インドの地震でどのような相互作用をしていたのか、その全体像が明らかになってきた。それぞれの経験がどのように組み合わさって、全体としてひとつの絵になるのかがわかり始めた。私たちは、それぞれ別の地点を訪れてきたのだった。私が行ったキャンプの、別の地点に行っていた人たちもいた。また、地震で亡くなった人たちと一緒に、田舎のもっと遠くにいた人たちもいた。あるいは、キャンプから出てフォーカス27のレセプションセンターに続く、あのトンネルで、ヘルパーを手伝っていた人たちもいた。メンバーの何人かは、お互いが近くで似たような活動をしているのに気づいていた。

向こうで集まれることがわかったので、私たちは、次のテープセッション中に集まって、大勢の人を救出するための独自の拠点を作ってみよう、とみんなで決定した。

デブリーフィング・セッションが終了すると、私たちは研究の次の段階に移る探索の準備を開始した。第二回のセッションでは、私たちは第一回のセッションで会った人がいればその人に再接触を試み、私たちがどんなふうに役に立てるか尋ねるということになった。全員がなすべきことを理解したと、ウォレン博士が確認した後、私たちはまた未記入の質問票を一部ずつ取って、それぞれのＣＨＥＣユニットに戻っていった。

私はヘッドフォンをかけて体勢を整えると、合図のスイッチを入れ、そしてリラックスしながらテープの開始を待った。地震の起きた現場に戻って、前に会った人とまたコミュニケートすることを思うとワクワクした。テープの音が始まると、私はキャンプに思いを集中して待った。何秒かすると、私は救援キャンプで地面の上に立っていた。この前会った人物が、やはり姿は見えないものの、すぐ後ろのやや右寄りに立っているのが感じられた。私は考えていた会話の手始めに、その人物に、まずそこにいるのかどうかと訊いてみた。

「ああ、ここにいるよ」と彼が言うのが感じられた。

「またあなたに会いに来たんだ」

「そう、きみが来るとわかっていたから、ここで待っていたのさ」

「今度は、あなたと仲間のヘルパーたちを手伝うために何かできることがあるか、訊こうと思って来たんだよ。もしできるなら、何か手伝いたいんだ。何か役に立てる方法はあるかい？」私は頭の中で、彼に話しかけた。

「実のところ、あるんだよ」と彼は答えた。「きみを『おとり』にするのさ」

「『おとり』に？」

その言葉の使い方に少し戸惑って、私は聞き返した。

「そうだ。私たちが困っていることのひとつは、田舎のあまりにも遠くをさまよっている人たちを、キャンプに引き寄せるのが大変だということなんだ。煮炊きの火の煙を頼りにする一方で、仲間の何人かがこの一帯を飛び回って、人々の注意を引こうとしている。きみはまだ肉体を持って生きているから、人々はきみを見たり、きみの声を聞いたりするほうが、ずっと簡単なんだ。きみに、私たちの煙が見えないあたりまで行ってもらって、地上近くを飛び回ってもらいたい。見つけた人たちの注意を引いて、キャンプに向かうようにしてもらえれば、すごく助かるよ」

「OK、あなたの言うように『おとり』になるというのがすごく助けになるなら、喜んでやってみるよ」

「このふたりがきみに付き添って、注意を引く役目をするよ。それで、きみは自分の役が果たしやすくなるだろう」

彼がそう言うと、想像を絶するほどまばゆく輝く、明るい光がふたつ、私のそばにやってきた。穏やかさと愛に満ちた受容の感覚が放射されていた。それが、私の見慣れない形の人間であることに気づくのには、数秒かかった。

どちらも、身長が一九三センチある私のゆうに二倍の高さがあり、真ん中あたりの幅は、私のウエストの横幅と較べて四倍はあった。細長い卵形をしていて、真ん中で一二〇センチくらいの幅があるのが、少しずつすぼまって、てっぺんも一番下も直径五〇センチくらいのドーム型になっていた。

そして彼らの光ときたら！　何とまぶしいこと！　あまりにも明るすぎて、私はその光をまともに見つめる気になれなかった。これは、人間ならたいてい持っている習性ではないかと思う。非常にまぶしい光を見つめたら、目を傷めるのではないかと心配してしまうのだ。だが、言うなれば、これはまったく不必要な心配だ。肉体の目で見るわけではないのだから！

ここから、すこし掘り下げてみたい問題が浮かび上がってくる。ものすごく明るい光を見つめまいとしてしまうことは、「人間の習慣の力」と言っていいだろう。肉体的に生きている私たち人間は、そのような数々の習慣から微妙な影響を受けている。そして、それこそが、私がおとりになることができた理由のひとつなのだ。深く考えることなしに、私たちは重力の存在や、物質が固いことや、思考のプライバシーが守れることなどを、当然のように受け入れている。その結果、私たちはこうした人間的な習慣を、非物質的な環境にまで持ち込んでしまいがちなのだ。

そして、そのせいで、死んだばかりの人たちは、生きている私たちを見たり、その声を聞いたりするほうが簡単なのだ。彼らは明らかに、私たちが無意識に放射しているものをとらえて、私たちのほうが、非物質界に存在するヘルパーたちよりもなじみ深く理解しやすいと感じるようだ。それで、私がまだ肉体に住んでいるからこそ、私はおとりとして大いに役立ったというわけだ。

ふたりの明るい光の人たちは、私の両脇についた。

「ウエスト」が真横に並ぶ位置をとると、ふたりとも、私より上下にそれぞれ一メートルくらい長い状態になった。後から考えると、私たちは巨大な蝶のように見えたに違いない。真ん中にいる私が蝶の胴体で、両側にいる明るい光の人たちが羽のように見えただろう。また、ある人々の表現するところの「天使」にもよく似ていたかもしれない。人間の身体に、まばゆい光輪のような翼がついているのだ。私たちの姿は間違いなく、地震の犠牲者たちの宗教的信念に含まれる、何らかの「存在」に似ていたはずだ。

明るい光の人々と私は、合流してすぐに、地上からふわりと舞い上がり、加速しながらキャンプを離れ、地平線に向かって飛んでいった。

最初のうち、私はせっせと前方をスキャンしては、地上にいる人々を探していた。キャンプが見えなくなってしばらくしてから、前方に、初めて人々が歩いているのを発見した。近づいていくと、その人たちは上を見上げたので、私の両脇にいる明るい光の人々がまず注意を引いたのだとわかった。そう、光の人々もおとりだったのだ。

あの初めて地上に見つけた人たちに、私たちはどう見えただろう！　空に太陽よりも明るい光がふたつ、まばゆく輝き、その真ん中に人間がいて、手足をばたつかせながら、地平線の彼方を指さして叫んでいるのだ。

「あっちのほうに救援キャンプがあるぞ。食べ物も水も毛布もある。煮炊きの火から上がる煙を探して、それを頼りにキャンプに行くんだ」

光の人々はきっと、私のアニメみたいな素人くさい演技を見て、クスクス笑っていたに違いない。私はこの体験中には、ふたりの明るい光の人々が私に話しかけたことには、まったく気づかなかった。

しかし、ずっと後になって、このとき意識の上で言葉に気づかなかっただけなのだとわかった。地上を歩いている最初の人々に会った後で、明るい光の人々から、言葉によらない影響を受け取った私は、アクションをトーンダウンした。手を振ったり、叫んだり、指さしたりするのはやめた。七、八メートルくらいの低空を飛んで近づいていくというパターンが確立した。地上にいる人々が明るい光に気づくまで、その高度を保つ。それからゆっくりと荘厳な様子で、そっと舞い降りるのだ。地上のすぐ上で、相手の近くに浮かびながら、微笑みつつ、もっと落ち着いた調子で話しかけるようにした。救援キャンプや煙の柱、食べ物や水や毛布のことを説明した。それから腕をゆっくりと伸ばして振り返り、キャンプの方向を指し示すのだった。私は、出会った人々から見て、天使らしく見えるように努力した。思い出せるかぎり、日曜学校で習った天使についてのあれこれを総動員して、本当に説得力ある演技をしようとした。

しばらくすると、私は地上の人を探す必要がないことに気づいた。それは、明るい光の人々がみなやってくれるのだった。この人たちは、自分たちのしていることを実によくわきまえていた。

私は、にっこりして人々に挨拶し、キャンプへの道を指し示すという、自分の役目に専念すればよかった。明るい光の人々が、場所を突きとめるのはすべてうまくやってくれた。私たちはたぶん一五人から二〇人くらいの人々を見つけたと思うが、そこで私のおとりとしての役割は、突然終わりになってしまった。陽に照らされた田園地帯の風景と、両脇にいる明るく輝く人々の映像が、ゆっくりと薄れて暗闇に変わっていった。それが薄れていくとき、おとりになることを学ばせてくれた明るい光の人々に、私は感謝した。

次いで、私は地上に立っていることに気づいた。そして、レベッカの微笑んでいる顔がすぐ近くに見えてきた。レベッカは直接私を見てはおらず、笑みを含んだ眼差しは私の左のほうに向けられていた。遠くを見ているような目だった。もっとよく見てみると、彼女が愛を外に向かって放射し、この田園地帯のあらゆる方向に注ぎ込んでいるのがわかった。彼女が放射している愛は、明るい灯火のようになって、前方に向かって輝き渡っていた。この灯火の光の一部は広範囲に広がって、近隣の地域一帯を照らし出していた。

光の中央部はもっと集中して、より明るく強い光になっている。灯台の光のように、狭く収束した部分はまばゆい光の矢となって、田園地帯のはるか遠くにある黒い霧を深く照らし出していた。これまでの活動中にはまったく気づいていなかった、その黒い霧を見て、私は少し驚いた。それは、目に見える領域と暗い未知の領域とを分ける、一種の境界線になっているようだった。レベッカの愛／光は、接する者すべてを惹きつけるような力に満ちたフィールドを形成していた。両腕を左右に広げて、やや下向きに差し伸べつつ、レベッカの愛に満ちた笑顔はすべての人を誘っていた。

また、彼女の後ろに、開口部と言っていいようなものができているのが見えた。この開口部は、前に見た、テント村の救援キャンプから出て行くトンネルの入り口に似ていた。私はレベッカに近寄ってその右に立ち、彼女が外に向かって輝かせている灯火に自分のエネルギーも加えて、協力しようとした。仲間入りしてみると、灯火の明るさが増し、元の二倍ではなくむしろ四倍から六倍くらいの明るさになった。暗い、真っ黒な霧に覆われた領域がより遠くに後退し、田園地帯はさらに遠くまで広がり、私たちの結びついたエネルギーに照らし出された。光線が狭く収束した部分は直径が広がり、暗い霧が覆う領域のさらに奥深くまで、さらに広範囲を刺し貫くようになった。

そこに立っているうちに、研究グループの他のメンバーたちが、ひとり、またひとりと集まってくるのが見えた。それぞれがエネルギーを加え、灯火の大きさと明るさが増していった。ひとりが加わるたびに、灯火の光の強さは、私がその都度予想したように単純な足し算になるのではなく、ぐんぐん桁違いに増していった。

私が期待し続けていると、田園地帯はますます広範囲が照らし出されていき、最後のメンバーがグループの活動に加わる頃には、それは地平線にまで広がっていた。

メンバーたちは様々なレベルに加わった。私より上のほうで、近くの空中に浮かんでいる者もあれば、私の横や背後にいる者たちもあった。全員が手をつなぎあっているかのように結びついていたが、実際は手でつながっているのではなかった。まるで、私たちの外側の境界がどんどん薄くなって、全員がひとつの存在となり、愛の光をフォーカス23の暗闇に投げかけているかのようだった。

田園地帯の彼方を眺めると、地震の犠牲者たちが私たちの放射している灯火のほうを振り向くのが見て取れた。その人々が私たちの灯火に心を惹かれるのがわかったし、こっちに向かって歩いてくるのが見えた。見守っていると、その人々はどんどん近づいてきて、私たちが作った開口部に入った。

私は肩越しに振り返り、その開口部がどこにつながっているのかを見ようとした。それは管のような構造物に変化しており、地上から離れて空へと続いていた。キャンプで見たものとそっくりに見えた。前にあのトンネルを検分した、グループメンバーのふたりがはっきり見て取れた。

ふたりは私の背後の空中高くにいて、フォーカス27へと続く私たちのトンネルを作り出して維持するために、意志の力を注いでいるようだった。トンネルの壁を透かして、入っていった人々が見えた。人々は楽々と、恐れる様子もなく歩いており、進みながら目を丸くして、前方の景色に驚嘆している者もあった。テープの音が帰還の時を知らせてくるまで、私たちは団結して灯火を輝かせ、レセプションセンターへのトンネルを維持し続けた。その後、グループは分離し、個人としての境界を取り戻してから、それぞれ別れてヴァージニアへと帰還した。私たちが作った開口部がどうなったのかはわからない。私は、経験を通じて学ぶ機会を与えられたことに達成感と感謝を感じつつ、そこを離れた。

デブリーフィング・セッションでは、ひとりを除く全員が、参加したグループ活動のことをいくらか思い出すことができた。皆が話しているときに、私はいつしかひとりひとりのメンバーをまじまじと見つめていた。

何人かはその日初めて会った人たちで、肉体的な外見にはあまりなじみがなかった。私は、今目にしている外見と、インドで一緒になって救出の拠点を作ったときに見た姿とを比較してみた。それぞれの外見はあまり似ておらず、むしろその外見から受ける感じのほうが似ているようだった。その日の終わりには、私はこの人たちに非常な親しみを感じており、彼らが研究に参加してくれたことに感謝していた。

私たちが行なった研究プロジェクトの元来の意図を振り返ってみると、この成果はとても素晴らしいものだ。この研究セッション以前にも、私はヘルパーたちに会っており、個人を救出するのを手伝ってもらった。しかし今回の経験では、大規模な災害の際に協力して働く、ヘルパーたちのチームが存在するということを知った。

このヘルパーたちは、出会うことが予想される人々について、あらかじめわかっている知識に基づいてシナリオを組み立てていた。今回の場合、テント村の救援キャンプが使われたが、それは人々が予想するはずのものと、とてもよく合致したからだ。非常にスムーズでよく計画された作戦だった。

彼らのシステムは、人々が自分の死を知ったときに経験するかもしれないショックを最小限にするために考案されていた。この問題は、人々がフォーカス27のレセプションセンターに移動するまでは、表面化しないようになっていた。「向こう」に到着する人たちはたいてい、それぞれふさわしいタイミングで、各自のペースに応じて、自分の死に気づけばよかったのだ。人々は皆、地震の現場から徐々に別の場所に移動でき、そこで友達や親戚やヘルパーたちに迎えられるのだった。

今でも私は、このチームがこうした状況に対処する、優しく効果的なやり方に驚きを感じる。キャンプに人々を引きつけるために、煮炊きの火から上がる煙を使うというのは、じつに単純で自然なやり方だった。それは食物や水を求め、安心して手助けしてくれる人たちと交流できるような避難所を求める、犠牲者たちの願望を利用していた。

私が個人を救出した経験から理解したことだが、これはとても重要なポイントなのだ。死んであまりたたないうちにこうした接触がないと、人々は、自分の創り出したフォーカス23の状況の中に囚われてしまうことがあるのだ。もし囚われてしまえば、その人たちを助けるのは非常に困難になりかねない。夢の中の登場人物が、夢を見ている本人を起こそうとするようなものだ。

このチームが使った方法は、地震の犠牲者の多くがすでに入り込んでいた「夢」の中に登場するためのものだった。彼らは協力しあいながら、新しい死者たちが完全に受け入れられるようなかたちで、大地震の後の夢に溶け込むようにした。その死者たちには、救援キャンプや、食べ物を配ったり励ましの言葉をかけたりしている人々の現実性を疑う理由はなかったのだ。私は今でも驚嘆してしまう。

巨大な光り輝く天使が空を飛んで人々に会いに来るというやり方も、実に素晴らしかった。あの「天使」というのは、私が「おとり」を務めたときに出会った人たちの宗教的な信念にうまく合致していた。

明るい光の人々と私がいたところから、あの人たちの何人かが歩み去っていくのを、私は見た。地面のすぐ上に浮かびながら私は、あの人たちが私たちについて話し合っているのを聞いた。こちらを振り返り、時には信じられないといった様子で、一緒のグループの人に向かって「きみもあれを見たかい？」というようなことを興奮しながら話していた。

あの人たちは、自分たちが死んでいるという事実にまったく気づいていなかった。これから行くキャンプにいる人たちに、「霊的な存在」が道を指し示してくれたのだと、話したくてたまらない様子だった。私たちが出会ったこのチームは、本当にすべてのことを考え抜いていた！　大人数の犠牲者が出て、移行のために手助けが必要となるときには、彼らや彼らのようなチームが現れるのだ。

ウォレン博士の研究に参加することで私は、短期間に大人数の死者が出たときに、肉体を持って生きている人間のグループが力になれるということを学んだ。私たちはおとりになることや、愛と光を投射すること、レセプションセンターへの通路を作ることについて学んだ。非物質界でチームとして協力しあい、ひとつの存在となって働くというのがどういうことなのかを学んだ。新聞やテレビで大きな災害のことを見聞きするたびに、私はリタ・ウォレン博士の研究グループで一九九三年に経験したことを思い出す。

この探索の際には、私はインドの大地震で出会った救援キャンプのヘルパーたちに、また再会できるとは思ってもみなかった。一九九五年四月一九日のオクラホマシティでの出来事の前に、インドで彼らに出会えたことを心から感謝している。

インドでの体験は、オクラホマシティと較べて、感情的な面でわりあい穏やかなものだった。オクラホマシティではテロリストの爆弾によって、一瞬のうちに一六八名もの人が亡くなった。爆破事件現場の感情的なエネルギーがあまりにも強烈だったので、私はありとあらゆる助けを必要としたのだった。

この章を終える前に、この学びの機会を与えてくださったリタ・ウォレン博士に、私の愛と感謝の気持ちをお伝えしておきたい。

第6章　殺されたスコット

スコットは、一九九三年二月にカリフォルニア州オークランドのレストランで殺された。私は、同年の十月にスコットの母親にあたる旧友のバーブに電話するまで、そのことを知らなかった。私はヴァージニアに引っ越して一ヶ月くらいたったところで、なぜか無性に、バーブに電話をかけたくなった。バーブと夫のロブは、ロブがコロンビアの大学に職を得たため、数年前にミネソタ州からサウスカロライナ州に引っ越していた。一九七〇年代初めに、私たちはミネアポリス郊外の湖畔で近所に住んでおり、バーブとはそれ以来のつきあいだった。かなり長いこと話をしていなかったので、連絡を取って新しい住所と電話番号を伝えるのもいいなと思ったのだ。

会話を始めてまもなく、私はバーブのニュースを聞いて悲しい気持ちになった。

「あのね、私たちは今年の二月にスコットを亡くしたの。スコットはオークランドのレストランで強盗に遭って、殺されたのよ」とバーブは言った。

悲しみと怒りと悲嘆の想いが、その出来事を話す彼女の声を通してじわじわと伝わってきた。スコットがマネージャーを務めていたレストランで、閉店間際に三人の男が入ってきたのだという。男たちは、お客とレジからありったけの金を奪うと、スコットとふたりの従業員に床にうつ伏せになれと命じた。スコットたちが従うと、後頭部を一発ずつ撃たれた。三人とも、レストランの床で即死したのだった。

私たちが会話を続けるうちに、バーブは、スコットの妻だったベヴが心配だと言った。スコットの死の当時、まだ結婚から二、三ヶ月しかたっていなかったという。スコットが殺されてもう八ヶ月になるが、ベヴはまだ夫の死を受け入れて先に進むことができずに苦しんでいるというのだ。

ベヴもスコットも、出会って結婚するしばらく前までは、生活に苦労していた。結婚してようやく、ふたりにとって物事がうまくいき始めたように思われた。ふたりは幸せで暮らしも順調、一緒にいることの喜びが、希望に満ちた将来を約束しているかのようだった。サンフランシスコの近くに海を見晴らす家を持ち、地元のマリーナには自家用のヨットを停泊させていた。ふたりは幸せな新婚カップルだった。それなのに、一瞬の無慈悲な蛮行によってスコットは死んでしまったのだ。

バーブが電話で話したとき、ベヴは、今も時々スコットが近くにいるような気がすると言っていたそうだ。太平洋の素晴らしい景色が見渡せるパティオに出るためのガラス戸の外側に、スコットが立っているのが感じられることがある、というのだ。

ベヴの話では、飼い犬も時折、家のあちこちでスコットが見えているかのようなふるまいをする、という。こうしたことがあって、ベヴは喪《うしな》ったものを思い出し続けるはめになり、悲しみは心の表面近くに留まったまま、未だに解決されていない、ということだった。

バーブはまた、自分自身もここ二、三週間ほど、夜通し安眠するのがとても難しいのだ、と言った。

バーブは、しばしば真夜中に夢を見て、怖がっている小さな男の子が助けを求める泣き声で目が覚めるということだった。

悲しげな泣き声を聞くと、苦しくてたまらなくなり、それが嫌で目を覚ましてしまうのだ。これはバーブにとっては夢に過ぎず、どうにも制御できないものなので、ひどい悩みの種となっていた。この夢はどういう意味なのか、自問してはみたが、それをどうしたらいいのかはわからなかった。

バーブがその夢の話をするのを聞いているうちに、「スコットが母親にコンタクトを取ろうとしている」という印象が、私の心の中で確固たるものになってきた。怖がっている幼い子どもが大声でママの助けを求めるように、スコットがバーブに必死で助けを求めている、という感じがした。

私はバーブに、スコットがその夢の中の声と関係しているかもしれないよ、と言ってみた。以前、バーブには、私が参加したライフラインの救出活動について話したことがあったので、バーブがいささか懐疑的だということはわかっていた。

私が「スコットを探して、今どうしているか見てこようか」と持ちかけると、バーブは、それがどういう意味なのかを知りたがった。非物質的に出かけていってスコットを探すんだよ、と私は説明した。スコットが見つかったら、今どんな精神状態にいるのか確認するようにして、もし助けが必要そうなら、助けを提供するんだよ、と。

バーブは「ええ、そうしてもらえたらありがたいわ」と言いながら、変だと思っていたに違いない。私は、たいてい数日はかかると説明し、スコットと接触でき次第、また電話すると話した。

私はまだ、完全に自信を持つには至っておらず、レベッカに助けを求めた。レベッカは、私よりずっとたくさん経験を積んでいて、ライフラインの救出活動に熟練していたからだ。

たまたま、その週のある晩、モンロー研の研究棟の隔離ブースが空いていたので、私たちはその施設を使えるように手配した。

その隔離ブースは、人間の様々な意識状態を研究するのに使われている。それは温度調整が可能な防音の部屋で、食塩水の入ったウォーターベッドと様々な電気機器が備え付けられている。独特の雰囲気が漂っており、ここでならいっそう自信が持てるような気がした。

私はまだ学習の段階におり、ヘミシンク音を使用することが、フォーカス27への移動の補助としてどうしても必要だと感じていた。ブースと共に使われる電気機器が、そのヘミシンク音を供給してくれるのだった。

約束した晩に、私たちは研究棟に行き、ヘミシンク音のフリーフロー27というセットを使って、一緒にスコットを探しに出かけた。

私たちはほどなく、簡単にスコットを発見した。

スコットはいささか混乱した状態にあるようだった。スコットはベヴのすぐそばにいたが、それは双方の役には立っていないようだった。

スコットはベヴの圧倒的なまでの悲しみを知って、必死で手助けし、慰めてやりたいと望んでいた。スコットは死んですぐに、ベヴの近くに留まっていれば、彼女が悲しみを乗り越えてもっと幸せな精神状態になるように手を貸せるだろう、と考えたのだ。

だが、そうしようとしているうちに、スコット自身がベヴの悲しみに捕らえられ、少なくともベヴと同じくらいに悲しみを感じるようになってしまった。これが彼の思考をひどく曇らせてしまい、その結果、殺されて何ヶ月もたつうちに、スコット自身が悲しみのサイクルに閉じこめられてしまったのだ。

スコットは、自分とベヴが共に感じている悲しみと、自分自身とを切り離すことができなくなっていた。私たちがスコットを発見したときには、これは、ふたりがお互いにエネルギーを供給しあう、永遠に続くサイクルのようになってしまっていた。

どちらか一方が立ち直り始めたとしても、相手との感情的な絆のせいで、ふたりして悲しみへと引き戻されてしまい、サイクルがまた始まるというわけだ。ふたりは約八ヶ月にもわたってこれを続けており、どちらにとっても終わりが見えない状況だった。

スコットは疲れ果ててぼんやりし、混乱していた。あまりにも長くこれを続けていたため、悲しみを感じる以外には、自分で思考する力がすっかり衰えてしまっていた。

スコットは、ベヴが悲しみを癒すのに手を貸したいと思っていたのだが、逆に、自分も巻き込まれすぎて、問題の一部になってしまっていたのだ。現在の混乱した精神状態では、解放されて、もっと客観的な見方を獲得するすべはなかった。思考があまりにも曇ってしまったために、ベヴと一緒のサイクルに閉じこめられ、フォーカス23に囚われてしまっていたのだ。

スコットは自分が死んだことを知っていた。その点は問題ではなかった。ただ、感情の力が手に負えないほど大きかっただけだ。まるで夢の中に閉じこめられているようで、そこから逃れるには目覚めなくてはならないのだが、その感情の力が夢を続行させていたのだ。

レベッカと私は、非物質界で相談して、別行動を取ることにした。レベッカがスコットを担当し、私はベヴについて確認する。そして、後から情報を比較することにしたのだ。

私はスコットから離れて、目の前の暗黒がまったく均一になる場所へと退いた。ベヴと接触したいという意志を固めて、目の前の暗黒を覗き込み、何かが起こるのを待つ。

長くはかからなかった。

小さいがはっきりした黒い渦巻きが見えてきて、視野の片隅に注意を引きつけられた。私はその渦巻きに注意を集中し、何だかわからないが、それが表しているものに向かって意識を開いた。しばらくすると、暗闇の中からひとつの部屋が実体化して見えてきた。それは大邸宅の居間で、私の印象からすると、南北戦争中のように思われた。

その白黒のホログラフのような部屋のイメージに集中すると、ふたりの女性が見えてきた。ひとりは椅子に腰掛けていたが、その椅子は現代の骨董品のディーラーが見たら大喜びしそうな品だった。

もうひとりのほうは年下で、黒っぽい硬材でできた美しいテーブルに背を向けて立っていた。その女性は立って、窓のほうに顔を向け、その邸宅に向かってくる道を窓越しに眺めていた。

私がその目を覗き込むと、その女性の命そのものがハートから流れ出てしまっているのがわかった。彼女が立って遠くを眺めている間に、命は流れ出し、窓から外に出て、道に沿って流れていくのだった。彼女の愛した男性が、その道を通って去っていったのだ、ということがわかった。彼は義務感から、自分の務めを果たすために戦争に出かけていき、戦争で命を落としたのだ。女性は目撃者から、絶対間違いないことだ、と聞かされていた。彼女の愛する人は死んだのだ。それでも、彼女は毎日、自分の命を窓から外へ、通りの向こうへと注ぎ出し続けていた。

彼女は愛する人の死を受け入れられなかった。何かの間違いに違いない。彼女は心の奥底で、いつかきっと彼の笑顔があの道を通って戻ってくるに違いない、そのときこそ自分の人生がふたたび始まるのだ、と確信していた。

彼女は悲しみのあまり、自分の命を道に向かって注ぎ出しながら待ち続け、ついに死んでしまったのだった。

彼女は男がもう帰ってこないということを、決して受け入れられなかった。彼を失った悲しみの傷は、ついに癒えることがなかった。彼女はその人生の終わりに死んで、乗り越えることができなかった悲しみの中に閉じこめられてしまった。

南北戦争時代に生きていたこの女性が、現在、カリフォルニア州のベイエリアに住んでいるのだった。その女性の名は今はベヴといい、夫を失った悲しみのサイクルをまた体験していたのだ。彼女は、居間の窓辺に立っていたあの若い女性だった。その人生では、スコットは、あの道を通って戦争から二度と帰ってこなかった男だったのだ。

私が窓辺の若い女性を見ているうちに、この情報やそれ以上のことがたちまち伝わってきた。それを知るのにかかった時間のほうが、それを話すのにかかる時間よりはるかに短かった。私は彼女から少し離れて、この場面が教えてくれることをすべて受け取ろうとした。

ひとつの玉のようになった情報の塊《かたまり》がやってきて、南北戦争中のスコットとベヴの過去世について、もっといろいろなことを教えてくれた。

スコットとベヴは、当時も夫婦だった。ふたりは大きなプランテーションを所有するようになり、その所有地に立つ巨大な邸宅に住んでいた。ふたりがどのようにしてそれを手に入れたのかははっきりしなかったが、結果として、ふたりの生活はうまくいき始めていた。つまり、ふたりは豊かで、贅沢な暮らしをしていたのだ。

ふたりが一緒にプランテーションを経営して、その報いを受け取り始めたところで、戦争が勃発した。

スコットは、多くの者たちと同様に、兵士として戦争に加わらなくては、という義務感を感じていた。自分が属する側の人々にふさわしいと思う暮らし方を守るために、戦わねばならなかったのだ。

彼が出発するとき、そこには大きな悲しみと希望があった。ベヴは、遠く離れたところで夫が危険な目に遭うかもしれない、という悲しみを感じ、戦争に勝って夫が無事に帰ってくることを望んでいた。彼は馬に乗り、プランテーションから出て行く道を通って去っていった。ベヴは夫が行ってしまうのを見ながら、夫が戦争に出かけていくときに妻たちがみな感じる恐れを感じていた。

数ヶ月後、夫からの手紙が途絶えた。

永遠とも思われる時が過ぎたが、やがてスコットの死を目撃した人物がプランテーションを訪れ、ベヴにスコットが殺されたことを告げた。彼女にとっては、耐え難い知らせだった。夫は戦死した戦場の近くに埋葬されたという。そこは遠すぎて、遺体と対面することはできなかった。その、遠い昔の人生で、夫の遺体を見ることができなかった彼女は、夫が本当に死んで埋葬されたということを否定していた。それで彼女は、残りの日々をずっと、居間の窓のそばに立って夫の帰りを待ち続けて過ごしたのだ。ついに、自分の死によって解放される時が来るまで。

私は、窓際の女性からさほど遠くないところで椅子に腰掛けている、もうひとりの女性に注意を転じてみた。こちらの女性のほうが年上だったが、よくよく見ると、それが私の友人のバーブであることがわかった。私が見ていると、バーブはその居間で、ベヴに話しかけていた。バーブは精一杯ベヴを慰めて、愛する人の死を受け入れる手助けをしようとしていた。ふたりの女性がこの人生でどういう関係だったのか、完全にはっきりとはわからなかったが、バーブはどうやら叔母のような感じだった。

バーブは精一杯の努力をして、ベヴの心の傷をふさごうとしていた。その傷から、ベヴ自身の生命を保つためのエネルギーが、どんどん流れ出していたのだ。

しかし、バーブの試みはうまくいっていなかった。バーブは自分の努力が空しく終わっていることに気づいていた。ベヴは一日また一日と、傷心の死に近づきつつあったからだ。

その場面に漂う感情は、私に影響を及ぼし始めた。今でも、あれを思い出すとそうなってしまう。悲しみを抱えて、窓からあの道の彼方を眺めているベヴの心。そのやるせない絶望したような姿を思い出しただけで、悲しみがこみ上げ、目に涙があふれてきてしまう。私は、スコットの最近の死が、南北戦争のときの死に対するベヴの反応と、何か関係があるに違いない、とはっきり悟った。

ベヴの状況を理解するのに充分な情報が得られたと感じたので、私は居間を離れた。その場面は暗闇の中に溶けていった。私はスコットを見つけることに注意を集中した。するとすぐに、彼が見えてきた。スコットとレベッカが話をしていた。スコットは、さっきより頭がはっきりしているようで、注意力があり、顔も目もずっと明るい表情になっていた。ぼんやりする原因になっていた悲しみと嘆きは消え去り、今ではレベッカとの会話にしっかり集中できていた。

レベッカはスコットに、彼の陥っている窮地について説明し、自分を取り戻せる場所に連れていってあげる、と申し出ているところだった。

あなたがそこでもっと強くなれば、後で戻ってきて、ベヴを手助けすることもできるでしょう、とレベッカは説明した。もし今、ベヴのそばに戻れば、また意識がぼんやりした状態に逆戻りして、悲しみのサイクルに閉じこめられてしまうでしょう。

スコットは、レベッカの言うことをはっきり理解し、自分の選択が何を意味しているのか、わかったようだった。スコットは、レベッカの説明した場所に一緒に行くことを、躊躇《ちゅうちょ》なく受け入れた。

私は、ふたりがフォーカス27に行くのについていったが、そこでスコットは年長の男性に迎えられた。それが誰なのか、スコットにはすぐにわかったようだ。その男性は、何か叔父さんのような関係に感じられた。私たちは、スコットをその男性に任せて、研究所の研究棟の隔離ブースに帰還した。そして目を開けると、記録の比較を開始した。

レベッカは、私がベヴのことを調べに行った後に、スコットとどんなやり取りをしたのかを教えてくれた。

レベッカはスコットにエネルギーワークを行ない、彼が長いこと閉じこめられていた感情的な混迷状態の影響を払拭した。

レベッカの助けで心の曇りがとれたスコットは、自分がどうして囚われてしまったのかを思い出した。スコットは、ベヴが悲しみを乗り越えるのを助けようとしたのだ。ベヴの感情とあまりにも結びつきが強く、それにフォーカスしすぎたため、スコットははっきりとものが考えられなくなってしまった。死んでからの数ヶ月間、彼は意識のぼんやりした状態で過ごしていた。自分の母親が助けてくれるかもしれないと思って、コンタクトしようとしたが、すべてが夢のように思われていた。

そんな精神状態では、自分で何かを選択できるなどとは考えられず、ましてや、それに基づいて行動を起こすことなどできなかった。

レベッカが手助けしたおかげで、スコットは、これまでしていたようにベヴを助けようとしたら、また同じように悲しみの夢の中で道に迷ってしまうだろうと悟った。ベヴとの間に一定の距離をおかねばならないことを理解したのだ。ベヴを助けようとする試みがうまくいくには、まず自分が強くならなくてはならない。それを理解したスコットは、もっと強くなるのを助けてくれる人々のところに行くために、フォーカス27への移動を承諾したのだった。

私たちが話し合っているうちに、はっきりわかってきたことがあった。スコットの殺人による死は、ずっと昔、南北戦争時代のプランテーションでベヴが死ぬ原因となった、悲しみの傷を癒そうとする試みだったのだ。ベヴがその傷をうまく癒せなければ、ふたりは、お互いに対する愛のために、将来の人生でもう一度一緒になるように引き寄せられ、またやり直しをすることになるかもしれない。

スコットのレストランの床での死は、南北戦争中の死とは違っていた。その死は、ベヴが確かに彼の遺体を目にするようなかたちで起きたのだ。遠くの戦場で墓標もない墓に葬られて、まだ生きているかもしれないという想いをベヴの心に残すことはなかった。今度こそ、ベヴは夫が本当に死んだという事実に直面することになるはずだ。そして、スコットの最大の望みは、ベヴがそれを受け入れて癒されることだったのだ。宇宙が仕組んだ出来事により、スコットは自分の命を犠牲にして、ベヴに癒されるチャンスを与えたのだ。さあ、これですべてはベヴ次第となった。

ベヴが、両方のスコットの死への悲しみを、まだ自分の心の奥底に抱え込んでいるのは明らかだった。彼女が癒されるには、そうした感情を、意識できるところまで引き出す必要があるだろう。

二、三日して、すべてが心の中でまとまってから、私はバーブに電話をかけ、レベッカと私が発見したことを話した。バーブは、助けを求めて叫んでいる男の子の悪夢を、私たちが救出を実行した夜から見なくなった、と認めた。

電話で話しているうちに、スコットとベヴのカリフォルニアでの暮らしと、遠い昔のプランテーションでの暮らしが、驚くほど似ていることが判明した。ふたりが出会うまで、スコットは目的もなくさまよっている感じで、この世界に自分の場所を探し求めているようだったという。ベヴはビジネスでとても成功している女性だった。ふたりが結婚したとき、双方にとって、すべてがうまくいき始めた。

豊かな暮らしになって、海を望む美しい家を手に入れ、一緒に楽しむヨットも手に入れた。ふたりは愛し合っており、人生のすべてが思い通りになるようだった。経済的な成功も、素晴らしい家もあり、一緒の暮らしは、ふたりにとって輝かしい未来の幕開けにすぎないと思われた。ところが、あの瞬間、オークランドのレストランの床の上で、突然に、すべてが悲劇的な幕切れを迎えたのだ。

バーブは今度の人生でも、かつての人生でベヴとスコットにしようとしていたのと同じ役割を果たしていた。週に何度もベヴに電話をかけて話をしていた。バーブは精一杯努力して、自分自身の悲しみを乗り越えながら、ベヴが悲しみを乗り越えるのを助けようとした。だが、ベヴが悲しみを解決できていないことは、バーブの目にも明らかだった。一番いい状態でも、悲しみの中で立ち往生していた。最悪のときには、どんどん後退しつつあった。ベヴは時々、カウンセリングを受けていたが、問題解決の助けにはなっていないようだった。

私はその週のうちにもう一度、非物質的にベヴを見に行った。その訪問からはっきりわかったのだが、ベヴがカウンセリングに行くのは、苦痛を回避する役に立っているだけだった。そのカウンセラーのセラピーは、感情の痛みを覆い隠すだけで、ベヴはその痛みをどこにも表現できずにいた。彼女に必要なのは、それと向き合って、すべてを吐き出すことだったのだ。

この旅のとき、コーチという『未知への旅立ち』でも紹介した非物質界のガイドが助言をくれた。ベヴは、同じような経験をした人たちが作っているサポートグループに入ることを考えてもいいのではないか、というのだ。ベヴが、予想外の無慈悲な暴力で突然に愛する人を失った人たちと交流することで、立ち直るのが早くなるかもしれない、とコーチは言った。

バーブはこのアドバイスを、後で電話したときにベヴに伝えた。私が知るかぎり、ベヴはそのアドバイスを受け入れ、二ヶ月もしないうちに、ふたたび自分の人生を生き始めたようだ。ベヴは、思い出だらけの、海を見晴らす家を離れ、もう一度やりなおすために南カリフォルニアに引っ越した。最後に聞いたときには、彼女は癒されつつあって、ずっと元気になっているということだった。

だが、この話はそれで終わりではない。

私が最後にスコットに会い、「叔父さん」と一緒にフォーカス27に置いてきてから、六ヶ月ほどたった頃、私は休暇のために子どもたちをミネソタ州につれていった。

私たちは空港に着き、おばあちゃんとおじいちゃんを訪ねることにしていた。バーブとロブは、南カリフォルニアからミネアポリス近辺に戻ってきており、所有する車の一台を使ってもいいと申し出てくれた。私の母が空港に車で迎えに来てくれて、私たちはみんなでバーブの家に立ち寄った。スナックを食べながら、屋外のパティオでお喋りしていたとき、私はスコットがそこに一緒にいるのを感じた。私が彼に注意を集中するたびに、彼が何だか嬉しそうに跳ね回っているのがわかった。そして、彼の声が心の中に聞こえてきた。

「母に、紫と金色って伝えてくださいよ、ブルース。紫と金色って」

彼がそう言うのが、絶えず聞こえてきた。

私には、これがどういう意味なのか、想像もつかなかった。私には、まったく意味をなさない言葉だった。少しおかしな感じがしたので、みんながいる前でそれについて声に出して言及するのは気が進まなかった。それで、私の母と子どもたちが車に乗って、湖畔の家へ二時間のドライブに出かけていくまで、私はしばらく待っていた。

母と子どもたちがいなくなると、もっとよくスコットにフォーカスできるようになった。そして、彼が自分の母親にメッセージを伝えてもらいたがっているのが、はっきりわかった。そこに漂っている雰囲気は、何か卒業のような感じがした。彼がフォーカス27に移動してから、学校に行っていたかのようだった。彼は母親に、自分がその学校からもうすぐ卒業することを知ってもらいたがっているのだ。

私は、バーブとの会話を始める糸口として、スコットの死について最近はどう感じているかと訊いてみた。バーブは、かつての怒りと悲しみは乗り越えることができたけれど、つい最近になってまた始まった夢に悩まされていると言った。前に見ていた夢とは性格が違うが、スコットが自分とコンタクトを取りたがっているような感じがする、という。それを聞いて私は、スコットの新しいメッセージが伝えやすくなった。

「スコットはたった今、私たちと一緒にここにいるんだ。そして、あなたに『紫と金色』と伝えてくれと、しきりに言っているんだよ。その色は、何か意味があるのかな？」

彼女の顔にはしばし、ぽかんとしたような、不審そうな表情が浮かんでいた。だがそれは、突然、まるでパズルのピースがしかるべき場所にはまったかのように一変した。

「紫と金色は、スコットが行っていた高校の色なの。スコットは卒業式のときに、それを身につけたのよ」

この時点で、スコットが母親に伝えてもらいたがっていたメッセージが、私にもはっきりわかった。

「ぼくは卒業するんだよ、ママ」とスコットは言っているようだった。「大丈夫だよ。ぼくはここで学校に行っていたんだ。そして、もうすぐ卒業なんだよ」

フォーカス27の学校で卒業するというのがどういう意味なのか、私にはベヴに説明できるほどの知識はなかった。スコットが私にそれを告げたとき、お祝いのような感覚があったが、わかったのはそれだけだった。

それからまもなく、私はバーブたちの車に乗って出発し、北東に向かって二時間ドライブして、子どもたちと両親とふたたび合流した。

一週間後、休暇は終わり、私たちは車を返すために、もう一度バーブとロブの家に行った。バーブが最近悩まされていた夢の性格は変化しており、バーブは以前よりよく眠れるようになっていた。バーブとロブは、スコットの兄弟姉妹を含む友人たちを集めて夜のパーティを開いていた。

その夜の集まりが終わりに近づいて、友人たちは帰っていき、家族と特に親しい友人たちだけが残った。

ダイニングテーブルを囲んで座りながら、バーブは、私が彼女に話したことをみんなにシェアしてほしい、と頼んできた。ことの発端から始めて、一番最近のスコットとのコンタクトについても話してほしいというのだ。

私がそれを細かく話し終えると、スコットの妹のエイミーが興奮して、最近スコットについて得た情報を教えてくれた。

彼女が、二週間前にサイキックの友人と話していたとき、スコットの話題が出たのだという。友人もエイミーに、スコットが卒業間近だと言ったそうなのだ。

私はこれを、スコットが私に言っていたことを独立した筋から実証する、一種の証拠として受けとめた。ちょっとした証拠ではあるが、それでも、私がスコットとコンタクトして、そのメッセージを家族に正しく伝えたということの証拠には違いない。

この経験が本当だったという自信が持てたので、死後世界の存在について、私の確信は増し、疑念はさらに減少することになった。

第7章　三度目のライフライン——エド・ウィルソン博士との再会

エド・ウィルソン博士は、サトル・エネルギー医学に興味を持っている医師だった。私は、一九九一年秋にモンロー研究所でゲートウェイ・ヴォエッジ・プログラムに参加した際に、かなり風変わりな体験によって、この医師と間接的にひきあわされたのだった。

テープエクササイズ中に、一冊のハードカバーの本のページがパラパラとめくられているのが見え、そのページに、スキップ・アトウォーターという人物の顔が３Ｄの非物質的な映像となって浮かび上がっていた。その後で私は、モンロー研の研究棟の見学ツアーのときに、スキップと初めて物質的に出会うことになった。

『未知への旅立ち』をお読みになった方は思い出してくださるかもしれないが、このスキップ・アトウォーターという人物が、ウィルソン博士と共同で取り組んでいる、人体の周囲の磁場を測定するための研究について、私に話してくれたのだった。

その同じテープエクササイズのときに、私は「磁気異常センサー」という装置を見せられた。

この装置は、エドとスキップが行なっていた研究と関係があるようだった。

それから、一九九二年の晩夏、まだコロラドに住んでいた頃、私はレベッカから電話をもらった。彼女がエドと一緒に訪ねてくるというのだった。エドは、コロラド州ボルダーの西の山岳地帯に住んでおり、人体の周囲にある磁場を検出するための実験を続けていた。

レベッカは、私を彼に紹介したがっていた。私がエンジニアという経歴を持っているため、それがエドの研究に役立つかもしれないと期待したのだ。それから数日後に私たちは会い、コロラド名物の、「壁の穴」スタイルのメキシカン・レストランに行った。

エドは白血病と診断されており、私が彼とレベッカに会ったときには、症状はおさまっていた。人間のまわりの磁場を検知して、それを病気の診断に利用できないか、というエドの関心について、私たちは話し合った。

人間の周囲の磁場検出装置をどう使うかに関しては、エドは、別のもっと秘儀的なアイデアも持っていた。私たちは一緒に、面白いランチタイムを過ごし、かなり長いこと喋り続けた。

私は、エドの実験に協力するため、極細の銅線を巻いて大きなコイルを作る装置を設計し、製作することを約束した。

その後二ヶ月ほど、私は終業後の機械工場を利用して、コイルを巻く装置の部品を組み立てていた。空き時間には、自宅地下室の作業台の上でも組み立てをした。しかし結局、ウィルソン博士とその研究に、たいした貢献をすることはできなかった。

次に私が博士に会ったのは、一九九三年の十一月、私がヴァージニアに引っ越した後、三度目のライフライン・プログラムに参加していたときのことだった。

トレーニングセンターの食器洗浄機がまた故障した。二度目のライフライン・プログラムの直前に故障したのと同じ機械だ。前回と同じく、私は、その食器洗浄機を修理する代わりに、三度目のライフライン・プログラムに参加できることになったのだった。このプログラムは定員いっぱいで、通常なら参加者の追加は認められないはずだったが、食器洗浄機はどうしても修理が必要だったため、私はうまくすべりこむことができた。

二日後に、私にとって三度目のライフライン・プログラムが始まった。プログラムが本格的に始まる初日、エド・ウィルソン博士が、ボルダーの西にある山岳地帯の自宅で亡くなった。それからエドは、六日間にわたるプログラムの間じゅう、テープエクササイズのたびに、常に私と行動を共にしたのだった。

エドは、死んだ後、私とのコミュニケーションを確立したいという熱意に燃えていた。ライフライン・プログラムで死後世界の探索に集中的に取り組むのは、貴重な時間だと心得ていたようだ。

エドは、この六日間で、将来にも続いていくコミュニケーションの手段を確立しなくてはならなかった。そう、エドはとてもしつこかった！　テープエクササイズが始まるとすぐに、エドの声が聞こえてきて、私とコミュニケートしようとする。時として、これにはかなりイライラさせられた。テープには、ボブ・モンローの声で短いインストラクションが録音されている。エドの声が大きすぎて、こっちは、ふたりの人間が同時に喋るのを聞かされているようだった。どちらの言うことも理解できないので、何度もエドに、テープのボブの声が終わるまで静かにしていてくださいい、と頼まねばならなかった。

エドは、言語を使ったり、映像を使ったり、直接の思考を伝えたりしてコミュニケーションを取る練習をした。

エドは奇妙な姿勢で立っており、私がそれを説明すると彼の友人たちは確かに彼だと認めた。エドは、自分が住みついた場所を見せてくれた。石造りの巨大な建物に隣接して、よく茂った緑の芝生があり、エドはその上に小型のテントを張っていた。建物はフォーカス27にある図書館か何かだった。外壁はなめらかな石でできており、磨き上げられた御影石の一枚板のように見えた。

エドは、自分の小さなテントを、建物から三メートルもないところに張っていた。エドは、図書館から持ってきたらしい書類に没頭して、時を過ごしていた。紙でいっぱいになった段ボール箱が、いくつもテントのそばに積み上げられていた。時折、彼が見あたらないこともあったが、探して見つけてみると、彼はごうごうと燃えるキャンプファイアーの前で、スツールに腰掛けて書類を読みふけっているのだった。かなり不条理な場面だ！　物質界の近代的な大図書館の隣で、同じことが起こっているところを想像してみてほしい。

エドが死ぬ一週間たらず前のこと、エドはレベッカに電話をかけて、コロラドに来ないかと誘っていた。エドは、レベッカがモンロー研の環境から抜け出して、クリエイティブな才能を開花させてほしいと願っていたのだ。レベッカは、モンロー研でヘミシンクの音響パターンの研究に従事していた。画期的な研究のいくつかにも関わっていたのだが、エドは、レベッカが自分で自由にそれを追求できれば、素晴らしいことが起こるかもしれないと感じていた。

エドは優しく脅しをかけて、コロラドへ「遊びに来る」ことをレベッカに承知させた。エドの死後、彼と私がコミュニケーションを取れるようになると、彼が真っ先に断固として主張したのが、レベッカにコロラドへ引っ越すという約束を守らせてほしい、ということだった。

「彼女をあそこから引っ張り出すんだ！」と彼は単刀直入な言葉を繰り返した。

「私が彼女とその話をするチャンスが来るまで、私がきみにプレッシャーをかけて、彼女をここから離れさせようとしているんだと、彼女に伝えてくれないか。彼女が私に耳を貸さないなら、きみが彼女を引っ張り出せ！」

そのとき、最後に息子と娘に会ってから二ヶ月がたっており、「彼女を引っ張り出す」ために、またコロラドに戻るという考えは、私としては大歓迎だった。だが結果的に、レベッカに無理強いをする必要はなかった。レベッカが死後世界でエドとコンタクトしたときに、エドが彼女に約束を思い出させたので、彼女もそれを守ることに同意したのだった。

エドとボブ・モンローは、ふたりとも物質界で生きているとき、友好的なライバル同士だった。

私はこのライフライン・プログラムの間に、ボブへのメッセージがあるかとエドに尋ねてみた。すると、場面が変化した。それは整然とした庭園のようで、ゆっくりと流れる小川が、覆《おお》い被《かぶ》さる木々の下を曲がりくねって流れていた。黄昏時《たそがれどき》の映像のように薄暗い場面だったが、その小川は木々の下から開けたところに出てくると、小さな三段になった人工の滝へと静かに注ぎ込んでいた。

レベッカもエドからボブへのメッセージを受け取っていた。大昔の修道院のような場面で、ボブとエドが一緒に成し遂げたプロジェクトについて談笑していた。

彼らはひとつの構造物を建てており、そこから巨大な鐘がぶら下がっていた。その鐘は建物の近くに据えられており、風がふさわしい方向から吹くと鐘が鳴って反響するようになっていた。エドたちは、修道院の他の者たちが静かに祈りや瞑想をしているときに鐘の音がしばしば鳴るので、クスクス笑っていた。こうして邪魔されるのを、みんながみんな喜んだわけではなかった。どうやら、ボブとエドはある人生を一緒に過ごし、音を使って遊んでいたようだった。

ライフライン・プログラムが終わった後も、私はエド・ウィルソン博士とのコンタクトを続けていた。彼を見に行くたびに、図書館から取ってきた紙の入った箱の山は、どんどん大きくなっていた。

エドのキャンプ地は、周辺からいささか浮いた感じだった。誰もたいして気にかける様子はなかった。エドは非物質界で情報を掘り出して、それを伝えるのを楽しんでいた。エドは、物質界で生きていたときに興味を持っていたことを手当たり次第に伝えてきた。その中に、電磁気的重力理論というものもあった。

ある朝、目を覚ましたとき私は、まだエドと他のふたりの人たちと会話を続けていた。エドはあちこちさまようちに、このふたりに出会い、ふたりが理論を伝えるのに手を貸そうとしたのだ。私は目を覚ましたとき、私たちの交わした議論が、重力と何か関係があるということはわかったが、思い出せたのはそれだけだった。その日はそれから、夢での会話からよみがえってきた詳細を書き留めたり、エドが続けている説明を聞いたりして過ごした。これは長くて詳細にわたる理論だ。興味のある方は、付録Aをご覧いただきたい。

エドの死から一週間後、レベッカと私は車でテネシー州へ行き、エドの追悼礼拝に参列した。そこで会った遺族の人たちに、エドの死後にコンタクトしたことについて話をした。遺族たちは懐疑的ではあったが、私たちが言わずにおれなかったことを受けとめてくれた。

教会での礼拝が終わると、追悼式のために全員で墓地に行った。みんなでエドの墓標を囲んで輪になって立ち、参列者が彼について短く話をするのを聞いた。司式の牧師が、祈りをするために、全員に頭《こうべ》を垂れるようにと言ったとき、かなりびっくりすることが起こった。

目を閉じて頭を垂れると私は、旋風のように渦巻くエネルギーに気づいたのだ。音を立てない竜巻のように渦を巻いており、一番下の直径は祈っている人々の輪と同じだった。

そのエネルギーに満ちた渦巻きに注意を集中してみると、私はエドがみんなと一緒にいることに気づいた。エドは輪の周りを回りながら、ひとりひとりの前で立ち止まり、二言三言、言葉をかけるのだった。彼が私のところに来ると、私は目を閉じたままで、彼をはっきり見ることができた。彼は私のほうに歩み寄った。

「ブルース、きみがコロラドへ来たら、一緒に仕事をするのを楽しみにしているよ」と彼が言うのが感じられた。

「エド、あなたにここで会えるなんて、嬉しい驚きですよ。こちらこそ、一緒に仕事をするのが楽しみです」

それから彼は後ろに下がり、次の人――私の右にいたレベッカのところへ進んだ。彼がレベッカに歩み寄り、ふたりが短く言葉を交わすのが見えたが、その言葉は聞き取れなかった。エドはそれから、立ち去る前に最後の人のところへ行った。その女性は、エドがこちらでの人生で最後の何年かを共に過ごした伴侶だった。エドは彼女のほうに歩み寄り、ふたりは目くるめくようなピンクと金色の光のシャワーに包まれて抱擁しあった。牧師の祈りが終わると、エドは彼女から離れ、空に舞い上がって見えなくなった。

私がヴァージニアからコロラドへ引っ越す直前のこと、私はまた、ボブ・モンローへのメッセージを受け取った。今度はエド・ウィルソンからではなかった。その年の初めに亡くなった、ボブの妻、ナンシー・ペン・モンローからだった。

ボブは、日曜の午後のフットボールのゲームを一緒に観ようといって、山にある家に私を招待してくれた。私はダイエットの炭酸飲料を何本か飲んで、膀胱がいっぱいになり、トイレに行きたくなった。トイレのドアを閉めて、便器のフタを持ち上げたとたん、ナンシーがそこにいるのが感じられた。

「ブルース、もしよろしければ、私のメッセージをボブに届けていただけないかしら」と彼女が言うのが感じられた。

「もちろんいいですよ」私はトイレに来た目的を果たしながら、気もそぞろに答えた。

「あら！　ごめんなさい！　終わるまでよそを向いているわ」

「ありがとう、でもご心配なく。プライバシーなんていう幻想は、とうの昔になくしてしまってますから」私は笑いながら答えた。

私が用を済ますと、彼女はもう一度、頼みごとをしてきた。

「ボブに、私がまだここにいて、彼のことを今もとても愛してるって、伝えてくださいな。彼がここに移ってくるときが来たら、私は待っていますって、伝えてください」

「喜んでお伝えしますよ。私が実際にあなたとコンタクトしたんだと信じられるほど、ボブが私の能力を信じてくれるかどうかはわかりませんけどね」

「それが彼の反応なら、それでいいんです。伝えてくださる？」

「もちろんですとも」

ナンシーの感謝が感じられ、そして彼女は去っていった。私はフットボールの試合を見に戻って、ボブにトイレで起こったことを話し、ナンシーのメッセージを伝えた。彼のリアクションからして、私の言ったことをたいして信用していないことがわかった。

彼は、ナンシーが行ったところには、誰も半年以上留まっていることはないのだ、という自説を話してくれた。そう言いつつ、彼の顔にはつらそうな表情が浮かんだ。彼が私を信じられればいいのに、と私は思った。生涯の愛を捧げた相手がまだ待っていてくれると知れば、きっと慰めになったはずだ。

一ヶ月半のうちに、私はレベッカと一緒にコロラドに戻った。またコロラドで子どもたちのそばに住めるのは、とても嬉しかった。彼らを残していった目的は達成された。私は子どもたちをいったん手放し、そして今また、子どもたちは私の人生に戻ってきたのだ。

第8章　DECと笏《しゃく》

遠隔ヒーリングは、モンロー研究所のプログラムのほとんどで、必ず教わることになるテクニックだ。少なくとも一回のヘミシンク・テープエクササイズが、ドルフィン・エナジー・クラブ（DEC）の遠隔ヒーリング・ツールの使い方を学ぶためにあてられる。そのツールのひとつが、イルカのヘルパーを視覚化することだ。このイルカがヒーリングのプロセスを手助けしてくれるのだ。

参加者は、プログラムで教わるエネルギー的なヒーリングのプロセスを、視覚化したイルカに実行させてみるように、と指示される。一週間にわたるプログラムのうち二晩ほど、大きな集会室でグループでの練習セッションが行なわれる。椅子をすべて丸く並べた後、参加者たちは目を閉じてリラックスし、部屋のスピーカーから流れるヘミシンク音と言葉によるインストラクションに従うのだ。

DECのグループ練習セッションの前に、トレーナーたちは、遠隔ヒーリングを依頼している人の名前を受け取る。参加者はみな、その人についてはファーストネームしか知らされない。名前がグループに伝えられてから、テープがスタートし、みんなで一緒に練習をする。

私の三度目のライフライン・プログラムでは、最初の練習セッションは何もかもとてもうまくいった。私はその名前の人物を観察するために、「デッキー」と呼んでいる自分のイルカを送り出し、そのイルカを通して、適切なときにヒーリングのエネルギーを送った。

セッションの後、トレーナーたちは、その人物がヒーリングを依頼した理由について検討した。いつもどおり、私はかなりいい「診断」をしており、その人の肉体的な状態や病気について正確に説明することができた。私は自分がかなりうまくなってきていると感じた。実際は、かなりひとりよがりになっていたのだ。

それから二晩の後、別の練習セッションで、今度は遠くにいる人ではなく、グループでお互いをヒーリングしあうことになった。

すべては順調にいっていた——テープのインストラクションを聞いて、デッキーを視覚化する時点までは。私が左下のほうを見ると（もちろん、目は閉じたまま）、小さな非物質のイルカがニコニコして私を見上げているはずだった。デッキーはいつも嬉しそうで、役に立ちたくて仕方がないようだった！

ところが今度は、彼はいなかった。

その代わりに、何か笏《しゃく》のようなものがはっきり見えたのだ。

長さ六〇センチほどの、装飾を施した木製の柄《え》の先に、ガラスか水晶のような丸い乳白色の玉がついていた。その玉は直径が一二、三センチほどで、曇っているように見えた。この笏が、私の左側、以前なら可愛い小さなイルカがいたはずのあたりで、空中に浮かんでいたのだ。テープのインストラクションが、イルカが清らかで澄みきって明るいことを確認するように、と言うのを聞いたとき、私は不安を感じ始めた。この笏のてっぺんについている玉は、まったく澄みきって明るくなどないようだった。逆に、命のない、冷たい石の塊に見えた。

合理的な思考が優位に立ち、これが何であるにせよ、ちゃんとしたものには見えないぞ、と心配になってきた。これをどうしたらいいのか、まったく思いつかなかった！

今はDECのエクササイズなのだから、私のイルカのデッキーが現れるはずなのだ。こんな、おかしな笏などではなくて！

私はデッキーを部屋の中に送り出して、そこに座っているみんなのところへ行かせるはずだった。もし、これが危険なものだったらどうしよう？　ほかにどうしたらいいのかわからず、信頼こそが常に一番大事だということすらすっかり忘れてしまった私は、優秀なエンジニアなら誰でもするはずのことをした。これをグループ全員に使う前にテストしてみたほうがいい、と決心したのだ。

そう決めると、私は目を上げてみた（肉体の目はずっと閉じたまま）。

すると、輪になって椅子に腰掛けている参加者たちがみな、ちゃんと見えることに驚いた。非物質の頭を左右に向けてグループ全体を見わたしてみると、みんな目を閉じて座り、確かに指示されたとおりDECのイルカのワークをしているようだった。

全員を見まわしながら、誰にこの物体をテストすべきか、合理的な判断を下そうとした。男性と女性とでは違った効果があるかもしれない、と推論した私は、男女ひとりずつを選ぶことにした。

トレーナーはふたりとも女性だったため、グループから男性をひとり、被験者として選ばなくてはならなかった。

私は非物質的に立ち上がり、両手で笏の柄を握って自分の前に捧げ持った。これは、なんだか前にしたことがあるような気がした。何か祭儀の式典のような感覚が伴っていたが、私はこの人生では、その手のことに関わったことはない。自分が笏を持って歩いている感覚は、妙になじみ深い感じがした。

私は部屋の中を非物質的に歩いていき、最初の被験者として選んだ男性のところまで行った。そこで立ち止まると、笏をその男性の前に差し出して、身体から一メートルくらい離して保持し、反応を見守った。その顔に驚いたような表情が浮かび、目がパチッと開いて、椅子に座ったまま身体が前に傾いた。それから彼はまた目を閉じて、ゆったりと椅子に座り直した。彼のリアクションからは、たいしたことはわからなかったので、私は自分の席に戻って腰を下ろした。

この笏の働きがどんなものであれ、トレーナーのほうがたぶんうまく扱えるだろうと考えた私は、参加者ではなく、トレーナーのひとりを次の被験者に選んだ。どちらが近くに座っているかということで、そのひとりを選んだ。

非物質的に立ち上がり、私は笏を自分の前に捧げ持って運んだ。またもや、前にもこれをしたことがあるという感覚があった。

少し離れたところで立ち止まり、トレーナーから一メートルほどのあたりに笏をかかげて、リアクションをよくよく見守った。最初、彼女の顔に微笑みが浮かび、身体がリラックスして、椅子にもう少し深く寄りかかるのが見て取れた。それから突然に、彼女の非物質の目が、恐怖の色を浮かべてパッと見開かれた。

部屋中の全員を見るかのように、頭が勢いよく左右に動いた。恐怖は目から身体へと波のように伝わり、次の瞬間、彼女が半狂乱になって後じさろうとするのが見えた。立ち上がって、椅子の背を乗り越えようとしている。私は大慌てで笏を引っ込め、片手で笏の上の玉を覆った。それが何をしたにせよ、すぐに止めようとしたのだ。それがいったい何なのか、どう止めたらいいのか、まったく想像もつかなかったのだが。

私は急いで席に戻り、腰を下ろした。

笏を見つけたところに戻し、玉は片手で覆ったままにしておいた。怪我をさせてしまったのでなければいいが、と思った。

心配と懸念にさいなまれつつ、私はエクササイズが終わるまでそのまま座っていた。この笏をグループ全員に使ってみなくてよかった、と思った。

エクササイズが終わると、デブリーフィング・セッションで、参加者たちは経験したことをシェアし始めた。私の番が来たとき、私は笏のことを説明し、それで何をしたのかを話した。あのトレーナーに、怖がって椅子から立ち上がろうとしていたとき、何が起こったのかと訊いてみると、答えはこうだった。

「それを表現する言葉は、この二言だけよ。『ルート・チャクラ』！」

それを聞いて、部屋にいた全員がいっせいに笑い出した。その答えがどういう意味なのか理解するために、後からふたりだけで話をする必要があった。

「初めのうち、身体が温かくなってきて、とても気持ちのいい感覚を味わったの。強力で鋭い、セクシャルな感じがあって、私はリラックスして椅子にもたれかかった。その感覚はとても高いレベルまで強まったので、内股が振動し始めるのが感じられたほどだったわ。とても気持ちがよかった。そこで突然、このエネルギーがどこから来ているのかわからない、ということが頭に浮かんで、心配になったのよ！　そのときまでには、脈打つようなバイブレーションはものすごく強まっていて、内股がピクピクいうのが感じられるほどだったわ。どこから、あるいは誰から、このエネルギーが来ているのかわからなかったから、私は逃れようとしたのよ。私が必死で椅子の背を乗り越えようとしているのが見えたというのは、たぶんそのときね」

「何の害もなければいいんですが！」

「もし何が起こっているか知っていたら、リラックスして、それを楽しんでいたと思うわ。とてもとても気持ちがよかったから」

トレーナーたちは、私が笏を試してみた男性をひそかにチェックしてから、彼はエクササイズ中に、変わったことには何も気づかなかったようだ、と報告してきた。こちらも、危害を加えることにはならなかったようだ。

私はこの経験をした後、笏が現れたことを信頼しようとしなかった自分を責め始めた。あれが現れたのは、グループでのヒーリング練習で使うためだったのだ、ということがわかった。それなのに私ときたら、未知のものへの恐怖に縛られている、合理的な思考にすべてを委ねてしまったのだ。

その過ちを正すために、私はその晩、後から自分でＤＥＣのヒーリング練習をした。眠りに落ちていく前に、非物質的に、参加者みんなのところへ行き、ひとりひとりに笏のエネルギーを提供した。グループの女性たちは全員、リラックスしてそれを受け入れた。男性たちの反応は半々で、それを受け入れたらしい人たちと、ショックを示して身を引こうとした人たちがいた。

そのプログラムの残りの期間、あの笏はどこから来たのだろうと何度か考えた。あれを持って歩いたこと、とてもなじみ深く感じられる、特別なやり方で持ち運んだことが思い出された。かつて何度もやったことがある儀式のようだった。

ライフラインのテープエクササイズで、何度かそれについて尋ねると、断片的な情報を手に入れることができた。その断片を寄せ集めた図からは、大昔の学校が浮かび上がった。私は過去世で、その学校の教師をしていたのだ。

その学校は、性的エネルギーを高めて利用することで、霊的な成長を促す技術を教えていた。笏は、そのエネルギーを集めてフォーカスさせ、生徒たちに供給するための儀礼と儀式に用いられた。それを使って、生徒たちを性的に興奮した恍惚状態にまで引き上げる。それから生徒たちは、その状態を霊的な成長のために利用することを学ぶのだった。

私は、その学校で同僚だった教師のひとりが、今世で知っている人だということを発見した。彼女は、私たちがその学校で共に教師だったことを憶えており、詳しいことをいろいろ教えてくれたが、それは私がライフラインのテープセッションで知っていたことと一致した。

そういう確証を手に入れられることは、励みになった。

私は、この経験より何年も前に生まれ変わりということを受け入れていた。それでも、本当だとわかっていることが、独立した第二の筋から裏づけられるのは、いつでも嬉しいものだ。

私は、死後世界の探索を続けるうちに、時折、過去世で使っていたあの笏のような道具を見つけることがある。

あなたも、探索や自己発見の旅をするうちに、似たような道具に出会うかもしれない。博物館にある古代の遺物に、なぜだか強力に惹きつけられたり、見たこともない道具なのに、その使用法になじみ深さを感じたり。

もしそんなことがあれば、それはたいてい、潜在意識の奥底に眠っている、あなたの一部を指し示すヒントなのだ。

私の経験から言うと、そのようなものに出会ったら、なぜ自分はそれに惹きつけられるのか、しばらく時間を割いて考えてみる価値がある。

そのような道具のイメージを瞑想の中に持ち込んで、そこから得られる印象を心に留めることで、新たな自己発見の旅が始まるかもしれない。それこそまさに、あの奇妙な笏が私にしてくれたことだったのだ。

第9章　バンシー

グウェンの母親は、亡くなったときボストンに住んでいた。後にはマーティという名の、六六歳の夫が残された。

妻が死んで一ヶ月しないうちに、マーティは深刻な脳卒中に襲われた。

医師たちはグウェンに、予後がよくないので、一ヶ月か、せいぜい二ヶ月しかもたないだろうと言った。それから、グウェンの母がグウェンの夢に現れて、マーティがすぐに自分のところに来るだろうと告げた。

グウェンは父親が、はるか遠いボストンあたりの介護ホームで、ひとりきりで死ぬというのは嫌だった。そこでグウェンは、大きな犠牲を払って父を飛行機でコロラドに呼び寄せ、自分が家族と住んでいるネダーランド近くの自宅で、残り少ない日々を過ごすようにさせた。

マーティが到着したのは、一九九三年の十一月のことだった。

レベッカと私もコロラドに移り、相変わらず一緒に死後世界の探索を続けていた。

一九九四年の三月に、グウェンは私たちに連絡を取ってきた。ボルダーで発行されている、精神世界関連の小さな新聞との関係から、私たちを知ったのだった。

グウェンの父親は、コロラドに来て以来、眠りについた瞬間から目を覚ますまで、恐怖で絶叫し続けるようになっていた。グウェンと夫は、グウェンの父がやってきてから、一晩ぐっすり眠るということができなくなった。

グウェンは、私たちに何とかしてもらえないかと思って、電話をかけてきたのだった。

彼女の力になろうとするなかで、私は、死後世界の自然法則のひとつを学ぶことになった。その法則とは、「非物質界では愛と恐怖は共存できない」というものだ。これは、物質界における「重力の法則」と同じくらい、確固たる法則なのだ。

私たちがまず最初にしたことは、一緒に非物質的に出かけていってマーティを探し、叫ぶ原因をつきとめることだった。

目を閉じて、前方に広がる三次元の暗黒を覗き込むと、黒くて小さな、渦を巻いている塊に注意を引きつけられた。

私がそれに向かっていこうとすると、暗黒の中を通り抜けるのが感じられ、反対側にポンと飛び出した。

私は荒涼たる砂漠に立っていた。人気《ひとけ》のない平らな土地のあちこちに、まばらに生えている草木を、おぼろな月の光が照らし出している。

それから私は、マーティを見つけた。胎児のような姿勢をとり、両腕で自分を抱きしめながら震えている。

マーティは黒い恐怖に取り囲まれていた。すぐに、マーティが怖がっているものが何なのかわかった。レベッカと私がそこに到着してまもなく、巨大な、一目でそれとわかるバンシー（訳註・ケルトの伝説に現れる女の妖精・妖怪で、死を予告する不吉な存在）が現れたのだ。古いディズニー映画で見たことがあるものにそっくりで、醜悪な顔をして緑色の息を吐き出し、流れるようなローブを後ろに引きずっていた。

マーティが目を上げてバンシーを見たちょうどそのとき、バンシーは上空三メートルくらいから急降下して、マーティに襲いかかってきた。すんでのところで攻撃がマーティの頭をそれると、バンシーはまた空に舞い上がってから、もう一度向きを変えて襲ってきた。

バンシーが襲ってくるたびに、マーティの恐怖は高まっていった。狩られるウズラのように、恐怖に震えてうずくまり、恐怖と不安はもうこれ以上耐えられないところまで高まった。そして隠れ場所から飛び出すウズラのように、マーティは叫びながら跳ね起き、全速力で駆け出した。この荒れ果てた砂漠の中で、どこか隠れ場所をみつけたいという、彼の切なる願いが、私には感じられた。

彼は息が切れるまで走った。それから立ち止まって、また隠れるために、恐怖におののきながらしゃがみ込んだ。彼が立ち止まったそばにはヨモギの茂みがあったが、それは彼より丈が低かった。これは隠れ場所としてはたいして役に立たなかったが、彼は望みをかけていた。それに走るのをやめて休む必要もあった。

バンシーから逃れられるかもしれないという空しい望みを抱きつつ、彼はそこにじっとうずくまっていた。だが、だめだった。彼がそこにしゃがんでまもなく、あの恐ろしい怪物がふたたび現れ、またもや彼に向かって急降下し始めたのだ。彼は震え上がった。そして我慢できるかぎり我慢した後、また叫びながら跳ね起きて駆け出すのだった。

レベッカと私は、このパターンが何度か繰り返されるのを、立って見ていた。それからレベッカはマーティに近寄っていき、彼の注意を引いた。

レベッカが話しかけながら、手で何かジェスチャーをしているのが見えた。

バンシーが次に向かってきたとき、レベッカは片手を自分の心臓《ハート》の近くに持っていってから、その腕を広げて上に伸ばし、緑色の息を吐く怪物に向かってさしのべた。すると、バンシーは、霧が暖かい陽射しに溶けるように、薄れて消え去ったのだ。

レベッカはマーティにもう一度話しかけた。バンシーがまた現れ、見るも恐ろしい姿でふたりに襲いかかってきた。レベッカはまた手で胸に触れてから、その手をバンシーに向かってさしのべた。するとまたもや、バンシーは夜の空に溶けて消え去った。

次にバンシーが現れたとき、レベッカに励まされて、マーティはレベッカのやってみせたことを真似してみた。恐ろしい怪物はまたもや消え去った。マーティは喜んだ！

レベッカが近くに立って見守るなか、マーティはさらに何度か、うまくその動作をすることができた。それがうまくいくたびに、彼を取り巻く黒々とした恐怖が、どんどんなくなっていくのが見えた。

ところが不運なことに、次にバンシーが襲ってきたとき、小さな不安のかけらがマーティの不意をついた。マーティは、胸に触れた手を怪物に差し伸べることをすっかり忘れ、恐怖につかまってしまった。

マーティは怖がって、また叫び声を上げながら駆け出した。私たちはそれ以上どうすることもできなかったので、マーティが走ったり、怖がって隠れたりしているのをおいたまま、帰還しなくてはならなかった。

私たちはそれから、マーティの状況についてもっと知るために、家族の別の人たちと連絡を取った。

それでわかったのは、マーティが、この人生で妻に対してしたことのせいで、妻と死後の世界でまた顔を合わせるのを恐れているということだった。それが死への強い恐れとあいまって、マーティは死に抵抗することになったのだ。

後で情報を比較したとき、レベッカが説明してくれたのだが、あのバンシーはマーティの死への恐怖が作り出したものだった。マーティの恐怖がバンシーという形を取り、眠ってそれを目にするたびに、彼を脅かしていたのだ。それで彼は、夜に怖がって叫んでいたというわけだ。

レベッカがしていたジェスチャー——そして後でマーティも真似したあのジェスチャーは、死後世界に存在する「愛と恐怖に関する自然法則」の利用法をマーティに教えるためのものだった。恐怖をあらわにするよりむしろ、愛をバンシーに向かって差し出せば、バンシーは存在をやめるだろう。恐怖から生じた状況に愛がもたらされるなら、その恐怖が生みだしたものはすべて消え失せるのだ。

マーティが愛をバンシーに差し出していられたうちは、これはうまくいっていた。

彼がまた恐怖を感じてしまったとき、バンシー——彼の恐怖を映し出す鏡のような存在——はふたたび現れて、さらに彼を脅かしたのだ。

マーティはまだ肉体的に生きているうちから、実際にフォーカス23に囚われてしまっていた。そしてそのせいで、彼の肉体的な状態からすると、かえって幸いなものであったはずの死を遅らせてしまっていたのだ。

マーティを見に行ったときに、もうひとつ明らかになったのは、マーティと娘の間に問題があり、それが彼を物質界に引きとどめているということだった。

しばらくしてグウェンに会ったとき、私たちは得られた情報をすべて伝えた。残念ながら、それ以上マーティのためにできることはなかった。

グウェンとマーティとの経験について思い出してみると、人間という存在の心の働きについて、理解を深める機会を与えられてよかったと思う。死後の世界で愛と恐怖が共存できないという事実は、価値ある学びだった。これは、物質界、非物質界を問わず、どんな世界でも通用する法則なのだ。

第10章　マックスの地獄

子どもの頃に通っていた教会では、地獄のことを、永遠の刑罰と苦しみの場所だと説明していた。一度きりの人生で掟を破れば、私の魂はその後永遠に地獄で苦しめられることになる、というのだ。

世界中のたいていの宗教には、このテーマが様々な形で含まれているが、どれも気持ちのいいものではない。

私は死後世界への旅で、あるときマックスという男に出会った。彼は、もし地獄というものが存在するなら、まさに地獄行きに値するような男だった。だが、彼のいた「地獄」は、私が予想した場所とはまったく違っていた。

マックスは、物質界で過ごした一番最近の人生で、心理療法医をしていた。マックスを知る者の表現を借りれば、彼は「感情をもてあそぶサディスト」と呼んでもいい人間だった。彼は精神的・感情的な苦痛や苦悩を人々に与えるのを喜びとしていた。

心理療法医として教育を受け、実践を積んだことにより、彼は本当にそれがうまくなった。人の弱味を見つける方法を知っており、人の心の奥底に隠されている最も暗い秘密や恐れを探り出す方法を知っていた。そういう秘密や恐れを利用して、激しい苦痛を伴う精神的・感情的な拷問を加える方法を知っていた。

彼が受けてきた教育や訓練をそれだけのために使っていた、とまで言うつもりはない。ある人たちのためには、いいこともしたかもしれない。だが、彼の友人や身内や仲間たちは、しばしば、羽虫の羽をむしるような彼の性向の標的になっていた。

マックスのお気に入りのゲームのひとつは、彼の言葉を借りると、「おまえとあいつが戦うのを見たい」というものだった。

時間をかけて、巧妙な探りを入れながら、マックスはあなたの最も暗い秘密や恐れを知ってしまう。彼は優れた心理療法医であり、一見普通の会話と思われるものの中から、必要な情報を集めることができるのだ。あちこちにちょっとした質問を仕掛ける。必要なものを集めるのにどれだけ時間がかかるかは、どうでもよかった。それが手に入りさえすればいいのだ。

いったんあなたの弱味が心の中でどう働いているかを理解してしまうと、その弱味を攻撃するのに最適だということがすでにわかっている、別の人を選び出すのだ。

たとえば、あなたの最大の恐れが、誰かに自分がゲイだと知られてしまうことだとして、マックスがそれをつきとめたとする。これは、ごくありふれた心配事ではなく、強迫観念のようにつきまとって不安の原因となる、自分の本質と結びついた、露見を恐れる根深い恐怖だ。

あなたは地方議員で、自分の秘密が選挙民に知られたら政治家としてのキャリアがおしまいになってしまうと、常に心配しているかもしれない。

この場合マックスは、ゲイを嫌悪している新聞記者とあなたが出会うように手配する。この記者の心の奥底にある恐怖は、ゲイの政治家が世界を破壊することなのだ。マックスは、自分もそこに立ち合って、派手な喧嘩を見物できるように、この出会いを演出する。あなたと彼が出会う前に、マックスはあなたがたそれぞれに、心配を増すようなほのめかしをしておく。ほのめかしといっても、それほど曖昧なものとはかぎらない。結局のところ、マックスは、あなたがたが出会ったときに、必ず戦いが始まるようにしたいのだった。自分がそれを見られるように。

もうひとつ例を挙げれば、感情をもてあそぶサディストだというマックスの性質を、充分にわかっていただけるだろうと思う。

彼はパーティで礼儀正しく話をするが、まず心理療法医だと自己紹介しておいてから、会話を、あなたの最も深いところにある、暗い恐れのほうにもっていったりする。

大丈夫、この人は医者なんだから。あなたは、つきあっている友人たちのハウスパーティで、何度か彼に会ったことがあるかもしれない。あなたはだんだん彼を信用し始め、バリウムだけが知っているような、腹の底にある恐怖に対処するうえで、彼が力になってくれるかもしれないなど考えだしてしまう。

あなたは二、三ヶ月前に五〇歳の誕生日を迎えたところで、歳をとることについて、強迫観念のような、理性ではどうにもならない恐れを抱いているとする。かつての若々しい美しさを失ったことで、ありとあらゆる考えが浮かんできてあなたにつきまとう。

あなたの最大の恐れは、どこかの派手な若い女があなたの夫の気を引き、夫がそれに乗ってしまうことかもしれない。その場合、マックスはハウスパーティに特別なゲストを招くことを計画したりする。それは、派手な若い女性かもしれない。その女性は、年を取ってかつての美しさを失った妻たちの面前で、その夫たちを誘惑するのを喜びとしているが、その後で自己嫌悪に陥ってしまうのだ。

マックスはもちろん、この出会いが、まったく害のなさそうな状況で起こるように手配する。だが、本当にいい戦いが起こるように、関係者全員に必要なヒントを前もって与えておくはずだ。そして、マックスの思いどおりにいけば、この戦いは、同じくらい感情的にひどい苦痛を与える出会いの幕開けに過ぎないのだった。

私はどうやら、マックスを典型的な悪人として描き出そうとしているようだ。私に言えるのは、この男は卑劣な魂をもつ、才能豊かな、感情のサディストだった、ということだ。私の知るかぎり、マックスは悔い改めることのないまま死を迎えた。私が子どもの頃行っていた教会の定めによれば、彼は永遠に地獄で苦しむことになりそうだった。

レベッカと私がコロラドに戻ってすぐ、私たちはある事情から、マックスを死後の世界で探すことになった。

レベッカは以前にマックスを知っており、彼の悪さの標的になったことがあった。私たちは、彼を手助けするために何かできることがあるか、調べるために出かけた。この頃にはもう、私は自信をつけてきており、非物質界を探索するのにヘミシンクテープが必要だとは思わなくなっていた。実際は、もうずいぶん前から、なくても大丈夫になっていたのだが、たとえできるとわかっていても、松葉杖を捨てて歩き出すのが難しいこともあるのだ。

私は、死後世界での活動が事実なのだという証拠をもっと集めたかったので、私たちは一緒に「向こう」へ行き、後で情報を比較した。

私は、しばらく目を閉じてリラックスしてから、いつもの三次元の暗黒に入った。そこで何かが起こるのを待ち、最初に見えた黒っぽい渦巻きに向かって進んだ。

その反対側に突き抜けたとき、レベッカが目の前にいるのが見えた。彼女は、手を伸ばしている男に喉をつかまれていた。すぐに、その男はマックスだとわかった。私がレベッカの顔に怯えた表情が浮かぶのを見たのは、後にも先にもこのときだけだ。目は大きく見開かれ、感じている激しい恐怖を物語っていた。マックスは彼女の喉をきつく締め上げていた。

「レベッカ、私はきみのすぐ後ろにいるよ」私は彼女の注意を引こうとして、静かに、しかしきっぱりした口調で言った。

「十まで数えるんだ……リラックスして。あいつは、きみを本当に傷つけることなんてできやしないよ。レベッカ、十まで数えて」

マックスの顔の表情には、邪悪さがあらわれていた。何かレベッカについて知っていることを利用して、彼女を麻痺させ、自分の言うなりにさせようとしていたのだ。マックスは彼女を一五秒くらいつかまえていたが、それから手を緩めて放した。

私は印象によって、マックスが住んでいるこの世界がどんなところなのか、把握し始めた。岩や木があり、家や車があった。彼が死ぬ前に住んでいた物質界と、それほど違っているようには見えなかった。だが、印象がどんどん入ってくるにつれて、マックスが今住んでいる世界が違ったところだと気づいた。

そこは彼にぴったりの地獄だったのだ。

そこに彼と一緒に住んでいる人は、男も女も子どもも、みんながみんな、マックスと同じように感情のサディストともいうべき性質を備えていたのだ！

私がとらえた印象の中で、マックスがまた人に苦痛を与える計画の下準備をしているのが見えた。彼は、その場所の住人ふたりがレストランで会うのを、自分が見られるようにお膳立てした。彼はそれぞれに対して、相手がおまえのことをこんなふうに言っていたらしい、ということを話しておいた。マックスが彼らに仕掛けたゲームは、ふたりがお互いに対する怒りを募らせるようにするためのものだった。彼のお膳立てはとてもうまくいった。

ふたりが侮辱と当てこすりの言葉を叫びはじめたとき、部屋にいた者はみな動きを止めてそちらを見た。

マックスは彼らの怒りがエスカレートしていくのを見るために、近くのテーブルに陣取っていた。マックスは最初から笑みを浮かべ、とても満足そうだったが、そのうちに、ふたりの男たちは椅子を蹴って立ち上がった。

マックスは嬉しさを隠そうともせずに、ふたりが殴り合い、蹴り合い、床の上で取っ組み合って怒りをあらわすのを、そこで見守っていた。

しかしマックスは、この世界にたったひとりでいるわけではなかった。ここには、マックスが及びもつかないほど、技術を磨いている者たちも住んでいたのだ。

次に見えた印象では、マックスは、先ほど戦っていたふたりのうちのひとりと一緒に、レストランのテーブルについていた。今度は、誰だかわからない人が近くのテーブルにひとりで座り、マックスの顔が紅潮し、首に血管が浮き出ているのを見てニヤニヤしていた。今度は、マックスが犠牲になる番だった。あまりにもうまくお膳立てされていたので、マックスは自分が感じている苦痛が演出されたものだということには、まったく気づいていなかった。マックスは、苦痛を与えてやろうという、他人の無慈悲な願望に従って、踊らされていたのだ。

これが、マックスが死んでからずっと住んでいる地獄だ。

マックスは、この前の人生でずっと大いに楽しんでいたことを、死後の世界でもするさだめとなったのだ。

彼は、かつてサディスティックに楽しんできたのと同じ苦痛を、自分の能力の及ぶかぎり、自由に人に与えることができる。手配できるかぎり何度でも、自由に計画を実行し、ゲームを遂行することができる。とはいえ、今では、彼の計画の標的となる相手はみな、彼と同じく、そういう苦痛を人に与えるのを喜ぶ人間ばかりだ。

マックスは、物質界で生きていたときには、自分がかなりうまいと思っていたかもしれない。彼は井の中の蛙、小さな池にいる大きな魚だったのだ。レベッカと私が見つけた、この新しい彼の住まいでは、彼は食物連鎖のだいたい真ん中くらいにいるようだ。歴史上の最も忌まわしい悪者たちを考えてみれば、普通の人間の想像力を超越するほど、サディスティックな残酷さを備えている。マックスが泳いでいる今度の池には、本物のプロたちもいたのだ!

これは、私の行っていた日曜学校の先生たちが教えていた地獄というものと、たいして違わないような気がする。

こっちのほうが少し説明は細かいかもしれないが、マックスのような人間の行く地獄にはふさわしいようだ。

しかし、私が引き続き情報を集めていると、そこは永遠の刑罰の場所ではないことがわかってきた。実際、何か外的な力が苦しみを与えるために彼を地獄に落とすわけではなく、その意味ではこれは罰とはいえなかった。私の判断するかぎりでは、マックスの地獄はフォーカス25、信念体系領域にある。彼は単に、死後の世界で同じ信念を持つ人たちが集まっている場所に引き寄せられただけだったのだ。

私の理解では、遠い昔から、人間の抱くありとあらゆる信念に応じた場所が、フォーカス25に存在している。

自分自身の信念が、マックスをそこに引き寄せたのであり、彼がそこに留まっているのも、自分自身の信念だけが原因だった。

私がこの旅で気づいたことなのだが、マックスは、そこに留まる原因となっている信念に背を向けさえすれば、その瞬間にそこを去ることができるはずだ。これは、完全に正当なことに思えた。

マックスの地獄は、外から強要された刑罰などではなかった。それは、死後の世界で生きる環境を選択できるという、自由意志が行使された結果だったのだ。

その環境は、彼が望んでいるかぎり、その選択を尊重する。それは、私たちの基準からすれば非物質的な環境だが、マックスにとってはそんなことはどうでもよかった。彼にしてみれば、後にしてきた物質界と同じくらいリアルなものだったのだ。

もし彼が、自分の信念の選択に疑問を感じ始めるようなことがあれば、そのときこそ、彼がその地獄から離れるきっかけとなるはずだ。

もし「感情のサディスト」として生きたくはないと決意し、心を入れ替えれば、そこに引きつけられる度合いが弱まるだろう。「感情のサディスト」であることをやめると表明すれば、彼はその場所から抜け出し、自由に去ることができるようになる。そうすれば、新しい信念に従って生活できるようになるのだ。

マックスの地獄の印象は、まだぽつぽつと入って来ていたが、私はレベッカがもう立ち去ろうとしているのに気づいた。

レベッカのマックスとのコンタクトは難しく、彼女の言うことも、することも、マックスの状況には、まったく影響を及ぼすことができないようだった。悲しげな表情を浮かべながら、レベッカはマックスの地獄を後にした。私も後に続いた。

レベッカと私は、マックスの訪問から帰還すると、記録を比較しあった。

マックスに首をつかまれたとき、彼女は確かに恐れと恐怖を感じたということだった。

彼女は初め、リラックスして十まで数えて、という私の言葉は聞こえなかったそうだ。マックスの行動から受けた最初のショックから立ち直ると、彼女は恐れから自分を解放することができ、マックスは彼女を放した。

マックスが住む世界について、レベッカが得た印象は、私の印象と一致していた。そしていつもどおり、彼女の印象のほうが詳しかった。こうしてまた、少なくとも別の証人の証言と一致する証拠が、新たに収集できた。非物質界での経験が本当であるということを完全に確信させ、疑いを一掃してくれるところまではいかなかったが、こうしてまた新たな証拠が、ほかの証拠の上に積み重なることになった。

私がマックスの地獄を訪問したのは一度きりだが、そのとき以来、私はマックスのおかれた状況について考えてきた。

私が死後の世界を探索していると知っている人たちが、「向こう」に地獄はあるのか、と訊いてくるとき、私はマックスの話をする。これを書いている今、私は、この件についてもう少し論じてみたい気がしている。

まず第一に強調しておきたいのだが、私は、誰かが地獄について抱いている信念を変えようと試みているわけではない。何に関しても、誰かの信念を変えて、私の信念を押しつけようなどとは思っていない。

プロローグでも書いたように、そのような変化は、人の直接経験によってのみ起こすことができるし、それによってのみ起こるべきなのだと思う。

マックスの地獄を訪問したときに得られた経験から、彼が誰かに罰としてそこに追いやられたわけではない、ということがわかった。

誰も彼を選び出して、人生を裁き、地獄落ちの宣告を下したりする必要はなかった。このシステムは、それよりもっと自動的だ。

彼がその地獄にいるのは、彼のエネルギー的な性質、彼の信念全体が、彼をフォーカス25のあの領域に引き寄せたからだ。それは磁石が鉄に吸い寄せられるようなものだ。彼は、自由意志によって選んだ信念のために、物質界での一番最近の人生で「感情のサディスト」として生きることになった。彼が死後の世界に入ったとき、抱いている信念のエネルギー的な性質のせいで、その性質に見合ったエネルギー環境を備えている「地獄」に、引き寄せられたのだ。

また、私が集めた情報によれば、彼はその「地獄」をいつでも自由に去ることができるのだ。必要なのは、抱いている信念を変えることだけだ。彼の信念が、フォーカス25の「感情のサディスト」の領域と相容れないものになれば、その領域はもはや彼を引きつけることはない。抱いている信念がその領域に反するものとなれば、反発する力によって、彼は地獄から押し出されるだろう。

こう書いてみると簡単そうだが、実際にはそれほど簡単なことではない。マックスはかなり深いところにはまりこんでいるからだ。

マックスの一番最近の人生では、まわりにいる人たちは、彼とは異なる様々な信念に基づく生活を見せていた。物質界では、誰もが彼と同じ「感情のサディスト」というわけではない。マックスは、他人の生活の例を観察し、自分と比較することができた。他人の選択がどんなふうに苦痛や楽しみにつながるのか、観察することができた。そうして観察するうちに、変化したいという前向きな動機が見つかったかもしれない。

だが彼は、死んだときに、そういう環境を離れることになった。今いる場所に住んでいるのは、完全に自分の同類ばかりだ。そこにいるのは、男も女も子どももすべて、彼と同じ「感情のサディスト」ばかり。みな、感情のサディズムに従って生きているのだ。変化したいという前向きな動機を与えてくれるような例は、まったく存在しない。

マックスの地獄では、彼はほかの「感情のサディスト」たちから常に攻撃を受けている。自分の演出でふたりの男が戦うのを見たときはとても喜んでいたが、自分が標的にされたときには苦しむことになった。

彼の今の生活は、苦痛に満ちている。そこでは報復が肯定され、報復が要求されるからだ。彼は悪意に満ちたサディズムの輪の中に閉じこめられている。改めて考えると、これは日曜学校で習うような地獄とたいして変わらない。マックスはたぶん、かなりの時間を「苦悶して泣き叫び、歯がみして」過ごしているのだから。

マックスにとっては、物質界で生きている間のほうが、変化するのは簡単だっただろう。ほかの人の生活を見ることで、簡単に手がかりをつかむことができたかもしれない。

マックスの地獄では、変化すべき理由があるのだと思いつくだけでも、長い長い時間がかかるのではないだろうか。あそこの人たちは、誰も違った信念のモデルを見せてはくれない。前にも言ったとおり、彼はかなり深いところにはまりこんでしまっているのだ。彼が自分のおかれている状況をすべて認識できれば、それは地獄での永遠の苦しみと思われてくるのではないだろうか。

もう一度言うが、私は誰かの信念を変えて、私の信念を押しつけようとしているわけではない。

だがそれでも、私はマックスの地獄を訪問したことで、日曜学校で習った教えをもうひとつ思い出した。それは黄金律と呼ばれていて、「人にしてもらいたいように、人に行ないなさい」というものだ。

マックスの地獄は、この黄金律を、まさに具現しているようだ。

私は考えてしまう。カルマと転生はどうなるんだろう。どのくらいたくさん、違った種類の地獄が存在するんだろう。マックスが、あの地獄から抜け出すにはどうすればいいんだろう。彼はあとどれくらい、あそこに留まっているつもりなんだろう。

第11章　習慣は根強い

ヴァージニアに引っ越す数年前のこと、私は教会の牧師に呼び止められた。それは礼拝の合間の時間で、私は、日曜学校から帰る娘を車で迎えに行ったのだった。

私はもう長いこと礼拝には出席していなかった。私が個人的に抱いている信念が、時としてその牧師の説教の内容とあまりにも対立してしまうからだ。単に、私はそこに属していない、という感じがしたのだ。それで私は、ただ娘の迎えのために教会に行っていた。

牧師は、前にも聞いたことがあるような言葉をかけてきた。

「おや、こんにちは、ブルース。お久しぶりですね」

「ええ、先生。もっとしょっちゅう来られたらいいんですが、それは正直じゃないという気がするんです」

「どうして?」牧師は笑顔で訊いてきた。

「もし、過去の人生について、私たちがいくらか理解しあえるなら、もっとしょっちゅう来られれると思うんですが」と私は答えた。

「ああ、誰だって、過去には自慢できないようなこともしているものですよ。人間っていうのは、そういうものです」牧師は、笑顔のまま言った。

「いや、私が言いたいのは、一九世紀半ばに南フランスで農夫をしていた人生、というような過去のことですよ」

「なるほど」牧師は考え込むような表情になった。「……土曜朝の聖書研究会に来てみたらいかがですか?」

この牧師が私を拒絶して、もっと善良なルーテル派信者のほうに行ってしまわなかったことに、私はたちまち感銘を受けた。

「その集まりは何時からですか?」

「朝の八時三〇分頃です。毎週やっているので、いつでもどうぞ」牧師はそう言いながら、また笑顔に戻っていた。

私が昔信じていた宗教の信者が、ちゃんと心を開いてくれて、迷える人を助けてやるチャンスに飛びついてこなかったのは、私にとって生まれて初めてのことだった。

そして、次の土曜日から数年間、私は週に一度、素晴らしい人たちの集まりに出席させてもらうことになった。

全員が、聖書をよりよく理解することを求めていた。みな、聖書が毎日の生活について何を教えようとしているのか、理解しようとしていた。人生全体を通じてみても、私が一番たくさん聖書のメッセージを学んだのは、この時期だった。

ここには、誰かを改心させてやろう、などと考える人はひとりもいなかった。これは少人数の親密な友人たちの集まりで、彼らが信じているルーテル派の考えを私がすべて受け入れているわけではないということを、みな理解してくれるようになった。

私がどうしても弁明せずにおれない気分になったときには（それほど頻繁にあることではなかったが）私はいつもお決まりの反論を使っていた。

「ご存じのとおり、この教会の基となっているのは、マルチン・ルターという人物の信念ですよね。ルターは、カトリックの聖職者でありながら、彼の教会が彼に押しつけようとした信念をみな鵜呑みにすることができなかった人物です。それで彼は独立して、自分で真理を見つけようとしたんです。私がルーテル派の信仰で唯一、根本的に賛成できない点は、人々にルターの信じたことをそのまま信じて告白するようにと教えていることですよ。ルターがしたようにすることではなくてね」

幸いにも、この皮肉は、いつも温かい笑いで迎えられた。私たちの議論はたいていい、生き生きして、楽しく、興味深いものだった。

この教会には、違った信念体系を持つ人や、違ったキリスト教の宗派の人たちが大勢来ていた。

当時私が持っていた信念に賛成してくれる人は多くはなかったが、私がその信念を持ち、披露するのを、彼らは快く許してくれた。あの牧師とグループの人たちは、私に何と素晴らしい贈り物をくれたことだろう。私は、ヴァージニアに引っ越す二週間前まで、集まりに参加し続けた。そして再びコロラドに帰ってくると、二、三ヶ月のうちにまた常連に戻った。残念なことに、今は遠いところに住んでいるので、出席する時間を取るのが難しくなっている。

一九九四年三月、ある聖書研究会のときのこと。私たちはこの世での人生の後、どうなるのかということに関して、それぞれが抱いているイメージを話し合っていた。

私の番が来たとき、私は自分が死後世界を探索した経験と、そこで知ったことについて、少し話をした。

聖書研究会が終わった後で、マーラという名の友人が私に近づいてきた。

祖母が一年と少し前に亡くなったということで、マーラはその祖母を見に行ってもらえないかと頼んできた。彼女が私にそんなことを頼む気になったことに、少々驚きながらも、私は快く引き受けた。必要なのはおばあさんの名前だけだ、と私が説明すると、マーラはその名を紙に書いてくれた。「グウェンディリン・ユードーラ・ウィンターラックス」という名だった。

救出を行なう上で、この点にはいまだに魅了されてしまう。いつでもちゃんとうまくいくのだが、ただ名前だけで、間違いなくその人物を見つけ出すための道案内になるというのは、やはり驚きだ。

マーラの祖母の名前は、確かにありふれた名前ではない。変わった名だとも言えるだろう。だが、その人の名がどれだけありふれていても、関係ないのだ。もし私がジョン・ジョーンズという名の人を探しているとしても、私はまさにその人のところに案内されるはずだ。いつだって、うまくいくのだ。

その時までに、あれだけ何度も救出を行なっていたのだから、私は相当に自信を持っていたはずだと思われるかもしれない。ところが、そうではなかった。

マーラにおばあさんの名を教えてもらってから、私はまたいつものパターンにはまってしまった。「もしかしたら、今度はうまくできないかも」という心配がたびたび頭をよぎり、私は先延ばしを繰り返した。私が実際に誰かを見つけに行くまでに、どれくらい時間がかかるかは、私の疑いのバロメーターになる。

そうこうするうちに、金曜の夜になった。

明日の朝にはマーラに会うことになるのに、私はまだおばあさんを探しに行っていなかった。自分の経験の現実性にまだ疑いを抱いていたせいで、おばあさんを見つけられないのではないか、と心配だったのだ。

そんなふうに感じる、ちゃんとした合理的な理由は存在しない。その頃までには、しっかり確証の取れた救出に何度も成功していたからだ。

それなのに、疑いがまだしつこくつきまとい、「そのうち、すべてを頭の中ででっち上げていたことが判明するかもしれない」と囁き続けていたのだ。

私が行なっている死後の世界にまつわる活動が本当だと受け入れられるようになるには、まず自分の古い信念に決着をつけなくてはならないようだった。

私はウォーターベッドに横たわってリラックスし、フォーカス27に移動してコーチに会いに行った。

「コーチ、私がおばあさんを見つけたことをマーラにわかってもらえるような、そしておばあさんは大丈夫なんだと思ってもらえるような情報が、確実に手に入るようにしたいんだ」

「OK、ブルース。喜んでその手伝いをするよ」と答えが返ってきた。

それから私はグウェンディリンの名を心に思い浮かべた。

まもなく、例によって私は、三次元のザラついた暗黒の中をゆったりした速度で進んでおり、椅子に座っている老婦人に近づいていった。

その椅子は、よくある古い木製のキッチンの椅子に見えた。同じくらい古いキッチンテーブルの近くに置かれていた。

老婦人は小柄で弱々しい感じで、腰のところから少し前屈みになって座っていた。

彼女は、自分のキッチンにいるようだった。自分にとって安全だと感じられる、唯一なじみ深い場所に座っていたのだ。

彼女は、かなり混乱し、混迷した心の状態にあるように見えた。まるで、座っている木の椅子以外、まわりにあるものにはまったく気づいていないかのようだった。

整然として一貫性があると認められるような現実とは、ほとんど接触を持てていないようだった。

意識の中にあるものはすべて断片的になっており、彼女はまわりに起こる物事に意味を見いだすのをとうの昔にあきらめてしまっているらしい——延々と続く、断片的な夢の中に閉じこめられているかのように。その夢の中では、バラバラの要素が、互いにまったく関連を持つことなく存在しているのだ。

私はゆっくりと彼女に近づいていき、二メートルくらい手前で止まった。

力になるにはどうするのが一番いいのか、特に計画があるわけではなかったので、ただそこに立ったまま、グウェンディリンが私に気づくのを待った。

私は、彼女の状況にふさわしい何かが起こるか、何かを思いつくのを待っていたのだ。彼女が受け入れられるようなかたちで、アプローチして救出する方法が必要だった。

私はこの頃には、いきなり救出のプロセスに飛び込んで、そのための「正しい方法」を見つけ出そうとしたりするのは慎むようになっていた。私は、初めてレベッカと一緒にした救出活動のとき、「正しい方法」を見つけ出そうとしたばかりに、病院にいた男の子とのコンタクトを失いかけた。そうして手に入れた秘宝のおかげで、私は教訓を得た。少なくとも今は、自分で物事をコントロールしようとするのではなく、何かを自然に思いつくまで待ったりもできるようになった。

　私がそこに立っていると、グウェンディリンは少しこちらを向いて、私を見た。いったい誰だろう、という困惑した表情が、その顔をよぎった。次の瞬間、私は右後方からレベッカが近づいてくるのを感じた。私はグウェンディリンのことも、グウェンディリンを見つけて救出しようとしていることも、レベッカには話していなかった。それでも、レベッカが私の後ろからやってくるのが感じられた。その動きはとてもすばやかった。

　動きが速くてよく見えなかったが、レベッカはグウェンディリンが座っているところと私の間を通り抜けた。レベッカはストップして、私の左側、グウェンディリンの椅子のやや後ろにじっと立っていた。

　次に私は、右後方から、もうふたりの女性が近づいてくるのを感じた。

　この女性たちは、もっとゆっくりグウェンディリンに近づいてきた。このふたりは、いかにも老婦人らしいドレスを着ており、七〇代後半のようだった。私に近いほうの女性は、レベッカの亡くなった祖母だとわかった。この人とは、前に会って一緒に活動したことがある。もうひとりの女性は誰なのか、まったく手がかりがなかったが、そのときグウェンディリンがその人のほうを見た。わかった、という表情が身体じゅうに広がり、顔が輝いた。

「マギー？　マギー？　……ここで何をしてるの？」とグウェンディリンは言った。

　ふたりの老婦人は椅子の両側に歩み寄った。グウェンディリンは驚きに口をあけたまま、マギーと呼んだ女性の一挙一動を目で追っていた。その後の場面は、老人ホームで、年長のふたりの入所者が、弱々しい老婦人を助けて椅子から立ち上がらせるのを見ているかのようだった。

ふたりの女性は、両側にひとりずつついて、ゆっくりと屈み込み、手と肘を支えた。ふたりは優しくグウェンディリンを引き上げて立たせた。その間じゅうずっと、グウェンディリンの視線はマギーに釘づけのままだった。

グウェンディリンが足を引きずって何歩か歩くのを助けた後、四人は立ち去り始めた。最初はゆっくりと、もと来た方向へ飛んでいった。それから、急速にスピードを上げながら、あっという間に暗黒の中へ消え去った。

何かグウェンディリンを手助けする方法が思い浮かぶのを待っていたときに、三人の女性が現れたのだった。いいアイデアがやってくるかわりに、私が見ているうちに、三人がすべてを引き受けてくれたのだ。

そこにそれ以上留まっているべき理由はほかに思いつかなかったので、私は目を開けて、ベッドから起き上がった。冷蔵庫をあさって食べるものを探してから、テーブルに向かって座り、この経験で思い出せることをみな書き留めた。

翌朝は土曜日で、私はいつもどおり聖書研究会に出かけた。

会が終わった後、私はマーラを脇につれていって、確かにおばあちゃんを見つけたようだと話した。私たちは静かなところに腰を下ろし、私は思い出せるかぎりのことを彼女に話して聞かせた。そうしながら、少し不安を感じていた。これは死後の世界について、「現実の世界」の側からの証拠を集めるチャンスだったからだ。

私の一部は、今回の経験についてマーラに話したことが、彼女の知っていることとはまったく一致しないのでは、と心配していた。別の一部は、すべてが一致してしまうのでは、と同じくらい心配していた。

だが、できるかぎりすべての情報を実証したいという、強迫観念のような習性からして、私は確かめずにはいられなかった。

マーラの祖母は、亡くなる前の六ヶ月から八ヶ月くらいは、精神が非常に混乱した状態だったという。マーラはアルツハイマーという言葉は使わなかったが、それと同レベルの混乱だった。人生最後の二、三ヶ月間、グウェンディリンは、唯一快適だと思えた場所で時間のほとんどを過ごしていた。それは、私が説明したとおり、キッチンテーブルの近くにある、木の椅子の上だったのだ。

マーラはグウェンディリンの母親の名がマーガレットだということは知っていたが、娘が母のことをマギーと呼ぶなんてずいぶん変だ、と考えた。

マーラの話を聞きながら、私は心底驚いていた。

話をしているうちに、はっきりわかったことだが、マーラは、私の話の一部に関して、かなり不快で不安な思いをしたようだ。

彼女の抱いている信念によれば、私たちが死ぬときには、あらゆる肉体的な苦しみから解放され、天国に迎えられて、先に逝った愛する人たちと再会することになるはずだった。祖母がひとりきりで、混乱して、あの椅子に座ったまま、私たちの時間で一年近くも迷っていた、という考えは、彼女を大いに狼狽させた。私は、「そういうことがあるからこそ、教わった救出活動を今も続けているんだよ」と彼女に話したのを憶えている。私だって、そんなことがあってほしくはないのだ。

この救出活動から、人間が死ぬ前の状況が死後の経験にどこまで影響するか、という実例が得られた。

グウェンディリンの人生の終わり近くの混乱は、すでに習慣となっていた。彼女が死後の世界に入ったとき、その習慣が持続してしまったのだ。彼女はもはや肉体を持ってはおらず、肉体の状況が精神状態をコントロールしているわけではないのだが、肉体を持っていたときに獲得した、混乱や混迷という精神の習慣が持続してしまった。

彼女は死ぬ前に、まわりにあるものに意味を見いだそうとするのをあきらめてしまっており、そして死後の世界へ行っても、その決断が効力を持ち続けていたのだ。死んだとき、彼女は、そういう決断に至る原因となった肉体の状況から解放されただけだった。死後の世界で完全に回復するには、心を変化させなくてはならないのだ。

後でレベッカと情報を比較してみたとき、レベッカは、ほかのふたりの女性たちと一緒にやってきてから後のことについて、私が目にした詳細をすべてそのとおりだと認めてくれた。彼女がどちら側から私に近づいてきたか、というような些細な部分まで、すべて私の情報と一致していたのだ。手に入った証拠はかなり強力であり、私の抱く疑いの気持ちも、これを熟考してみる必要があった。

翌週の聖書研究会のとき、マーラは、自分の母親、つまりグウェンディリンの娘に訊いてみた、と話してくれた。母親は、グウェンディリンがマーガレットをマギーと呼んでいたことも含めて、すべてを事実だと認めたという。

私がマーラからその情報を受け取ったとき、私の中の何かが、たじろぎ、身もだえした。私がマギーという名を知っていたのは、合理的に説明できることではなかった。それからしばし私は、まわりの世界が蜃気楼のように揺らぎ、震えているような感覚をおぼえた。私の「解釈者」が前に進み出て、私の「疑い」の声を代弁するのが感じられた。「解釈者」がイメージを連結させながら、私の経験をうまく説明して片づけようとするのが聞こえてきた。

「レベッカだ。彼女があそこにいた。これはレベッカの仕業に違いない！」と私の「解釈者」が勢いこんで喋り始めた。

「そう、レベッカのせいだったかもしれないな」と私は自分に向かって考えた。

「レベッカ、そうさ、レベッカだ。彼女は心を読むんだ。そうだ、彼女がマーラの心を読んだんだ！」

「マーラの心を?」私は考えた。

「マーラ、そうさ、マーラだよ。マーラは、グウェンディリンの母親の名がマーガレットだと知っていたじゃないか」

「推測するに……」

「推測、そうさ、推測だよ。『マギー』というのは、レベッカとしては、かなりラッキーな推測だったな」

「でも、どうして私がそれを知ったんだ?」私は不思議に思った。

「知ってる、そうさ、知ってるんだ。おまえは心を読む方法を知ってるんだよ。特にレベッカの心はね。おまえはたぶん、彼女の心を読んだだけなんだ。実際に自分で何かを手に入れたわけじゃない——手に入れたのは彼女さ。

これは、死後の世界が存在することの証明になんか、なりやしない」と私の「解釈者」が叫んだ。

「何言ってんだ! それがレベッカのラッキーな推測だったなんて、信じないぞ」と私は反論した。「これにはそう簡単に言い抜けできないぞ。もし死後の世界が存在しないなら、レベッカが『マギー』という名を知る、合理的な方法も存在しないじゃないか。ほかに合理的な方法なんてないぞ!」

「合理的、そうさ、合理的だ。それ見ろ、ブルース! 自分で言ったな、あの名を知ったのは、不合理だって！　不合理……そう……そうさ……不合理だ。人があまりにも不合理になると、どうなるか知ってるだろう！」

「ああ、そうさ、あまりにも度が過ぎると、人から気が狂ってると思われるかもしれないんだ」

自分がそう考えているのが感じられた。

「そのとおり！　白衣を着た男たちがおまえを探しに来るかもしれないぞ！」

「そいつらに、ほんものの果物（訳註・米国の俗語で「変人・狂人」の意）だと思われるかも！」

「果物、そうさ、果物。ブルース、バナナは果物かい？」と「解釈者」は訊いてきた。

「ブラジルではバナナを栽培しているのかな？」私はいつの間にか、そう考えているのに気づいた。

私の「疑い」を代弁する「解釈者」の声は、深いバリトンだ。「スター・ウォーズ」のダース・ベイダー役で有名なジェームズ・アール・ジョーンズほどの低音ではないが、周波数帯は近い。その声はとても印象的な響きだ。

これまでの内心での会話を見ればわかるとおり、私に経験を受け入れさせまいとする「解釈者」は、ちゃんとした論理に基づいて話しているわけではない。むしろ、互いに連結された考えやイメージを、あらかじめ存在する記憶から選んで、意識に送り込み続けるだけだ。「疑い」はただ、その連結と共に飛び出してくるようだ。

私がグウェンディリンの母の名、マギーという名前を正しく受け取ったということは、否定できない事実であり、私の疑いを解消するのに充分な証拠となるはずだった。それは、私の世界を揺るがす力はあったが、その振動が止まったとき、私はまだその経験が本当であることを疑っていた。まだ、その経験が死後の世界の存在を証明したということを、完全には確信できていなかった。その経験が証明したのは、信念や疑いというものが非常に根強い抵抗をする、ということだけだったのだ。

第12章　ボブ・モンローとの死後のコンタクト

ある金曜日の午前一〇時過ぎ、ベルトにつけていたポケベルが仕事中に鳴りだした。ディスプレーに出ている電話番号はレベッカのものだとわかったので、すぐに彼女に電話をかけた。それは一九九五年三月一七日金曜日。ボブ・モンローが亡くなった日のことだった。レベッカはその知らせを伝えるために連絡をくれたのだ。ボブは、その日の朝九時二〇分頃、ヴァージニア州シャーロッツヴィルの病院で、肺炎のため死去した。

私は電話を切ってから、職場の仕切られたブースに座ったまま、ボブ・モンローとその業績が自分に及ぼした影響について、しばし想いを馳《は》せた。彼が発明して発展させたヘミシンク技術は、私が非物質界への探索を学んでいくうえで、大切な鍵となった。私がこんなにも早くしっかりと学ぶことができたのは、彼の創設した研究所と、そこで働くすべての人々のおかげだった。私はしばらくの間、自分が受け取った贈り物について、感謝をあらわしていた。

それから、私は彼を見つけられるかやってみようと思い立った。彼とコミュニケーションを取って、死後の世界に入ったばかりでどうしているか、調べられるかもしれない。就業時間中にそんなことをしていたと白状するのはまずいかもしれないが、私は目を閉じ、ほんの二、三分間リラックスして、亡くなったばかりの友人に会いに行った。

ボブに向かって意識を開くと、彼はすぐに現れた。驚いたことに、一年以上前に亡くなった、ナンシー夫人もそこにいた。ふたりは一緒に、私の意識に入って来た。ナンシーはボブの左側に浮かびながら、明るく微笑んでいた。

「おや、こんにちは、ブルース。そうだ、私だよ。それにナンシーもここにいるよ！」ボブの声は興奮と喜びに弾んでいた。

「ええ、奥さんがあなたの左の少し後ろにいるのが見えますよ」と私は答えた。「奥さんは本当に嬉しそうですね！」

「まったく、妻とまた一緒になれてどんなに嬉しいか、言葉にできないほどだよ！」ボブは満面の笑顔で言った。

「じゃあ、大丈夫なんですね？」と私は訊いた。

「大丈夫？　……大丈夫かって？　大丈夫以上だとも。素晴らしいよ！」

「もうひとり、あなたがたと一緒に誰かがいるみたいですが、それが誰なのかはわかりません」

「向こうにかい？」と言いながら、彼はわずかに頭をめぐらせて、私が言及した人物の方向をあごで指し示した。

「ええ、あれは誰なんですか？」私は尋ねた。

「エド・ウィルソンさ。いい医者だった。憶えているだろう？」

「ええ、エドのことは憶えています。でも、あれが彼だとはわかりませんでした。なんだか感じが違っていて」

「なあ、いいかい」ボブは子どものように興奮した声で言った。「私がたった今、何をしているのか、絶対わからないはずだよ」

私はただ彼を見つめて、次の言葉を待った。

「たった今、私はきみ以外に六人の人たちと同時に会話しているんだ」

彼の口ぶりは、まるで手に入れたばかりの新しいおもちゃを自慢している子どものようだった。

「私は実際、まったく同時に全員と一緒にいるんだよ。そのひとりひとりと一緒にいる自分が見える。ひとりひとりに自分が話していることが聞こえるし、相手が話していることも聞こえる。ほかの六つの会話について、すべてを意識しているし、同時にここできみとも喋っているんだよ。どう思うね？」

「すごく楽しそうですね。まるで、新しい素敵なおもちゃで遊んでいる子どもみたいに」

「ああ、私はここでは子どもみたいなものなんだろうな」と彼は笑った。「ある意味では、私はちょっと前にここに生まれてきたばかりなんだから」

「あなたが、新しい住まいで元気にしてらっしゃるのを見られて嬉しいですよ、ボブ。そして、ナンシー、またお会いできて嬉しいです。明るく笑ってらっしゃいますね！　さあ、もう仕事に戻らないと――上司に見つかって、居眠りしてたと思われないうちに！」

「またいつでも訪ねてきてくれよ、ブルース。いつでも歓迎するよ」ボブは招待の言葉をかけてくれた。

言い終えると、ボブとナンシー・モンローは去っていった。私は目を開けて、仕事に戻った。ボブの移行が、とてもスムーズにいったことが嬉しかった。彼のためにも、ナンシーのためにも、嬉しく思った。

少しして、またレベッカから連絡があった。レベッカは、死後の世界に入っていくボブに、非物質的に付き添っていたのだった。レベッカは、ボブと一緒に「向こう」に行った後、エドとナンシーとボブに会ってどんなに嬉しかったか、という話をした。この世界に戻ってくるのはつらかったという。レベッカは、研究所でボブの追悼式が行なわれることを教えてくれた。

ボブの追悼式に出席するためにヴァージニアを訪問するのは、当時の私の財政状態ではやや無理があった。それで私は、非物質的に参列することにした。敬意を表すのに、それはふさわしいやり方だろうと思えた。ヴァージニアで式が始まる時間に、私はコロラドで自分のウォーターベッドに横たわった。目を閉じてリラックスし、追悼式に行ってボブに会う、という意志を固めた。

一分ほどすると、ボブとナンシーが見えてきた。ボブとナンシーが立っているところに近づいていくと、ボブがとても沈んだ気持ちでいるのがわかった。追悼式に参列している人たちの感情に影響されていたのかもしれない。

ボブの右側に、誰か別の男の人がいた。その人は見ることも、認識することもできなかったが、その存在だけは感じ取れた。

「こんにちは、ボブ。またお会いできて嬉しいです。あなたの追悼式に出るために、ヴァージニアまで飛行機で来る余裕がなかったもので、代わりにこうやって会いに来たんです」

「まったくかまわないよ」彼は静かに、厳粛な声で答えた。

「この世界にもたらしてくださったものについて、あなたに感謝をお伝えしたくて来たんです。おかげで私は、たいていの人が存在しないと考えているような場所を探索できるようになりました」

「ありがとう、ブルース。来てくれて嬉しいよ。そして、どういたしまして」

私は彼らの立っているところから少し引き下がった。ナンシーの笑顔が私に向けられているのを、見て感じることができた。それから、彼らの左側の、ずっと後ろの高いところに、色とりどりの光を放つ小さな玉があるのが目にとまった。なじみ深い感じがしたが、それが何なのかはわからなかった。私は意識を大きく開いて、その光の玉にフォーカスし、それを感じ取ろうとした。しばらくすると、エド・ウィルソンの存在を示す、あのなじみ深い感覚が、私の意識にどっと流れ込んできた。

「おやおや！　本当にエドときたら、この前に会ったときからずいぶん変わったな！」私は誰にともなく、心の中で言った。

私がこの前エドに会ったのは、何ヶ月も前のことだったが、石造りの建物の脇にある彼のキャンプサイトは、近所から浮いた感じになっていた。図書館で集めてきた書類の詰まった箱が、キャンプファイアーのそばにどんどん積み上げられていた。彼は火のそばでスツールに座って書類を読みふけっていたが、まわりには何枚か書類が散らばっていた。彼は、私の記憶にある物質界で生きていたときの姿そのままで、痩せて背が高く、黒っぽい髪をしていた。

その後、私は、二度ほど彼を探しに行ったことがあった。最初に行ってみたときは、キャンプ地はうち捨てられているようだった。次に行ってみると、すべては片づけられて、何もなくなっていた。そして今、彼はまったく違った姿になっていた。様々な色が、表面で脈打ったり渦巻いたりしている光の玉だ。エドは大きな変貌を遂げたようだったが、それが何を意味するのか、私には理解できなかった。

ボブとナンシーのもとを去る前に、しばしこちらに注意を向けてもらって、別れの挨拶をした。その場面を後にするとき、ボブはまだ厳粛な面持ちで、沈んだ様子だった。追悼式が、彼の感情に大きな影響を与えていたのだと思う。

****
13章〜17章

単独航海

確かに、生徒の準備ができたときに教師が現れる。そしてまた、生徒の準備ができたときに教師は立ち去るものなのだ。「不思議な教師」もそうだった。私が、レベッカとは旅をしなくなる時がやってきた。もはや、互いの経験について、彼女と情報を比較することはできなかった。その時から、私はひとりきりで舵を取った。私の航海は単独での経験となり、私はレベッカの監督下で学んだことと、非物質的なヘルパーたちの助けを頼りに進むことになった。

第13章　金銭的余裕について瞑想する

コーチは何度も私に、もっと頻繁に瞑想をしたらどうかと提案していた。自己修練というものが全般的に欠けている証拠だろうが、私は毎朝仕事に行く前に、早めにベッドから飛び起きてそれを実行したりはしなかった。ほかにやることがある。疲れすぎている。お腹が空きすぎている。いつも何かがあった。

しかしとうとう、ある土曜日の朝のこと、言い訳の種が尽きてしまった。私はしぶしぶベッドから起き出して、バスローブをはおり、あくびをしながらリビングのロッキングチェアまで歩いていった。そして腰を下ろし、目を閉じた。

「ありがとう、ブルース」コーチの声が、頭の中で聞こえた。

私が唯一、瞑想のトレーニングを受けたのは、一九七〇年代初めに超越瞑想（ＴＭ）をしていたときだった。

私は当時、半年ほどＴＭの手法を宗教的に利用しており、毎日、朝晩二〇分ずつ実行していた。

当時使っていたマントラはたやすく思い出せたので、それを心の中で繰り返し始めた。「その方法でもいいんだが、提案がある」とコーチが言った。「それをする代わりに、ワフンカのスイッチを入れてみたらどうだい。きみが初めてあれに気づいた場所——頭蓋骨の一番下のところで、あれを感じるようにしてごらんよ」

私はその場所を探って、すばやく見つけ出すと、ワフンカが強まるようにした。それがとても強い感覚になると、コーチはこう続けた。

「よし。じゃあ、その感覚が脊柱を降りていくようにして、背中全体でそれを感じられるようにするんだ。そうしたら、そこでも感覚が強まるようにしてごらん」

意識的にこれをやってみたのは初めてだった。なので、ワフンカの感覚を脊柱に沿って感じていき、全体に感じられたときには少し驚いた。私はコーチが提案したとおりに、その感覚が強まるようにしてみた。

「いいぞ、とてもいい。じゃあ、その感覚をとらえている意識を、身体の外側まで広げていってごらん」

これは完全に新しい領域だった。これまで私は、集団でホットタブ・モディファイド・チャーリーをするために、ワフンカのエネルギーを外に向けて投射しようとしたことはあった。しかし、ワフンカの肉体的な感覚が、身体の外側に実際に感じられることがあるなどとは、考えたこともなかった。

「本当に、そんなことができるのかい、コーチ？」と私は訊いた。

「ただ、きみの肉体のそばの空間に、それを感じようとしてごらん。そして、どうなるかみてみるんだ」

私は首の後ろあたりの空間を探り回って、ワフンカを感じようとした。

「きみの言うとおりだ！　空中に感じられるぞ！　五センチくらい離れたところまで広がってるような感じだ。本当に感じ取ろうとすれば、それが自分の脊椎に沿ってずっと、空中に広がっているのがわかる。実際に、そこにあるのが感じられるよ。すごい！」

「それじゃあ、身体からもう少し遠いところまで、感じるようにしてごらん」

〈なんてこった！〉と私は思った。〈どのくらい遠くまで感じられるかやってみよう〉

私はワフンカの感覚を、身体からもっと遠くにまで感じようと試みはじめた。

「すごい、少なくとも三〇センチくらい離れたところでも感じられるぞ！」

「もっと遠くまでやってみてごらん」

たちまち私は、ワフンカの感覚を、あらゆる方向に少なくとも一メートルは広がっている、卵形の空間に感じることができた。

「いいぞ、ブルース。じゃあ、それをどんどん遠くへ広げ続けるんだ。その感覚をどれだけ遠くで感じられるか、やってごらん」

私を取り囲む卵形の泡が広がりはじめ、もっと球形に近くなった。その泡の表面が私のアパートの壁を通り抜けるとき、その壁が感じられた。

「すごい！　いま、建物の壁を感じたぞ！」

泡の表面は外側に向かって広がり続けた。

私は建物を感じ、人々を感じ、今いるところから四〇〇メートル先にある新しいカーディーラーで、外に駐車してある車を感じた。それでもまだ、泡のサイズはどんどん拡大し続けていた。

嘘みたいでとても信じられないだろうが、地球という惑星全体が泡の中に取り込まれてしまった。泡の中にある地球まるごとの感覚に、私が驚嘆しているうちに、泡の表面は月を通過した。心に浮かんだイメージでは、誰かがシャボン玉を膨らませていて、そのシャボン玉の膜が宙に静止しているビー玉（月）を通過した、というように見えた。泡の表面が月の反対側に突き抜けると、そのビー玉も泡の内部に取り込まれた。ワフンカの泡が通過するとき、太陽や太陽系の他の惑星も同じような感じがした。泡が通過すると、それぞれの惑星の方向も名前も簡単にわかった。泡はまだ、外側に向かって拡大を続けていた。

「そのまま拡大を続けさせながら、何かきみが欲しいものについて考えてもらいたいんだ」とコーチが言うのが感じられた。

頭に思い浮かんだのは、ここ数日私が感じていた貧しさについての怒りだった。私はここ数ヶ月、臨時雇いの仕事に頼って暮らしていて、来月の家賃をどこから払えばいいのかと心配するのも飽き飽きしだしていた。そういう心配があまり必要なくなるだけの金が欲しい、と思った。

「大きなクッションが欲しいんだ」私は、頭の中で声を出した。

たちまち、私の心の目に、巨大なソファ用のクッションが空中に浮かんでいるのが見えた。

「もっと正確に言えば」と私は訂正した。「金銭面でのクッション、余裕が欲しいんだ。そうだな、一万ドル。それが私の望みだ。一万ドルの金銭的な余裕が欲しい」

「OK、自分の中にその願いを感じるようにしてごらん。ワフンカを感じるのと、まったく同じようにね。その願いが自分の中のどこにあるかを特定するんだ」コーチが教えてくれた。

驚いたことに、その願いのありかが、身体の中に実際に感じられることがわかった。

「よし。今度は、その願いをワフンカでやったのと同じように、外側に広げていくんだ。それが、拡大していくワフンカ・エネルギーの感覚と融合するようにしてごらん」

コーチの指示に従って、私は、一万ドルの余裕が欲しいという願望が、引き続き拡大しているワフンカの泡と融合するようにした。願望も、宇宙に向かって外向きに拡大し始めた。

「その願望の泡の表面をよく意識してごらん」とコーチは提案してきた。

願望の泡は、ワフンカの泡と同じように、いろいろな物体を通過した。だが通過していくときに経験したことは、前とは違っていた。時折、願望の泡の表面が出会う物体が、その願望と共鳴したのだ。双方が融和していた。物体は、金銭的余裕への願望を実現するために、何かの役割を果たすことができた。それが起こったとき、その物体のエネルギーが向きを変えて、泡の中心を向き、その方向に加速していくような感じがした。

私が表明した願望と共鳴した物体は影響を受け、私がいる泡の中心に向かって加速させられた。この願望の泡が宇宙に向かって外側に拡大していくにつれて、それが接触したもの、つまり私の願望を実現させるために何らかの役割を果たせるものたちが、願望の泡の中心に向かっていった。私は気づいたのだが、その願望の泡の中心には……私がいたのだ。

「よくできたよ、ブルース。きみがその知覚をとらえられてよかった！　じゃあ、リラックスして、両方の泡がもうしばらく拡大を続けるようにするんだ。そのプロセスが完結したと感じたら、瞑想をやめて、自分の仕事に取りかかっていいよ」

徐々に、両方の泡との接触感が失われ始めた。これはもう、完了ということだと判断して、私は起きあがり、お椀にシリアルと牛乳をたっぷり入れて、朝食にした。

日曜の朝、私は新聞でエンジニアの求人広告をチェックすることにした。

臨時雇いの仕事はスケジュール面で自由がきくので気に入っていたが、その一方で、財政状態を整えることは、もっと切迫した課題だと感じられていた。ひとつの広告が目を引いた。それは、私の友人が働いている会社が出した広告だった。二時間ほど後に、その友人が電話をかけてきた。友人たちのグループがその晩に集まる場所がどこなのか、教えるための電話だった。

「ところで、今日の新聞に、きみの会社がエンジニア募集の広告を載せていたね」

「広告？　何の広告だい？　おれは、今は新聞に広告は載せてないよ。会社の誰かほかの人間が載せたんだな。しかし、確かにおれは、契約社員として働いてくれる人を探しているよ。興味があるかい？」友人は訊いてきた。

それから四日のうちに、私は友人の働く会社で、ある種のエンジニアの仕事をする契約にサインしていた。

私の時給と労働時間をかけ算すると収入見込みの金額になるが、それはちょうど一万ドルになった。私は仰天してしまった！

私の言い訳の種が尽きた、あの土曜日の朝以来、いいことがどんどん起こり続けている。今でも私は、それほど頻繁に瞑想するわけではないが、実際に瞑想すると、その結果にはやはり驚かされる。人はよく「宇宙が必要なものを与えてくれる」と言うが、私はいつも疑いを抱いていた。今では、この件に関しては、疑いは消え去った。

第14章　シルヴィアの救出

四月の寒い雪の日、郵便物を取りに行った私は、アパート共同の郵便受けの脇にある掲示板を見た。そこに、『聖なる予言』についての勉強会のお知らせが貼ってあった。こうして、私はロザリーと知り合ったのだった。

ロザリーとは今でも友人同士だ。そのポスターにロザリーの電話番号が書かれていたのだが、結局、ジェームズ・レッドフィールドの著書について話し合うことに興味を持って電話をしたのは、私しかいなかったようだ。私たちは何度か会って、その本や、お互いの興味や、人生の様々なことについて話し合った。

私たちが会合を持っていたある日、ロザリーは自分の母が九ヶ月前に亡くなったと話してくれた。また、母が亡くなって以来、父のジョーは、夜よく眠れずにいる、ということだった。

不思議なことに、問題が起こるのは自宅で眠るときだけだという。その家は、ジョーの妻のシルヴィアが、最後の日々を過ごしたところだ。最近、父と一緒に旅行に行ったときには、父が問題なく眠れたのは変だ、とロザリーは考えた。親戚を訪ねて車で旅をしたのだが、その間は、夜もちゃんと眠れていた。モーテルでも、訪問先の何軒かの家でも、シルヴィアが亡くなる以前と同じように眠れたのだ。ロザリーは、母がジョーの睡眠を妨げたりすることがありうるのか、という疑問を口にした。

私がこれまで見てきたのと同じようなパターンだったので、私はライフライン・プログラムで学んだことについて、少しロザリーに話してみた。救出のプロセスについて説明し、死後、ひとりきりで囚われてしまっている人たちを探し出し、手助けすることについて話をした。父親の睡眠の問題について、ロザリーの説明から判断すると、それにはお母さんが関係しているかもしれない、と私は言った。

その晩、自宅で眠りにつこうとするとき、私はロザリーの母親を探しに行こうかと、ぼんやり考えた。小柄な弱々しい感じの女性が、まもなく現れた。その女性の顔には、なんだか普通でないところがあったが、それが何なのかはっきりした印象が得られないうちに、私は自分が疲れすぎていることに気づき、深い眠りに落ちてしまった。

その勉強会は、私と彼女のふたりだけだったので、ひとり分の夕食を作るより、ふたり分まとめて作るほうが簡単だということで、ロザリーと私は翌週にまた集まって、彼女の家で手作りの夕食を食べることにした。

話をしているときに、私は、「もしよければ、お母さんを探しに行って、どういう状況にいるのか感じ取れるかやってみたい」と申し出た。

ロザリーは承知してくれた。そして私は、彼女がこのアイデアをあまりにも奇異だと受け取らなかったので、嬉しく思った。そのときの会話でわかったのだが、シルヴィアは長い闘病の後に亡くなり、その病気は、長期にわたってプレドニゾンというステロイド薬による治療を要したということだった。死が迫ってきた頃には、痛みをコントロールするためにモルヒネも必要だったという。

いつものパターンで、私はシルヴィアを探しに行くのを先延ばしにしていた。私の抱く疑いは いまだに健在で、シルヴィアを見つけられないのではないかと心配になってしまったからだ。

私がシルヴィア探しを避けて通っていたとき、たまたま私はダンという別の友人のところで一緒に夕食を食べることになった。ダンはゲートウェイ・ヴォエッジの卒業生で、ライフラインの救出活動に興味を持っている。彼は、私と一緒に行って、起こることを見られるかどうかやってみたい、と言い出した。

私は、自分にそれができるかどうか不安になってしまったので、トイレへ行ってコーチにコンタクトを取り、シルヴィアを探すのを手伝ってほしいと頼んだ。少し馬鹿げた話に聞こえるかもしれないが、トイレは、人がひとりになれる、静かでちょうどいい個室だと思う。ほかの人たちと一緒の部屋にいるより気が散らないし、情報を受け取れる状態になるのもずっと簡単だ。

コーチは、ボブとナンシー・モンローと一緒に現れ、ふたりも私を手助けしたがっていると言った。

「心配ないよ、ブルース。すべてはうまくいくから」三人の誰かが言うのが感じられた。

それで私はリビングに戻り、ソファに横たわった。ダンは、自分が持っているフリーフロー・フォーカス10のテープを使ってはどうか、と提案した。私もそれでいいと言った。

テープをセットして、照明を暗くしてから、ダンはふかふかの椅子に身を落ち着けた。私たちはそれぞれヘッドセットを着けた。私は目を閉じ、それから一分ほど、フォーカス10のサウンドパターンによって深まっていくリラックス状態に身を委ねていた。知覚に変化が起きるのを感じたかと思うと、私はあの特別な、ザラついたような三次元の暗黒を覗き込んでいた。そして、私はシルヴィアに意識を向けた。シルヴィアを見つけたいという意図を持って、その名を心の中で唱えてから、しばらく待った。

あの特別な暗黒は、全体的にランダムな性質を持っており、中に何かの形が現れれば、背景から浮き上がって見えて、注意を引きつけるのだった。

私はいつも、ただその中を覗き込んで、ザラザラした黒一色の広がりの中に、何かが際立って見えてくるのを待つのだ。それは、均一な背景と違って見える、ごく小さな斑点のようなものだったり、何か動きのあるものだったりする。というわけで私は、ただその暗黒を覗き込み、何か注意を引かれるようなものが現れるのを待った。

やや右寄りの前方に、小さいがはっきりした黒い渦巻きが現れた。私はそれに意識を集中し、そして自分がそれに向かって動いていくのを感じた。しばらくすると、ディズニー映画の白雪姫に出てくる、七人の小人のひとり、ドゥーピーのニコニコした大きな丸顔が、目の前に飛び出してきた。私は心の中で笑ってしまった。そして、こう考えた。〈プレドニゾンの副作用でムーンフェイスになった人のイメージにピッタリじゃないか！　死ぬ前には、痛みを緩和するのにモルヒネが必要だったというし。ドゥーピーのイメージはピッタリだ。シルヴィアを見つけるのに、正しい場所に来たに違いないな！〉

ドゥーピーの顔は溶けて消え去り、シルヴィアが見えてきた。シルヴィアは、三メートルほど離れたところでこっちを向いて、暗闇の中に立っていた。最初、私はシルヴィアの現在の状況を感じ取るために、ただ観察していた。アプローチする方法を思いつく前に、いきなり飛び込んでしまうのを避けようとしたのだ。状況の中に飛び込んで主導権を握るのは避けたほうがいい、ということはすでに経験から学んでいた。

シルヴィアをよく見ると、一番特徴的だったのは、彼女を取り巻いている、灰色がかった白い濃霧だった。見たところ、受ける感じとしては、ふわふわした大きな綿の玉が身体を取り巻いているかのようだ。まるで繭玉のようで、その直径は身長の二倍くらいあった。

シルヴィアはやや小柄で弱々しい様子の女性だった。私が意識を向けて、彼女の精神状態を感じ取ってみると、とても不安定になっていた。あの、キッチンの椅子に腰掛けていたマーラの祖母のように、精神が混乱しているわけではなかった。シルヴィアの思考能力はただ、鈍くなり弱まっているようだった。眠りが足りないまま、ぐったりして目を覚ましたときのように、顔の表情も身体の動作もうつろな感じになっていた。それは、知恵遅れの人の表情や動作を思わせた。

私は一分くらいシルヴィアを観察してから、夫のジョーの睡眠の問題に彼女が関係しているかどうか、確かめることにした。

シルヴィアに近づいて、その注意を引いてから、ジョーにどんなふうに接しているのか見せてほしいと頼んだ。するとシルヴィアは言われるままに、向きを変えて少し歩いていき、ジョーが寝ているのが見える場所の脇で立ち止まった。

彼女は、夫に近づくためにベッドの中を通り抜けているのに、まったくおかしいとは感じていないようだった。頭が鈍っているせいで、自分の脚がマットレスを突き抜けているのに気づかなかったのかもしれない。

シルヴィアは、ジョーの胸の左側に立って、ジョーの身体のほうを向き、両手を下に伸ばして、マットレス越しに彼の背中の下に手を差し入れようとした。何かをすくい上げるような動きで、彼女は両腕を持ち上げた。その腕はジョーの身体を通り抜けた。

彼女がこの動きを繰り返すと、ジョーの身体全体にさざ波が立つような影響が及ぶのがわかった。静止したバスタブのお湯の中で両腕を動かしたらできるのと、似たようなさざ波に見えた。

彼女が上にすくい上げる動作をして、腕がジョーの身体を通り抜けるたびに、波紋はどんどん大きく、強くなっていった。その動作が六回か七回繰り返されたとき、ジョーは身動きを始めた。

その波紋が、彼を刺激して不快にさせているのだった。

ジョーの動きからして、シルヴィアがその動作を続ければ、ジョーがすぐにも起きてしまうだろうとわかった。彼が肉体的に目を覚ますのか、非肉体的に夢の中に目を覚ますのかははっきりしなかったが、シルヴィアの動作が眠りを妨げていることは確かだった。

私はシルヴィアに、ジョーとの接し方を見せてくれてありがとうと感謝してから、もうやめていいと告げた。

シルヴィアはすぐに動作をやめ、無感覚な様子で立ちつくした。脚はマットレスを突き抜けており、腕は両脇にだらりと下がっていた。

ところが、シルヴィアがジョーの非物質的な身体に巻き起こした波紋を見ると、それはまったく収まる様子がないことがわかった。まるでプルプルと震えるゼリーのように、シルヴィアが動作をやめたときのままの強さで振動が続いていた。ジョーはその影響から、ベッドの上で、まだゆっくりと身じろぎしていた。

私はちょっと一休みして、ダンを非物質的にチェックした。これまでの出来事を、彼がどこまでとらえることができたか、確かめようとしたのだ。

彼を見ていると、数年前の自分自身を見ているような気分になった。彼はシルヴィアやジョーや私がしていたことを、ちらちらとかいま見ていた。ダンは自分がとらえて意識を向けることができた情報の断片について、何とか意味を見いだそうと努めているようだった。私が学習を進める過程で、かつてしていたのと同じく、彼の注意はごく小さな断片を分析することに集中してしまっていた。その間にも、経験の大部分は注意を向けられることなく続いているのだった。そのとき、ボブとナンシーの声が感じられた。

「ブルース、シルヴィアにしていることのほうに、注意を集中しておかなくちゃいけないよ。彼女とジョーには、今きみの助けが必要だ。ダンのことは後でいい」

「まったく、彼を見ると、ちょっと前の私自身を思い出すな」と私は感想を述べた。

「ダンのことは、こっちに任せてくれ。ダンは大丈夫だ。きみはシルヴィアの面倒をみたほうがいい」

というわけで、私はシルヴィアのほうへ向き直って注意を引き、接続をもう一度確立させた。シルヴィアがどういう状況にいるのか、本人に説明すべき時がきていた。

これは、私にとってはいつもジレンマなのだ。

いきなり誰かに、あなたは死んだんだなどと言えば、ショックを与えてしまうかもしれない。そうすることは、時として、いささか不作法で無神経なことのように思える。もしかすると、相手に伝えることは重要ではないのかもしれない。ただ、すぐに救出を行なえばいいのかもしれない。向こうで誰かが、その人の置かれた状況を教えてくれるはずだ。あるいは、フォーカス27で会う人たちと交流するうちに、自分が死んでいるという事実にだんだん気づいていくかもしれない。

しかしその反面、こちらの言うことを確かに理解してもらうために、かなりのショックを与える必要がある人もいるだろう。

私にとって、これはいつもジレンマなのだ。言うべきか……言わざるべきか……？　私を知る人に聞けばわかるが、私はしばしば極端にぶしつけになることがあり、あまり人あたりがよくないことがある。この手のことに関して、当然必要とされる感情移入が足りない、と言う人もいるかもしれない。まあ、仕方のないことだ。

「シルヴィア、ちょっと話があるんです」と私は話を切り出した。「どうして、ご主人を起こそうとするのがうまくいかないのか、私は知ってるんですよ」

シルヴィアは、これまで一言も喋っておらず、まだ口を開こうとはしなかった。こちらを振り返って、鈍いうつろな眼差しで私を見た。

「あなたは物質界では、もはや生きていないんですよ、シルヴィア。一年近く前に死んだんです」

ほんの一瞬、混乱が渦巻く雲のようにシルヴィアの顔をよぎるのが見えた。

最初、彼女が私のことを頭のおかしい人間だと思ったのがわかった。

それから彼女は、自分の経験した中に、いくつか不条理なことがあったのに気づいた。脚がマットレスを突き抜けたことや、腕がジョーの身体を通り抜けたことなどだ。

そして私が見ていると、まるで厚い灰色の雲の後ろから、まばゆく輝く太陽が現れたかのようだった。シルヴィアを取り囲んでいた灰色の綿のような繭が、陽射しの温もりに溶けて消え去った。彼女の目と身体から、鈍い感じが完全になくなった。彼女は晴れ晴れとしていた！　澄みきって明るく、彼女の顔は輝き、暖かく美しい笑顔が私に向けられた！　その瞬間、彼女は自分がいったいどこにいるのかを知り、自分の置かれている状況をはっきり悟ったのだった。

次の瞬間、出会ってから初めて、彼女がはっきりとものを考えているのが感じられた。

「そう、もし私が死んだのなら、次に何が起こるはずなのかわかるわ」彼女は、私をまっすぐに見ながら、考えを口にした。

彼女はひとつひとつのことを考えるたびに、力を増してきた。彼女はまだ気づいていなかったが、とても明るく輝く卵形をした「光」があって、私たちが立っているところに近づいてきていた。その「光」は、シルヴィアが気づくのを待っているかのように、だいぶ離れたところで止まった。

「もし私が死んだのなら、イエスさまが迎えに来て、一緒に連れていってくださるはずよ！」そう言うシルヴィアの顔は、まるで恋する少女のようだった。彼女は幸せで期待にあふれ、イエスが自分を迎えに来ることを露ほども疑わず、信じ切っていた。

シルヴィアが心の中で言い終えたとき、顔に浮かんだ表情からして、彼女が遠くにある「光」を見つけたことがわかった。

「光」はゆっくりと彼女に向かって動き始めた。その「光」が誰なのかわかった、という感覚が彼女の中で大きくなってきたとき、それは姿を変え始めた。もはやただの卵形の光ではなくなり、

「光」に取り巻かれた人の形となった。彼は「光」なのだ。それはもう、彼女から六メートルほどのところに来ており、私がかつて見たこともないほど、日曜学校の「イエスさま」そっくりそのまま、という姿に変貌していた。彼の放つ光は降り注いで、シルヴィアを照らし出した。シルヴィア自身もはっきりと輝いていた！

まばゆい黄白色の光が織りなす暖かい雲に包まれて、シルヴィアのほうにふわふわと近づいてくる「彼」の姿は、シルヴィアが抱く期待に沿うように変化した。シルヴィアは、熱意に燃えて「彼」のほうに進み出た。恐れることなく、手を差し伸べて、自分を迎えに来てくれた「存在」の手を取った。「彼」は短く彼女に話しかけると、微笑みながら、元来た方向に向き直った。そしてゆっくりと、ふたりは舞い上がり、一緒に去っていった。

私はまた振り向いて、ダンに注意を集中し、彼がどうしているか見ようとした。彼は経験の中からまた別の小さな切れ端を一生懸命に拾い上げ、その切れ端を分析することで、なんとか全体を理解しようと試みていた。私はまた、ライフラインの活動を学び始めた頃の自分自身を思い出した。私も、分析に時間を使いすぎていて、経験を受け入れる時間が短すぎたのだった。私もまだまだ、行くべき道は遠いとわかっている。それは、ダンを見ていると実感することができた。「ブルース、私たちがダンの面倒を見るわ。あなたの注意は元のところに向けておかなくちゃだめよ」とナンシーが言うのが感じられた。

ここで私は、次に何をするべきか、少し迷ってしまった。普通なら、誰かを見つけて救出するときには、その相手をフォーカス27のレセプションセンターへ案内するのだ。たいてい、その人たちは「向こう」で、知り合いだとわかる人に迎えられる。

私はまだ何かすべきだという感じを受けていたが、何もかも手配済みのようだった。好奇心もあったので、私はシルヴィアと迎えに来た「存在」の後を追って、その後どうなるのか見ることにした。

いささか罰当たりかもしれないが、実を言うと私は、そこで見た光景に思わず吹き出しそうになってしまった。

シルヴィアの服は変化していた。彼女は今や、丈の長い流れるような白いサテンのドレスを着ていた。青々とした草があたり一面に生い茂り、陽光が降り注ぐ美しい開けた場所に、彼女は脇を下にして横たわっていた。

彼女は不思議そうな表情を浮かべて、深い低音の男声が詠唱するのを聴いていた。

「主はわれを緑の野に伏させたもう」（訳註・旧約聖書 詩篇23篇より）

ともかく、これが起こるべきことなのだとわかってはいるが、彼女にとっては、不条理に思われたのだ。こんな美しい高価なドレスを着て、地面に横になるなんて、いささか場違いなようだった。

彼女の体勢が唐突に変化した。彼女は身体を起こしており、大きな陶器の杯を両手で前に捧げ持って、それを見下ろしていた。底部が大きな円形になった、足つきの小さなお椀のような杯だ。

透明な泡立つ液体が、その杯の側面を伝ってどんどんあふれ出し、彼女の両手の上を通って、地面に流れ落ちていた。

これもまた、彼女にはなじみのある場面だったが、あの同じ男声がこう詠唱するのを聴いていると、いささか場違いにも思われるのだった。

「わが酒杯《さかずき》はあふるるなり」（訳註・同じく詩篇23篇より）

この時点で私は、シルヴィアがふさわしい手に委ねられていると判断し、好奇心はともかくとして、もう私の助けは必要ないと思った。私はゆっくりと輪を描いて向きを変え、シルヴィアの夫、ジョーを最後に見た場所を感じ取ろうとした。ジョーが発するシグナルに照準を合わせ、探しに戻った。

ジョーを見つけてみると、彼はまだベッドに横たわっており、身もだえして軽くうめいていた。シルヴィアが両手で引き起こした、ゼリーが震えているかのような波紋は、依然として活発なままだった。ジョーのところを離れてからも、まったく収まってはいなかった。ジョーの動きやうめき声からして、まだその影響に苦しめられていることは明らかだった。どうしたらいいのかよくわからなかったので、私は何か思いつくまで、見守りながら待っていた。

待っているうちに私は、レベッカと一緒に非物質的な旅をしているときに、何度も見せてもらったエネルギーワークのことを思い出し始めた。一緒に救出をしたときに、レベッカがどんなふうにやっていたのかを思い出すことができた。私は心の中で、それが自分のやってみるべきことなのかと問いかけてみて、何か兆候が現れるのを待った。

たちまち、〈さあどうぞ、やってごらん！〉という強い感覚がやってきた。

そこで、私も脚がマットレスを突き抜けて床に届いている状態で、ジョーの横に立ち、手をかざしてジョーの身体に沿うように、ゆっくり往復させ始めた。心の中では、波紋が静まるようにという意志を保っていた。波紋はたちまち収まり始めた。私は、波紋の痕跡が跡形もなく消え去るまで、手を動かし続けた。ジョーがリラックスするのがわかった。そして彼は、深い快適な眠りの中に戻っていった。

すべて片がついたように思われたので、私は次に何をしようかと考えながら、またダンのほうに注意を向けた。するとまもなく、まったく予想外のことが起こり始めたのだ。

ダンはまだそこにいて、座った姿勢をとり、明るく金色に輝く光の玉に取り巻かれていた。ダンは起こったことの断片をさらに分析しながら、それまでに集めた他の断片とつなぎ合わせようとしていた。情報の数が少なすぎて、その間のギャップも大きすぎ、全体像をつかめる望みはほとんどなかった。

私は彼を見ながら、次に起こることを待っていた。すると突然、なぜだかダンの父親だとわかる年配の男性が、私の右のほうからすばやくダンに近づいてきた。その人はダンのすぐ近くまで来て、ダンの注意を引いた。ダンは父親を見て驚いたようだった。父親は、ふたりの間で解決したいと思っている問題について、ダンと話を始めた。

しばし私は、ふたりの会話に意識をフォーカスしようかと考えた。ダンが経験の一部でも憶えているとすれば、私が会話を聴いておくことで、彼のために後でその内容を裏づけてやることができるかもしれない。

そこで私が会話にフォーカスし始めると、ボブとナンシーがそれをやめるようにと言うのが感じられた。

「ふたりが話していることを聴く必要はないよ。少し後ろに下がって、私たちがふたりを光の玉で包むのを手助けしてくれ」

私は四、五メートルほど後ろに下がって、すでにふたりを取り巻いていた光の玉に、力を加えるという意志を表明した。

しばらく見続けていると、ダンの父が解決したがっていることについて話をするにつれて、ダンが動揺し始めるのが見て取れた。壁ができてきて、父が息子に触れようとするのが、どんどん困難になっているように見えた。

ほどなく、ダンの動揺と不安のせいで、ふたりの間のコミュニケーションの回路が閉じてしまった。それを見て、父は静かに立ち去った。

私はもうしばらく待ってから、ボブとナンシーとコーチに助けてくれたことを感謝した。私は目を開き、意識をソファとリビングルームに戻した。

ダンと私はダイニングルームの食卓の椅子に移って、しばらく話をした。私はダンに、お互いが共有した経験を裏づけるチャンスを与えてやりたかったのだ。ダンは、起こったことについて、意識の上ではほとんど記憶していなかった。

「あれこれ断片的な記憶はあるけれど、それを意味づけることができないんだ」とダンは総括した。

私はそこで終わりにしておくべきだったのだ。ダンと父親の間のことは、プライベートな問題であって、私には関係のないことなのだから。ボブとナンシーの行動からも、それがわかったはずだった。

しかし、私は今後の教訓となるようなミスを犯してしまった。

私はダンの父親がやってきたという話を持ち出すときに、少し躊躇を感じた。そのときには、父親が死んでいるのか生きているのかがわからないせいだと思っていた。その躊躇する感じこそが、このことをそっとしておくべきだという、自分の中からの合図だったはずなのだ。

私はその合図に従わなかった。

お父さんとの関係はどうなんだ、と訊いて、会話を始めてしまったのだ。

ダンは、父親との間にある問題について話してくれた。彼の父（生きている）は、その問題を何とかして解決したがっているということだった。それは愛に満ちた父親らしいやり方だと、私には思えた。「赦し」という言葉を使ってもいいかもしれないが、ダンは父親の赦しを受けとめることができずに苦労していたのだ。

数日後、ダンが話してくれたのだが、彼の「訪問」の翌朝に父親が電話してきて、会って話をすることになったという。ふたりが何の話をしたのかは知らない。その頃にはもう、私は、これが彼らの解決すべきことであって、私には関係ないことだと悟っていた。

ダンに父親が訪ねてきたことを話して、介入してしまったのは、私の過ちだった。私がこの過ちから教訓を得られたとすれば、このことを忘れずにいて、次の時には違った行動をとるようにしたい。人はみな、自分の問題に自分で対処する機会を与えられるべきなのだ。

一日か二日して、ロザリーとまた一緒に家で夕食を作ったとき、私はロザリーに、母親を救出したときのことについて話した。ロザリーはシルヴィアの写真を見せてくれた。シルヴィアが死後の世界に移るしばらく前に撮られた写真だった。写真の顔と、アニメのドゥーピーがあまりにもそっくりなので、私は驚いてしまった。どちらも同じような丸顔で、ほっぺたが丸く突き出している。そして、見る者の心が温かくなるような、明るい笑みを浮かべているのだ。

この救出から二週間しないうちに、ジョーは、シルヴィアと暮らしていたときに一緒に寝ていた寝室で、また寝ることにしても大丈夫だろうと判断した。

ジョーは、妻が死んで以来、そこでは寝ていなかったのだ。単に、それがいい気持ちがしなかったから、ということだった。

ロザリーの報告によれば、ジョーは、老人特有の問題を除けば、以前より落ち着いて安らかに眠れるようになったという。それは、ドゥーピーとシルヴィアの顔が何となく似ていることは別として、唯一、私のしたことが現実だったという証拠だった。たいした証拠ではないかもしれないが、確かに証拠には違いなかった。

しかしこの事例は、私が死後世界の探索で見てきたパターンとすっかり合致していた。人が死ぬとき、自分の状況に気づかないことがある。そういう人は、なじみ深い環境や人々の間に留まるのだ。中には、まだ肉体的に生きている配偶者に無視されたり、気づいてもらえなかったりして混乱し、腹まで立てたりする者もいる。そういう人が、後に残した愛する配偶者と交流しようとするために、具体的な影響があらわれることが多い。これはごくありふれたパターンなのだ。

私がこの話をある人たちにしたとき、シルヴィアを迎えに来たのは本当にイエスだったのか、という強い疑問を投げかけられた。ある人たちからすれば、私のような異端者ともいうべき人間がそんな出来事を目撃するなどというのは、たとえそれが本当に起こったことだとしても、神への冒瀆だと思われるのだろう。

確かに、私には証拠はない。私にはよくわからないし、正直言って、私にはどうでもいいのだ。シルヴィアはもはや囚われておらず、ジョーの眠りはもはや邪魔されていない。私としてはそれで充分なのだ。

私の知るかぎり、それはイエスだったかもしれないし、あるいは単に、シルヴィアの信念や期待に沿うためにイエスの姿を取ったヘルパーだったのかもしれない。ヘルパーは、その人が認識できるような誰かの姿を取ることくらい、簡単にできるのだ。シルヴィアが死を迎えた家から行くべき場所に移るのが、あのイエスの姿のおかげでいっそう簡単になったのは確かだ。それに、イエスも、ヘルパーがその似姿を利用することを認めてくれるだろう。

シルヴィアが迎えに来た「存在」と一緒に去ってから、私はもう二度と様子を見には行かなかった。彼女は大丈夫だ、という感覚がいつもあったからだ。

第15章　ボブ・モンローの提案

ボブ・モンローが、死後二ヶ月近くしてから、また私を訪ねてきた。

ある晩、私がまさに眠りに落ちようとしているときのことだった。オクラホマシティの爆破テロ事件から三週間がたっており、私は非物質的にあそこに行っていた経験から、もう完全に回復していた。『未知への旅立ち』をお読みになった方は、第一章に、そこでの経験や後遺症について書いたのを思い出してくださるかもしれない。今このことに触れたのは、ただ単に、今回の旅がどういうタイミングで起きたことなのか、お伝えするためだ。

深夜、私は眠りに落ちていこうとしたとき、意識がなくなる前によく見えるような、はかなく移り変わる顔や物などの映像を目にしていた。それから、ボブの声が私の名を呼ぶのを感じたかと思うと、心の目の前にボブとナンシーが立っていた。

「おや、こんばんは、ボブ。ナンシー、あなたも見えますよ。寄ってくださってありがとう」

「こちらこそ、会えて嬉しい」とふたりが言った。

「きみが今でも書いていてくれて、嬉しいよ。いいかい、書き続けるんだ。そうすれば、それが本として出版されるように、今後もこっちから働きかけていくよ」とボブは、私に念を押した。

「ええ、今は、研究所のダーに送る別の記事を書いてるところですよ。ちょっと前に、聖書研究会の友達のおばあさんを救出したんです」

「ええ、私たちも知っているわ」とナンシーが言った。「あれは、とてもうまくいったわね」

「最近、きみの全体的なエネルギーレベルが上がってることに気づいてるだろう?」とボブが訊いた。

「すごいですよ! まる一日働いてから帰宅して、ワープロのスイッチを入れて、ほとんど毎晩、午前二時までノンストップで書き続けてるんです。四時間後には起きて支度をして、仕事へ行くんですからね。完全に疲れ切ってしまうはずなのに、元気いっぱい! こうなってくれていてありがたいですよ。フルタイムで働いていると、普通は執筆する時間なんて、たいして残りませんからね」

「ああ、きみがオクラホマシティについて書いていたときに、私が言ったとおりさ。書き続けてくれれば、こちら側からできるかぎりのことをするよ、ってね」

このとき私は、ボブが言っているのが、書き続けるために必要なエネルギーを供給してくれる、という意味だとは気づかなかった。エネルギーが満ちあふれているのは、自分が執筆を楽しんでいるせいだと思っていたのだ。昼間、仕事をしている間じゅう、帰宅してそのとき書いているものに取り組めるのが、いつも楽しみで仕方なかった。

「ところで、私たちが立ち寄ったのは、ただ雑談をするためじゃない。私はきみに提案があるんだよ」

私は本能的に身構えてしまった。ボブがこの世で生きていたとき、人を何かのプロジェクトに巻き込もうとするのに、ある決まったやり方をしていた。そしてそれはたいてい、こんなざっくばらんな形で始まるのだった。

「どんな提案ですか、ボブ？」

「私は……つまり……私たちは、きみがこっちにもっと簡単に接続できるようにする、ちょっとした『調整』をしてあげられるんだよ。きみの選択次第で、きみのコミュニケーション能力が向上するかもしれないんだ」

「それは素晴らしいですね。じゃあ、さっそくそれをしたらいいじゃないですか？」

「うーん、私たちは……その……『調整』をするには、きみの許可がいるんだよ」

「どうしてです？」

「その調整は、きみに直接、することだからね」と彼は答えた。

「そう……ですか」

これで私の警戒はかなり強まった。自分の中でありとあらゆる考えが渦巻くのを感じ、それが落ち着いて、提案の裏にある意味をはっきり考えられるようになるにはしばらくかかりそうだった。

「ここで待っていてもらえますか？　これについて考えたいので、コーチに相談しようかと思うんです。すぐ戻りますから」と私は言った。

「ぜひそうしてくれ。私たちはここで待っているよ」

私は一八〇度向きを変えて、意識をコーチへとシフトした。コーチはすぐに見つかったので、ボブが提案していることについて話してみた。

「なにか助言があるかな、コーチ？」と私は尋ねた。

「それは完全にきみが決めることだよ。どんなかたちであっても、私が影響を与えたくはないな」

またこれだ！　コーチみたいな連中が、ガイドと呼ばれてるんだから！　この手のことについて、ストレートな答えなんか、もらえたためしがない！

「きみの抱いてる心配について考えてみたら、決断を下すのに役立つかもしれないよ」とコーチが言ってきた。

「そうだな、肉体的な痛みは大嫌いなんだ。それが痛くないってことは、はっきりさせてもらいたい。そして、ボブが提案しているその調整に同意することで、何かマイナス面がないか知りたいな」

「それは、もっともな心配に思えるね」とコーチは言った。

それから三〇秒くらい、自分の中で渦巻いている漠然とした不安を意識へと流し込んでやった。

自分の心の中がまた元通りスムーズになるのを感じると、私はコーチに、ボブとナンシーと話しに行くのについてきてくれるよう頼んだ。コーチは快く承知してくれた。

「それには、何か肉体的な痛みが伴いますか、ボブ?」と私は尋ねた。「それが特に心配なことのひとつなんです。私の痛みの限界値はものすごく低いのでね、ご存じのとおり」

「ごく微かな、短時間の不快感はあるかもしれない。痛くはないよ。少なくとも私はそう思う」

「その調整は何の役に立つんです? どんな能力に影響を与えるんですか?」

「それはすべて、きみ次第だよ。きみが非物質界でコミュニケーションする能力が向上するかもしれない。それより、もっといろいろなことが起こるかもしれない。きみの生活のほかの部分にも、非常に幅広く効果が及ぶかもしれない。しかしそれは、きみがこの調整の効果をどう利用するかにかかっているんだ。様々なレベルに道を開く可能性があるが、それはきみの反応次第なのさ」

「私が同意することで、ほかに何かマイナス面はあるんですか?」

「ブルース、はっきりさせておきたいんだけど、これはみんな、あなたの置かれている状況を思いやってのことなのよ」とナンシーは、私が彼女に寄せている絶対的な信頼を感じ取って言った。

もうほとんど同意する決心をしていたとき、私は、ダーリーンが見えてきたのに気づいた。私は命を預けてもいいくらい、彼女を信用している。彼女は世界中のどんな人にも負けないくらい、愛と同情に満ちた、正直な人間だ。彼女もこのことに一枚噛んでいるのなら、何も心配することはなかった。

「ボブ、この調整というあなたの贈り物を、喜んでお受けしますよ。どうぞやってください。心の準備はできてます」

「実際に調整ができるまでに、ちょっとやっておかなくちゃならないことがあるんだ」とボブは答えた。「今すぐにはできないことでね。すべて準備が整ったら、きみの許可を得て、実行することにするよ」

「いつそれが起こるのか、私にはっきりわかるんですか？」

「心配するな。ちゃんとわかるから」ボブは笑いながら言った。ボブはこの世で、相手が知らないことを知っているが、もうすぐ相手にもわかるだろうというときに、そういう笑い方をしたものだった。

「調整が終わった後にどうすればいいのか、ほかに知っておいたほうがいいことはありますか？」

私は尋ねた。

「ああ、水の摂取量を増やすのがいいだろう。調整が完了したら、三、四日は大量の水を飲むんだ」

「大量って？」

「何リットルもだよ！」

「ほかには？」

「いや、今夜の用はそれだけだ」とボブは言った。「これを受け入れる決断をしてくれて嬉しい。

リスクを冒すには勇気がいる、ということはわかっているよ。私たちはこれで失礼するから、きみは休んでくれ。おやすみ」

その言葉と共に、ボブとナンシー、ダーリーン、コーチはみな、眠りの闇の中へ消えていった。

その後何週間かにわたって、私は時々、軽いめまいと「頭痛に近いもの」を感じた。だるくて、すっきりせず、ほとんど痛みと言っていいようなものを感じるとき、私はそれを「頭痛に近いもの」と呼んでいる。頭痛の前触れのような感じだが、実際には頭痛は起こってこない。これはボブの言っていた調整の結果なんだろうか、とも思ったが、単にごくごく軽い風邪だったのかもしれない。

ボブとナンシーの訪問から三週間後、ボブたちが私に許可を求めた「調整」が、紛れもないはっきりしたかたちでやってきた。

戦没将兵記念日（五月の最終月曜日）の三連休前日の金曜日、午後一時三〇分を少し過ぎたとき、私は職場のパーティションで仕切られたブースに座って仕事をしていた。

その「調整」は、耳に聞こえる、ものすごく大きな音と共に始まった。

その音は、私の頭蓋骨の一番下、皮膚の表面から二センチ半ほど入ったあたりから発していた。私がワフンカと呼んでいるエネルギーを感じる場所にとても近かった。頭蓋骨と脊椎がつながっている場所のすぐそばだったはずだ。

ひとつの周波数からなるその音があまりにもうるさかったので、まわりじゅうの音がかき消されてしまうほどだった。その信じがたいほどの大音響以外は、隣りに座っている人が電話で話している声も、ほかの音も、何も聞こえなかった。それは五秒から七秒ほど続いた。

完全に不意をつかれた私は、椅子に腰掛けたまま、それが静まるのを待つことしかできなかった。やがて、そのレベルは下がり、だんだんおさまってゼロになった。

すると、音に代わって今度は、同じ場所、豆粒の半分くらいの領域に熱さを感じ始めた。それはたちまち、温かいという感覚から熱さへ、非常な熱さへと変わり、さらに焼けつくような熱さになった。白熱したBB弾がそこに置かれたかのようだった。

私はこの経験の間じゅう、完全にはっきりと意識があった。二、三秒のうちに、焼けつくような熱さの感覚はおさまって、耐えられるくらいになった。その熱さには、かすかな痛みが伴っていた。

このプロセスが始まった瞬間から私は、これがボブとナンシーが言っていた調整の一部だということを信じて疑わなかった。この経験について、心の準備をしていなければ、パニックに襲われていただろう。それほど強烈だった。パニックに襲われる代わりに私は、それが耐えられるものだとわかるとすぐに、椅子から立ち上がってドアに向かい、外へ出た。

私はピクニック用のテーブルに座り、落ち着いてタバコをくゆらせつつ、その感覚をよくよく観察しながら待った。

四分か五分のうちに、その熱い部分のサイズはゴルフボール大くらいに広がっていた。開始から一〇分後になると、サイズはテニスボール大になり、熱さは弱まって、たやすく耐えられる程度になった。二本目のタバコをもみ消してから、私はデスクに戻り、レベッカに電話をかけた。レベッカには遠隔で健康状態を透視する能力があるので、彼女の意見を聞きたかったのだ。

「私の感覚では、それは脳卒中とか医学的に危険な状態ではないわね」私が自分の経験していることを説明すると、彼女はそう言った。

「ありがとう、私の感じてるとおりだな。これは三週間前にボブとナンシーが言っていたことなんだと思う」

ボブの提案と、私がそれを受け入れたことを説明すると、レベッカも私の見方に同意してくれた。

「ボブは、水をたくさん飲むようにって、言っていた？」

「実際、そう言っていたよ！」私は答えた。

「私があなたなら、すぐにそれを始めて、何日か続けるわね」というのが彼女のアドバイスだった。

私は彼女の言ったとおりにした。三時間後、仕事から帰宅したときも、熱さの感覚はまだテニスボール大の領域に残っていた。戦没将兵記念日の週末の間はほとんど、同じサイズで、温かいというよりはほんの少し熱い感覚のまま続いていた。ボブたちが、仕事に行かなくていい三連休のときを選んでくれたのはありがたかった。

頭蓋骨の一番下に感じる熱さが和らいで、穏やかな温かみに変わった後、私は胸の真ん中に痛みがあるのに気づいた。これは一週間以上続いた。時には強く、また時には弱く感じられた。これが肉体的なものでないことはわかっていたが、胸の痛みというのは、やはり心配になるものだ。それが始まって五日後に、私はレベッカにまた電話をかけて、セカンドオピニオンを求めた。

「あなたの言うとおりよ、肉体の心臓《ハート》の問題ではないわね。熱い感覚と胸の中心の痛みというプロセス全体が、あなたのハートチャクラを開くためのきっかけなんだわ。それは、合理的な思考とは違った種類の知性なのよ」

レベッカとの会話を終えた後、これが肉体的な問題ではないという私の感覚が確かめられてホッとした。

あの音と熱さが始まった日から、私の人生はそれまでとは一変してしまった。それからの何週間か、何ヶ月かで、私は心《ハート》を開くというのはどういうことなのかを理解し始めた。長年感じることもなくて、そんなものが存在することさえ忘れていたような感覚を経験し始めたのだ。

喜び、悲しみ、歓喜、憂鬱……リストは延々と続いた。私は幼かった頃、耐えきれないほどの感情的な苦痛から身を守るために、精一杯頑張って心を閉ざそうとしたのだ、と気がついた。

その試みは、それ以来四〇年間、うまくいっていた。感情面では、単調で反応の鈍い、安定した孤立状態を守り、どちら側かに大きく逸脱することは、めったになかった。

今や私は、どんどん範囲が広がっていく様々な感覚を経験することを、徐々に自分に許せるようになった。子どもがアイスクリームをいろいろ味見するように、私は生きていく中で、様々な感覚を味わうようになったのだ。

私が楽しめる感覚もあれば、好きではない感覚もあったが、私は自分を開いて、見いだせるかぎりの味わいを受け入れ続けた。

私は、自分自身の新しい領域をだんだん信じられるようになってきた。それを信じられれば、経験するものは何でも感じて大丈夫だった。

おばあちゃんとスカンクの出来事は、信念がどれほど知覚をブロックしてしまうかを教えてくれた。私が同意した「調整」は、ものごとを知っていくための新しい言語を私に教え始めていたのだ。

それは、感覚という言語だった。

レベッカは正しかった。ハートというものは、合理的といえるような知性ではない。論理や理屈で学んでいくものではない。そうではなく、純粋に感覚を通して働く知性なのだ。どうしてわかるのかを説明したり正当化したりするために、理屈や論理を必要とはしない。知識はただ、ハートを通してわかったときにやってくるのだ。

どうも私は、ボブとナンシーがしてくれた調整の効果を説明するのに苦労しているようだ。それは、私がまだそのプロセスから学び続けている最中だからかもしれない。

だが、これを理解するのは大切なことだとわかっている。特に、「ハートを通して知る」というのがどういうことなのか、ほとんど考えもしない、私のような人間にとっては。

ハートを通して知るのには、理屈は必要ない。実のところ、私たちはしばしば、ハートを通して得られる知識を割り引いたり、帳消しにしたりするために、理屈を使ってしまう。

このプロセスが始まってから一年と少しで、私は「ハートで知ること」を信じられるようになってきた。様々なことを感じ続けるうちに、「ハートで知ること」と、それがもたらす向上した知覚が、私の疑いを徐々に解消し続けてくれるのだ。

第16章　死後世界での回復

人が死後の世界へ移っていくときの状況は、その人が「向こう」で経験することに影響を及ぼす場合がある。マーラの祖母の例からも、それがわかったと思う。これから紹介する話——ジョージが死後に経験した「回復」と、なぜその「回復」が必要だったかという話も、そのことを別の面から示してくれるはずだ。

ジョージの話から、死の瞬間の心の状態が、死後の経験にどれほど影響しうるか、ということがわかるだろう。また、死後の世界のヘルパーたちが、この状況にどう対処してくれるかということもわかるだろう。

私がこうして、物質界を超えたところでも人間が存在するということを学び続け、そのことをだんだん信じられるようになってきたのは、モンロー研究所との関わりのおかげだった。

死んでしまった愛する人の状況を確かめることが可能だと知っている人たちは、世界中でも数少ないが、研究所のプログラムの卒業生たちはその数少ない中に含まれる。

研究所は時折、そういった人たちから依頼を受けることがある。その依頼の一部が、私のところへ転送されてくるのだ。

トムの場合もそうだった。

トムはインターネットが使えたので、私は彼の依頼をEメールで受け取った。父親のジョージを見に行ってほしいという依頼だった。

次に紹介するのが、彼のEメールに編集を加えたものだ。

「RE:ライフラインの依頼

ブルースさん、

私はトムと申します。モンロー研のメンバーで、ゲートウェイの卒業生、DECのメンバーです。ライフラインの依頼に関して、シャーリーからあなたを薦められました。

私の父が、昨日、六月一六日（金）に亡くなったのです。父の名はジョージといい、カナダのオンタリオ州オタワに住んでいました。

あなたに依頼したいのは、もし父がまだふさわしいレベルに到達していないのならば、到達できるように手助けしていただくことです。私の依頼にお応えくださるお時間があればと思います。前もって、感謝をお伝えしておきます。

さようなら。
トム」

トムの依頼を受け取った後、私はEメールで返信し、お悔やみを伝えると共に、二週間以内にお父さんを探しに行くと書いた。まだ疑いの最後の部分を振り捨てられずにいた私は、トムの父親について調べるのに、何度か失敗してもいいように、時間的余裕を確保したのだ。

いつだって探した人は見つけられていたのに、「疑い」は私に、「頭の中ででっち上げた嘘っぱちはすべて、いつかは崩れ落ちるときが来るぞ」と言い続けていた。自信がないと、実行を回避しようとするものだ。というわけでこれは、実際に取りかかるのをわずかでも遅らせる方法でもあった。

一週間と半分が過ぎてから、私はこれ以上延期するわけにはいかないと思い、自分のウォーターベッドに横たわって、ジョージを探しに行った。するとたちまち、コーチが現れた。

「きみがもう長いこと使っていない、救出の手法を試してみたいんじゃないかな」

「やあ、コーチ。どういうことだい？」

「シー・アンが教えてくれたことを憶えているかい？」

「ああ。胸の真ん中にある点にフォーカスして、それを通して死後の世界を見る、というようなことを教えてもらったよ。うーん、そうやるのを、ずいぶん長いこと思いつきもしなかったな」

「ボブの調整で、きみが経験している変化からすると、それをまた試してみるにはいいタイミングかもしれないよ」とコーチは提案してきた。

「わかったぞ！　シー・アン・スポットからものを見ることと、ハート・チャクラを開くことは関係あるんだな！」

「そう言ってもいいよ、そのとおりだ」とコーチは答えた。

「じゃあ、やってみるぞ。自分の意識がどこに集中しているかを探って……いつもは頭だけど……それが胸の中心に移動するのを感じる……」

「そう、それがシー・アンがきみに教えたことだ」とコーチが口を挟んだ。「次にやるときには、ただハートに意識を集中して、どうなるか試してみるといいよ」

「OK、コーチ。ありがとう」

「じゃあ、楽しんで」

私が意識を、頭ではなくハートの真ん中を通るように集中させていると、かすかに、ぼんやりとしたブーンというような感覚が、ある場所と別の場所との間を行ったり来たりするのが感じられた。やがてその感覚は、私の胸の真ん中に留まった。

リラックスして、トムの父親を見つけるという意志を固めつつ、次に起こることを待った。

しばらくすると、私は、ある部屋の中に立っているのに気づいた。

視覚的には、いつものザラついた白黒の、立体的なイメージが見えていた。その部屋は、病院のような感じがした。

私の前にはひとりの男性がいて、仰向けにベッドに横たわり、ぐっすり眠っていた。ベッドの右側には、ひとりの女性が椅子に腰掛けており、寝ずの看病をしているようだった。

私がそこに到着した途端、その女性はこちらを向いて私を見た。私の存在をその目で認めたようだった。ひどく痩せた弱々しい感じの女性で、明るい色の髪をしていた。男性を見守り、付き添っている様子からして、母親か、もしかすると祖母か、という感じがした。私の受けた最も強い印象では、ジョージの母親だと思われた。

彼女は、寝ている男性のほうへ目で合図して、私が近づいて彼を起こすようにと伝えてきた。この男性がジョージだと仮定して、私はベッドに近寄り、名前を呼んでみた。

「ジョージ……ジョージ」私ははっきりと呼びかけた。

彼はベッドの中で少し身動きして軽くうめいたが、起きようとはしなかった。

「ジョージ?」私はもう少しはっきりと呼んだ。

よくわからないことをブツブツ言いながら、彼はもう少し身動きした。

「ジョージ、お話があるんですが」

彼は身体を起こし、眠気でぼんやりとした目で私を見つめた。ベッドの脇にいた年配の女性は、彼をじっと見守っていた。それから私には、彼の顔しか見えなくなった。その顔は長い楕円形で、重たそうに見えた。少し太りすぎかもしれなかった。

「あんたは誰だい？」ジョージはあくびをしながら訊いてきた。

「私はブルースです」

「なぜ私を起こしたんだ？」声の調子からして、あまり機嫌がよくはなさそうだった。

「息子さんのトムに、あなたの様子を見てくるように頼まれたんですよ」

「ああ」

ジョージはとても疲れている様子で、喋るのはできるかぎり少なくするつもりらしかった。ただ質問に答えるだけで、自分からはあまり話そうとはしなかった。

彼が眠るのは、彼が死んだ状況と関わりがある、回復過程の一環らしかった。彼はフォーカス23に囚われてはいなかった。彼はベッド脇の女性が、そこにいることを知っていた。ジョージは、死の過程で経験したことから回復するために、休息する時間が必要だっただけなのだ。

彼はまた元どおり横になって、眠りに落ちていった。彼とは短いやり取りしかできなかったが、女性は私がそれ以上質問をするのを遮《さえぎ》った。彼女はその目つきで、彼には本当に休息が必要なので、また話したければまた改めて訪ねてくるように、と私に告げた。

私は、彼がどうしているか見るためにまた来ます、と答えた。女性は、彼は回復しているところなので、充分に休養すればもっと意識がはっきりする、と請け合ってくれた。

私のこれまでの経験から判断すると、ジョージは大丈夫だと思えた。私が見に行った人たちは、時として、周囲にいる手助けしようとしている人たちに気づかずにいることがあった。ジョージはまったく違った。私があそこに立って、年配の女性の目を覗き込んだときにイメージが閃き、ふたりが交流している様子が見えた。

彼が自分で、あるいは女性に促されて目を覚ますときには、彼女の存在がわかるし、その言うこともわかるのだった。時には、彼女の質問に答えることもあり、ただ聞いていて、そのまま眠りに戻っていくこともあった。

彼は周囲のものを認識しているし、コミュニケートすることもできていたので、そこにいて大丈夫だ、とわかった。私がどこかよそへ移動させようとしてみる必要はなかった。

コーチの勧めに従って、ハートを使う方法を取ったことで、特に印象づけられた点は、あの女性とのコミュニケーションだった。彼女は私がそこにいる間じゅう、一言も喋らなかった。ただ私の目を見ただけで、私が受け取ったことすべてを伝えてくれたのだ。彼女は私が思いつくかぎりの質問すべてに答えてくれたが、私たちはお互いに一言も喋ってはいなかった。

私はトムにEメールの返事を送った。

父親の状況についてわかったことを説明し、お父さんは大丈夫ですよ、と保証した。私はまた、何週間かしたらもう一度お父さんを訪ねてみて、わかったことは知らせます、とも書いた。トムはEメールで、こう返事してきた。

「RE: ありがとうございます

ブルースさん、

こんなにすぐにお返事くださって、ありがとうございます。父がどうしているかについて、あなたが教えてくださったことで、ホッとしています。

父が回復の過程にあって、それが長く続いている、ということを聞いても私は驚きません。父が亡くなったときの状態については、今は詳しくはお話ししませんが。私は、お送りくださった情報を記録していますので、あなたが父からもっと情報を受け取ってくだされば、それはいっそう信憑性が増してくるでしょう。あなたにはすでにおわかりのことと思います。その女性が父の母親だというのは、現段階ではまだ確かではありませんが、大いにありうることです。父の意識がもっとはっきりすれば、もっと多くのことが明らかになると思います。

ブルースさん、もう一度お礼を申し上げます。次に訪問してくださるのをお待ちしています。どうぞお元気で。

さようなら。

トム」

それから二ヶ月の間、ジョージの回復の進展具合を見るために、私は訪問を続けた。毎回、コーチが勧めてくれた手法を使った。ただ意識をハートの中心に集中して訪問の意志を表明するのだ。徐々に、ジョージを発見するプロセスが変化してきた。三次元の暗黒を覗き込んで待つのではなく、意思を表明してすぐに、自分が病室にいるのに気づくようになった。

それまで使っていたプロセスを経なくてもいいのだ、という考えを安心して受け入れられるようになるには、しばらくかかった。ジョージの病室にあまりにも早く着いてしまって、ここは正しい場所ではないに違いない、と思ったことも再三あった。そういうときには、いったん引き返して、かつての「三次元の暗黒を覗き込む」手法を使ってやりなおしてみた。それだと時間は長くかかったが、いつも結局は、また同じジョージの病室の場面に戻るのだった。

徐々に、この新しいテクニックに関する疑いは解消していき、私は、ほぼ全面的にこの手法を取るようになった。それでもまだ、あまりにも簡単すぎると感じることがあり、難しいやり方に戻ったりした。私にとって、信頼を増していくというのは、時間のかかるプロセスのようだ。すべてがやはり本当なのだということを、試して確認する必要があるのだ。

最初の訪問から数週間後、私は、ジョージがどうしているかをもう一度見に行った。ジョージはまだ、ほとんどの時間を寝て過ごしており、あの年配の女性はやはりベッドの脇にいた。彼女の目を見ると、私が前に訪問してからの、彼の回復のあらましが見て取れた。彼は、起きて過ごす時間の割合が少し増えていた。

彼と女性のやり取りを見ていると、その女性の役割がわかった。

ジョージは、寝ている間は夢を見ているような状態だったが、その夢はかなり空虚なものだった。寝ている間は、彼の頭の中では、たいしたことは起こっていなかった。彼はただ、何かを待っているようだった。

彼が病室の環境の中に目を覚ますたびに、女性はそこにいて、できるかぎりの方法で彼とコミュニケートした。彼女はジョージの額を濡れタオルでぬぐい、話しかけた。彼が寝ている間にあった出来事について話した。それは主に、家族のことや、医者たちが病状について言ったと思われることなどだった。

彼女はいつもジョージに、だんだんよくなってきていると保証した。ジョージはあまり返事をしなかった。彼はだいたい、彼女の声音《こわね》に意識を集中しており、彼女の言うことをみな聞いていた。彼女が病状の回復について話しているとき、ジョージは彼女の言葉を信じていない、ということが私にはわかった。死にゆく人への親切心から、よくなると言っているだけだ、とジョージは受けとめていたのだ。

彼女と話すことで、女性は、彼が起きている時間に、ある程度の首尾一貫性を作り上げていた。彼が起きるたびに、女性はそこにいた。そして、その数週間の間に、彼は、起きたら彼女がいると予想するようになっていた。

彼は空虚な譫妄《せんもう》状態と、彼女の存在を認識する状態の間で、意識を失ったり取り戻したりしていた。彼女は、ジョージが起きている時間の割合を増やし、起きたら彼女がそこにいると期待するようにするために、働いていたのだ。彼女がジョージとの間に意識的なコミュニケーションの橋をかけようとしていることが、どれほど重要かに気づいて、私は彼女に強い感謝の念を覚えた。

それから二週間ほどして、私はまたジョージがどう進歩しているかを見に行った。

それまで、彼が寝ていることの裏にある意味を充分に理解していなかったため、私は目にした変化に驚いてしまった。あの年配の女性の目を覗き込むと、今度もまたジョージの経過の要点がわかり、それと同時に変化の理由も理解できた。

ジョージの死への過程は、長く苦しい試練だったのだ。

最初に入院したときには、自分を死に至らせようとしている、長期にわたってゆっくり進行する病気を、何とか打ち負かせるだろうという望みを抱いていた。

彼はその望みを長く保ち続けたが、病気が進行していくうちに、自分には勝ち目がないと気づく時がやってきた。そしてついに、彼はすべての望みを捨て、自分が死ぬということを受け入れたのだ。

その時点で、彼は、自分はもう決して回復しないし、病院から退院することもできないし、健康を取り戻すこともできない、という避けがたい考え方に対して、精神的に屈服してしまったのだった。

近づきつつある死をそんなふうに受け入れたせいで、彼は今、死後の世界でこういう状況になっているのだった。自分の病気は死に向かって進行し続けるだろうし、その事実を変えられるものは何もないということを、彼は受け入れてしまった。最後の最後には昏睡に陥ったのではないかと思うが、それで彼は、最終的に肉体を離れたときに、実際に死後の世界に移ったことに気づかなかったのだ。

迫り来る死をそんなふうに受け入れたせいで、彼は、死が実際にやってくるのを待ち続けることになった。もはや肉体的には生きていないにもかかわらず、頭の中では、彼はまだ死に向かって進み続けていたのだ。彼はまだ死ぬのを待ち続けていた。

私は最初の二回の訪問では、まだこういうことをまったく理解してはいなかった。私にわかっていたのは、彼には休息と回復が必要で、だから寝ているのだ、ということだけだった。

年配の女性の目を覗き込んでいると、それから、ジョージがまさに考えを変えた瞬間を見ることができた。ジョージがそこにやってきて以来、女性は、このことの実現のために働いてきたのだった。その瞬間に、彼は自分の存在を組み立て直したのだ。

それまでの、完全に降伏しきったような顔の表情は、彼が〈私はよくなるんだ、回復するんだ！〉と考え始めた途端、希望に満ちた輝くような笑顔に変わった。

彼はまだ自分の死に気づいておらず、完全に肉体的な回復という点から考えていた。彼には、自分が健康と力を取り戻そうとしているのがわかった。自分が退院し、帰宅して、再び人生を始めようとしているのがわかった。その顔に浮かんだ希望に満ちた表情から、彼がこう考えているのが伝わってきた。

〈どうしてそうなったのかはわからないが、意識を失っている間に何かが起こったに違いない。

どうしてそうなったのかなんて、どうでもいい！　賭けに勝ったんだ、この病気に勝ったんだ、そしてよくなるんだ！〉

彼は、病院から退院した後の自分を思い描けるようになり始めていた。そして、もはや迫り来る死を待ってはいなかった。こうして考えが変わったことこそ、彼の真の回復にとって、決定的な出来事だったのだ。

それまでの訪問では、私は気づかなかったのだが、ジョージの眠りは、自分が死ぬまで回復しないという考えを受け入れたせいで引き起こされた無意識状態だったのだ。おかげで彼は、回復してもう一度人生を始めるのだと思えるような未来を失ってしまった。

彼の死についての信念は、完全な無意識の状態になる、というものだった。まわりにあるものを少しでも意識できるということは、自分がまだ死んでいない証拠だった。ということは、彼にしてみれば、もう少し死を待たなくてはならない、ということだったのだ。

彼が考えを変えて、結局自分は生き延びるのだと判断してからは、彼は熱心に回復に努めて健康を取り戻そうとした。

彼が起きているつかの間の時間に、あの女性がコミュニケーションを取っていたのは、何もかも、この考えを彼に吹き込むためだったのだ。彼の考えを変えられるのは、彼本人だけだった。女性は、彼がそうするのを助けるために、そばに付き添って全力を尽くしていた。それが彼女の務めだったのだ。

私は、ジョージの回復状況を教えてくれたことを、言葉にはよらずに、その女性に感謝した。そして、彼女のしている仕事について感謝の気持ちを表した。それに応えて、彼女がにっこり微笑むのを感じつつ、私は部屋から立ち去った。

それから数週間後、私はまたジョージを訪ねた。

あまりにも変化が大きくて、正しい場所に来たのかどうか確信が持てないほどだった。私は引き返してから、古い手法を使ってみたが、結局また同じ場面に戻った。それは病室だったが、今度はジョージは起きて歩いていた。パジャマの上に軽いローブを羽織り、スリッパを履いて、部屋の端から端へと歩いて往復していた。

彼はすっかりよくなったようで、力を回復しているところのようだった。またそこにいるだろうと思っていた女性は、もうその部屋にはいなかった。彼が床の上をゆっくり歩くのを見守っていると、この前の訪問以来、彼がしてきたことの全体像が見えた。

彼がいったん考えを変えて、回復に集中し始めると、ほかの人たちが彼の日課に加わるようになったのだった。

理学療法士や医者や看護師たちが、彼が物質界で期待するようなことに沿うかたちで、リハビリの手助けを開始していた。彼は退院して生活していきたいと強く願っていたので、とても協力的だった。

彼の回復は、彼が可能だと思った以上の速さで進んでいた。それが彼の戸惑いの原因のひとつになっており、そのせいで彼は床の上を歩き回っていたのだ。まわりにあるものも、彼を戸惑わせた。何もかもが、あまりにも完璧なようだった。彼がかつて病院で経験したことには、いつも困難が伴っていたが、ここでは、何ひとつ悪いことは起きないのだ。

彼が交流した人たちはみな、彼の真の状況を示す、ちょっとしたヒントを与えていた。決して差し出がましいことはしなかったし、いつでも、彼が抱いている回復についての概念に合わせていたが、それでも彼が自分の死に自分で気づくようにと誘導していた。彼がもはや肉体的に生きてはおらず、物質界を超えたところで新しい生活を始めるのだ、ということを気づかせるために、あらゆるチャンスを与えていた。

彼は、死に至る原因となった病気の影響から完全に回復したと感じていたが、退院して帰宅するというのが、完全に自分の予想したとおりのことではなさそうだ、と理解し始めていた。それについての疑惑は、現実と一致していた。

彼は、自分が肉体的に死んだのではないか、自分がいるのは死後の世界ではないかと疑っていた。彼が歩きながら考えていたのは、そういうヒントをみな、自分の経験と結びつけて、それが本当かもしれない、ということを受け入れるためのプロセスだったのだ。

私がジョージを見に行ったのは、この時が最後だった。彼が、今住んでいる新しい世界に完全に適応できるように、着々と前進しているのは明らかだった。

私は長いEメールを書いて、トムの父親を訪ねた最後の三度の旅で得た情報をすべて、トムに伝えた。

そして人類としての私たちの存在について、理解を深める機会を与えてくれたことを、彼に感謝した。

死の原因となった病気から回復していく途上にある人に出会ったのは、私にとって初めての体験だった。

ジョージが諦めて死を待ち始めたとき、抱いていた信念の力は、彼の肉体的な死の後まで根強く残ってしまった。彼は、考えを変えるまで、その信念の支配下に閉じこめられることになった。だが、彼はフォーカス23でひとり孤立してはおらず、人が付き添える場所にいた。むしろフォーカス27のような感じだった。彼は年配の女性の存在に気づいていたし、彼女とやり取りすることができた。私は、それまでの救出活動のときにはいつも、そういうコンタクトをすればすぐに変化が起こり、相手の人は死後世界での新しい存在に気づいて適応し始めるはずだと考えていた。

ジョージが確実になった死に臨むときに下したような決断が、どれほどの力を持ち、どういう意味を持っているのかを、私は充分理解していなかったのだ。

父親を見に行って必要なら手助けしてほしいという、トムの単純な願いから、私は、物質界を超えたところでの人間の存在について、さらなる事実を発見することになった。このエピソード全体を貫いている首尾一貫性には納得がいったし、これは、私が信じる気持ちを増して疑いを解消していくプロセスに役立ってくれた。

第17章　おばあちゃん、ボブとナンシーに会う

シャワーを浴びるとき以外、私がどこへでも持ち歩いているポケベルは、仕事の道具だが、私に連絡を取るためにこれを利用しているのは、仕事のクライアントだけではない。

ある晩遅くにそれが鳴りだし、元妻の電話番号がディスプレーに表示されていた。私の母が、悲しみと混乱のあまり、私がもう二年半近く前に出た、昔のアパートの番号に電話してしまったのだ。元妻が、母のメッセージを伝えてくれたというわけだ。

私の祖母、母の母にあたるウイニーが、つい何時間前かに亡くなったということだった。母が間違った番号にかけてくれてよかった。私はフィアンセであるファロンのアパートに行っていたので、自宅で電話に出ることはできなかったからだ。私に連絡を取るには、ポケベルしか手段がなかった。元妻と子どもたちは、どうやって私をつかまえたらいいのか承知していた。いつもポケベルを使っていたのだ。

ウイニーは、一九二〇年代初めにイギリスからアメリカに渡ってきた。そして、九〇歳代になっ

ても、まだ少しイギリス訛りが残っていた。決して誰にも冷たい言葉を口にしたことがない優しい女性で、ふたりの夫に先立たれた。死ぬ当日まで、頭脳明晰で意識のはっきりした、愛に満ちた人だった。

私が二、三分後に連絡してみると、母が取り乱しているのが、その声からわかった。私たちはしばらく話をして、ウイニーとその死についての気持ちを分かち合った。母は詳しい状況を教えてくれた。

ウイニーは、亡くなったとき九六歳だった。あと三ヶ月で、九七歳になるところだった。その前の週までは、彼女の歳にしてはとても健康だった。それが、軽く咳が出て、少し熱があったかと思うと、午後四時から四時半の間に眠りながら亡くなったのだった。

私の知るかぎり、ウイニーが抱いたことのある死の恐怖は、窒息する恐怖だけだった。ウイニーはこの世を去ることを恐れるには、あまりにも多くのことを知りすぎていた。行くことになる死後の世界と関わる経験がいろいろありすぎて、心配になったりすることなどなかったのだ。これまでの人生でずっと、祖母のウイニーは、死者たちと話をしてきた。彼女はもちろん、そんな言い方はしなかった。ただ、「おかしな夢」を見たと言うだけだった。

このアメリカという国では、人が年を取ると、その人たちをひとまとめにしておきたがる。助成金を受けた高齢者用の住居、介護施設や退職者向けの施設などは、お年寄りたちが死ぬ前に集められる場所だ。そういう場所に住んでいると、他のお年寄りと友達になり、そういう友達が先に逝くのを見送ることにもなる。

六〇代で未亡人になったウイニーは、北ミネアポリスにある、政府の助成を受けた素敵な施設に入る資格を得た。たくさんのお年寄りたちがそこに住んでいた。ウイニーの友達は何人も、建物の裏口からカートに乗せられて最後の旅に出て行った。その行き先は、遺体の安置所だった。子どもの頃、私は、ウイニーおばあちゃんの「おかしな夢」についての話をひとつかふたつ聞いたことがある。

私の叔母か母のどちらかが、おばあちゃんを訪ねることになっていたようで、ひとりがもうひとりに話をしているのを、私は横から聞いていた。

中でも、ひとつの話はよく憶えている。廊下の先に住んでいた男性が、一週間ほど前に亡くなったようだった。その男性と、今は未亡人となった妻は、その建物に一緒に住んでいた。

私の叔母がウイニーを訪ねたとき、ウイニーがおかしな夢について話してくれたそうだ。ウイニーは夜、部屋で男の人の声を聞いて目を覚ましたという。目を開けてみると、亡くなった隣人がベッドの足のほうに立っているのがはっきり見えた。その男の人は、ウイニーに頼みごとがあって来たのだった。

彼の遺された妻は、彼が死んで以来、生命保険の証書をなんとか見つけようとしていたのだが、まだ見つけられていなかったのだ。彼はウイニーに、それがどこにあるのか妻に伝えてほしいと頼んできた。

翌日、おばあちゃんは廊下を歩いていって、その未亡人におかしな夢を見たことを話した。その人が探していた書類は、まさにおばあちゃんが伝えたとおりの場所にあったのだった。

おばあちゃんは、それを何とも思わなかった。またおかしな夢を見たと思っただけだ。前にも書いたとおり、ウイニーは死を恐れるにはあまりにもたくさんのことを知りすぎていた。彼女は、そんな些細なことを心配するには、あまりにもいろいろなことを経験しすぎていた。彼女が死に近づいていくなかで、唯一恐れていたのは、窒息することだけだった。

母と私がおばあちゃんの死について話していたとき、母は少なくとも、ウイニーが願いをかなえて寝ているまま亡くなったことには感謝していた。それは母が、ウイニーを失った悲しみを感じつつ、すがることのできる、せめてもの慰めだったのだ。

「永遠にこの世に生きていてほしいと思うものだけど、そうは行かないわね」私たちが話を続けているとき、母がそう言った。「どこかへ行かなくちゃならないんだから」

私たちはもうしばらく話していたが、母は悲しみを表現しているうちに、落ち着いて気分もいくらかよくなったようだった。

私がしている救出のことについて、以前に話したことがあったので、私が「ウイニーを見に行ってみるよ」と言ったとき、それがどういう意味なのか、母にはわかっていた。

話を終えてから、私はひとりになるために、駐車場までちょっと行ってくることにした。

ドアを通って、涼しいデンバーの外気の中に歩み出ながら、私はウイニーを見つけるという意志を固めた。彼女の状態を調べて、必要なら手助けするためだ。

私は一度に二箇所に意識を保っていた。私の一部は非物質界に集中して、ウイニーを探そうとしていた。また別の部分は、停めてある私のジープまで歩いて行けるように、駐車場に集中していた。

私は、車にあるタバコの缶を取ってきて、タバコ入れに補給をする必要があった。ドアを閉めて何歩か外に踏み出すうちに、あのザラついた三次元の暗黒に向かってかすかに加速するのを感じ、次いで、ウイニーが見えてくるのを感じた。

私が近づいていくと、彼女は振り向き、私のほうを見て温かく微笑みかけてきた。彼女はふかふかの椅子に腰掛けており、前には長くて低いテーブルがあった。彼女は、九六歳の声と態度で私に挨拶をした。陽気で、晴れやかで、明るく、意識もはっきりしていた。彼女がまだ、非常に年老いた肉体で生きていたときの影響下にあることが感じ取れた。これは、彼女がすぐに脱することになる習慣にすぎない、ということがすぐにわかった。

「あら、あなたたちは、私のことで心配する必要なんかないわよ」とウイニーが言うのが感じられた。「私はまったく大丈夫よ」

ウイニーは、自分の死について、誰もが、あまり長く嘆かないようにしてほしいと言い、そのメッセージを悲しんでいる全員に伝えてほしいと言った。彼女らしいことだ！　いつも、ほかの人の気持ちを気遣う人だった。

私は、ジープからタバコの缶を取り出してポケットに入れるために、しばし彼女から意識をそらさなくてはならなかった。向きを変えて、駐車場を歩いて引き返し、ファロンのアパートのドアを目指しながら、私はもう一度、ウイニーに意識を集中した。

彼女の存在にふたたびチューニングが合い始めると、今度は、ほかにふたりの人が一緒にいるのが感じられた。彼女が座っていた部屋が見えてきたとき、ボブとナンシー・モンローが一緒にいるのが見て取れた。見たところ、まさに午後のお茶の会といった場面で、三人はお喋りをしていた。イギリス出身のウイニーにふさわしい場面だった。あの国では、お茶を飲むことは文化の一部になっている。

ボブとナンシーは、ウイニーに「孫のブルースの友人」と自己紹介をしていた。彼らは明らかに、もうかなり長いこと喋っていたようだった。三人とも、すぐに私がその部屋にいることに気づいた。

「おまえには、ここに住んでいる素敵なお友達がいるんだね」ウイニーがそう言うのが感じられた。「私たちは一緒に楽しくやっているわよ」

ボブは少しの間、私と一緒に脇のほうへ行って、ウイニーについてはすべてがうまくいっていると教えてくれた。

「何も心配することはないよ」と彼は言った。「おばあさんは素晴らしく元気で、まったく大丈夫だ」

私自身の見たところからしても、まったくそのとおりだと思った。

ウイニーは完全に意識がはっきりして、周囲にあるものがちゃんとわかっていた。自分がもはや肉体を持って生きてはいないことを知っていたし、まわりにいる人たちと接触できていた。私の助けが必要なことなど何もなかった。まだこの世にいて、彼女を喪って悲しんでいる人たちにメッセージを伝える、ということを除いては。

私は、夜に歩きに出た目的をすっかり達成して、ファロンのアパートに戻った。そして、私が席を外したときにやっていた、ケーブルテレビの映画の続きを一緒に見た。私が見逃した三分か四分の間のストーリーは、ファロンが教えてくれた。

一時間ほどして、私はまた、ウイニーがどうしているか見るために、もう一度訪ねてみることにした。

私がウイニーのほうへ向かうことに意識を集中していると、コーチが私を脇に引っ張ろうとするのを感じた。これは何か話したいことがあるのだと思い、私はコーチのシグナルのほうへ向きを変え、その方向に進んだ。やがてコーチが見えてきた。

「やあ、コーチ！　ちょっと祖母に会いに行くところなんだ。祖母が今日亡くなってね、どうしているか見るために、ちょっと訪ねようと思ったんだよ」

コーチは私とつきあっていて、時々、クスクス笑い出したくなることがあるに違いない。コーチは非物質界に住んでおり、私の考えることや行動を何もかも知ることができる。なのに私ときたら、彼に会うと、まるで彼が知らないことででもあるかのように、祖母に会いに行くところだなどと、わざわざ説明してしまうのだ！　物質界で孤立して生きていると、私たちのように意識が制限されていない者たちもいるのだということを、簡単に忘れてしまう。少なくとも彼は、私の接し方について、笑い出したりしないだけの思いやりを持っていてくれるようだ。

「ああ、知っているよ」とコーチは応えた。「きみは、おばあちゃんを私に紹介したいんじゃないかな？」

というわけで、コーチはそれから、おばあちゃんに会いに行く私についてきた。ウイニーとボブとナンシーが座っていた部屋に近づくと、私たちは部屋に入っていくドアの外に実体化した。ドアの外側で彼らの声を聞きながら、私は軽くノックをしてドアを開いた。それからコーチと私は部屋に入った。

「あらまあ、こんなにすぐに、また来てくれるなんて！」とウイニーは言った。「それで、一緒にいるのはどなた？」

私はおばあちゃんをコーチに紹介した。そしてコーチは腰を降ろし、午後のお茶の会に仲間入りした。

「まあ、おまえってば、ここに素敵なお友達が大勢いるんだね、ブルース」とウイニーは、私のほうを向いてにっこりと微笑みながら言った。「まったく、私たちはここで本当に楽しくやっているよ！　絶対に、あっちのみんなに伝えてちょうだい。私のことは何も心配いらないってね」

私はそこにいる全員に感謝してから、アパートにいる自分の肉体的な意識に戻った。もう夜は更けていて、そろそろ寝なくてはならない時間だった。

翌朝、私はまたウイニーに会いに行くことにした。起きてすぐに、私は前に彼女を見つけた場所に戻ってみた。彼女がそこにいなかったので、私はショックを受けた。問いかけてみると、私には見えない誰かが、彼女は不在だと教えてくれた。

「不在って、どこへ行ったんです?」と私は訊いた。

これが誰だったのかはさておき、言っていることが私にはよくわからなかった。わかったのは、心配するな、ということだけだった。

ウイニーは、今は不在だという。彼女のことが心配になった私は、意識を目一杯開いて球の形にし、ウイニーの兆候を求めてあらゆる方向を探りまわった。何も見つからない。どの方向にも彼女は感じられなかった。私はまた、少し意識を閉ざして、彼女が不在だと教えてくれた存在に集中してみた。

「そう、彼女は今はいないけれど、心配はいらないよ。すべてはOKだ」彼がそう言うのが、今度はもっとはっきり聞こえてきた。

「私にはショックなんですよ。誰かを見つけた後で、その人がいなくなるなんていうことは、これまでで初めてですからね。もしかして、祖母がどこかに迷い出てしまって、ひとりきりでいるんじゃないかと心配なんです」

「いや、彼女は大丈夫。ただ、今は会えないだけだ。じきに戻ってくるよ。後でまた探してごらん」という返事が返ってきた。

実際、二、三時間して彼女を訪ねていってみると、彼女はまた戻ってきていた。愉快そうな様子で、私に会えて嬉しそうだった。

少しおしゃべりしてから、私の帰る時間になった。

その日、私は、後で母親に電話をして、ウイニーのメッセージを伝えた。私のやっている死後世界の探索は別におかしなことではないと、私の両親が受け入れてくれているのはありがたい。両親は、息子が「死者とコミュニケートする」のは、さほど変わったことではないと考えている。家族に受け入れてもらえるというのは、嬉しいものだ。

その後数日間、私はさらに何度かウイニーに会いに行った。いつ会いに行っても、もう不在ということはなかった。彼女は私に会うと、ただただ嬉しそうで、自分のしていることを少し話してくれた。彼女が死んだときの年老いた身体の姿や感覚に、いつまでも固執してはいないだろうという、私の考えは正しかった。彼女の動作やふるまいは、私が子ども時代に見た彼女の様子を彷彿とさせるものになってきた。間隔をおいて訪問を繰り返すうちに、彼女が毎回だんだん若くなってくるのに、私は気づき始めた。

私は好奇心から、ウイニーがいなくなっていたときどこへ行っていたのか、尋ねてみた。

私に示された答えによれば、ウイニーは、私が立ち入るべきではない何かをしていて、手一杯だったということだ。私が邪魔をしないように、彼女のいる場所は私の探索から隠されていたようだ。それが正確にはどういう意味だったのかは明かされなかった。私が自分で探索するときに、さらに解明していくべきことが残った。彼女が何をしていたのか知ることは、それほど重要とは思われなかったので、深く追及はしなかった。

祖母の死のおかげではっきりしたことがある。発見の旅を開始して以来、私の態度や信念が、どれほど大きく変わったか、ということだ。私はもともと、子ども時代に信じるように教えられた宗教による信念しか持っていなかった。そういう信念に従えば、祖母がふさわしい場所に行ったことをただ望むことしかできなかっただろう。そして、それがどういうことなのか、おぼろげな考えしか抱けなかったはずだ。

彼女が死んだ後、どうやって探し出したらいいか、必要ならどう手助けしたらいいかを学んだことで、私は無知のまま取り残されることはなくなった。経験を積むうちに信頼が増してきたため、私は彼女の死を単に居場所が変わっただけ、と受け取ることができた。彼女がただイギリスに戻った、というのとたいして違わない変化だ。

また彼女と頻繁に会えるようになるまでには、長い時間がかかるだろう。死後の世界もイギリスも、遠く離れているからだ。しかしそれでも、時々は訪ねていける。彼女は永遠にどこかにいなくなってしまったわけではないのだ。

実際、何年かして私の母親が亡くなったとき、ウイニーは向こうで待っていて、母が新世界での生活に移行するのを手助けしてくれた。私がウイニーの死に際してどうふるまったかということは、私には、自分の疑いが減少し続けていた証拠のように思える。

私がまだ子どもだったときに、ウイニーは、私の母に「おかしな夢」の話をすることで、信じるという扉を開けておいてくれた。あの、隣人と保険証書の話のおかげもあって、私は死後世界を探索できているのだ。あの話は、そんな世界があるという可能性を信じる原点のひとつになった。ウイニーの話は、あのドアを開けておくのを手助けしてくれたのだ――私がいつか、そのドアを通って探検を始められるように。ありがとう、おばあちゃん。

もうひとつ、この経験が特にはっきり教えてくれたことがある。それは、死に対するウイニーの態度がどういう効果をもたらしたか、ということだ。

彼女は「おかしな夢」の経験から、死後世界の存在を知っていた。彼女にとっては、一週間前に死んだ隣人の訪問を受けるというのは、ごく普通のことであり、受け入れられる現実の一部だったのだ。

死んだ後どうなるのか、どこに行くのか、などということに関しては、彼女はまったく恐れを抱いてはいなかった。彼女に関するかぎり、死というのは、人間存在のたどる自然なプロセスに過ぎなかったのだ。

ウイニーは、「この世」に生きている間に「あの世」についての知識を手に入れていた。おかげで、あの世に行ったときに、素晴らしい違いが出てきたのだ。

18章〜31章

****

ひとりで、ハリケーンに襲われて

教師というものは、必ずしも血肉を備えた人間ばかりとはかぎらない。そもそも人間ではないかもしれないのだ。生徒が、教師から独り立ちする準備ができたとき、試練の時が始まる。外海を航海し、船乗りとして熟練していくにつれて、間違った安全の感覚を抱いてしまうことがある。たくさんのことを学ぶうちに、次第に、何があっても対処できると感じ始めてしまうのだ。私の次の航海も、最初は何事もなくすみそうだった。何人かの人たちが、家から幽霊を追い出す手助けを求めるようになってきた。たいしたことはない。ちゃんとやれる。すると突然、私は死後世界のハリケーンのまっただ中に投げ込まれていた。猛烈な風と巨大な波が、あらゆる方向から襲いかかってきた。このような試練にあっては、逃げ出すことはできない。何とか持ちこたえて、航行を続けるしかないのだ。

第18章　ゴーストバスター

一九九五年七月のこと。コロラド州ボルダーの「ネクサス」というニューエイジ関係の新聞に、レベッカとふたりで出した広告に対して、初めての反応があった。その広告は、一九九四年の一月から三月にかけて掲載されたもので、私たちがひょんなことで思いついた、幽霊退治についての宣伝だった。

私たちは朝食の席で、コーヒーを飲みながら、死後世界の探索で開発したスキルを使って収入を得る方法を思いつこうとしていた。

それは典型的なコロラドの晴れた一月の朝で、私たちは突拍子もないアイデアを出しては大笑いしていた。ふたりともよさそうだと思ったアイデアは、自分たちを「本物のゴーストバスターズ」として宣伝する、というものだった。

私たちは想像をたくましくした。高級ホテルやリゾートから、お客が幽霊のいたずらで震え上がっているといって、半狂乱の電話がかかってくるかもしれない。私たちがハリウッド映画のような奇妙な武器ではなくて、自分の枕と毛布を持って現れたら、ホテルの支配人はさぞかし戸惑うだろう。想像しただけで面白い。私たちは、最後に幽霊が目撃された床に横たわって、さっさと問題を解決するのだ。ゴーストバスターズは一躍スターに！　人気司会者のオプラ・ウィンフリーが、テレビの全国放送で、私たちと満足した顧客たちを番組に取り上げるかもしれない。ステージ上に座っている顧客たちは、私たちの腕前を激賞するのだ。

私たちはありとあらゆる筋書きを、次々と妄想し続けた。それはどんどんエスカレートして、面白おかしく途方もない話になっていった。あまりにもおかしくて、しまいには、ふたりとも涙を流すほど笑いころげてしまった。

だが、あるところで私たちは笑いをやめて、こう言った。「やってみたら？」それで私たちは宣伝文句を考え、ネクサスにその広告を載せたのだった。それはこういうものだ。

＊

「幽霊でお困りですか？

幽霊というのは、もう肉体を持っていないのに、まだ物質界に強くフォーカスしてしまっている人たちです。最近亡くなったばかりで、おかれた状況がよくわからなかったり、死んだことに気づいていなかったりする人が、なじみのある人や関わりのある人のそばに留まっている場合もあります。また、遠い昔になじみのある環境に引き寄せられた幽霊が、いわゆる幽霊屋敷と呼ばれるような場所に居ついていることもあります。関係者全員にとって、たいてい最高の解決法となるのは、幽霊に、多くのよりよい選択肢がある場所に移動してもらうことです。私たちは、幽霊とのコンタクトとコミュニケーションに熟練しています。そして、非物質界にいて接触しようとしている家族や友人、ガイドや他のヘルパーたちとのコミュニケーションを、その幽霊が確立しなおせるように手助けします。お問い合わせやご利用のお申し込みは、以下のポケベル番号にお電話ください——」

*

この広告が掲載されている間に、私たちが受け取った反応といえば、ほかの新聞からの広告を掲載しないかという売り込みだけだった。

一九九四年の三月には、私たちは、コロラド州ボルダーという土地はまだ、「本物のゴーストバスターズ」を受け入れる準備ができていないのだ、と結論づけた。その広告が新聞に載ったのは、それが最後だった。そのアイデアをもてあそぶのは楽しかった。想像が続いている間は面白かった。

それから一年以上たったとき、私は、ポケベルに電話してきたコロラドスプリングスに住む女性に連絡を取ることになった。その女性は、ネクサスの広告のおかげで私を知ったのだった。

彼女は、デンバーにある何軒かの精神世界関連の本屋に電話をかけて、力になってくれる人を探していた。後でわかったのだが、私が行きつけにしているデンバーのニックナックヌックという本屋が、例の広告を切り抜いて、将来参照するために取っておいてくれたのだ。彼女がその本屋に電話をしたとき、オーナーのキャンディが、広告に載っていたポケベルの番号を伝えてくれたのだった。

その女性と家族は、最近コロラドスプリングスに家を買ったが、まもなく全員が幽霊を見るようになった。時折その幽霊をかいま見るうちに、家族は、幽霊が誰なのか確かめるというアイデアに夢中になった。その幽霊の身元を確認するために、家の過去の持ち主や住人についての記録を調べて、自分たちの見ているものが本当なのだと実証しようとしていた。私は、女性の名前と家の住所を頼りにして、非物質的に調査に出かけた。

私は、最初の二度の旅で、簡単にその幽霊を見つけることができた。ただのひどく混乱した老人のようだった。その身元を調べたいという家族の願いを尊重して、私は最初の二度の旅の間は、彼をそのまま家に残しておいた。そのたびに名前を特定しようとしたが、彼が教えてくれるとは思えず、実際教えてはもらえなかった。

最後の旅でわかったのは、彼は大酒飲みの年寄りで、何年も前にその家で死んだということだった。彼は酔って混迷状態にあり、自分がどれほど卑劣で暴力的で好戦的になれるかということを見せつけていた。その家には肉体を持って生きている子どもたちがいて、その幽霊に脅かされるかもしれなかったので、もう幽霊には出て行ってもらうほうがいい、と私は判断した。

私はいささか無遠慮にその男をつかまえると、フォーカス27のレセプションセンターに引っ張っていった。彼はそこで、手助けしてくれる人たちとコンタクトすることができ、もはや子どもたちを悩ませることはなさそうだった。

二日後に、その女性は電話をかけてきて、幽霊はいなくなったようだと言った。もう二日間、誰も幽霊の存在を感じていないし、見てもいない。いったい何が起こったのか、知っているなら教えてほしい、ということだった。彼女は、幽霊の存在を実証できなかったことで、少々がっかりしたようだ。しかし、その幽霊のせいで子どもたちが動揺しているのなら、私が彼を厄介払いしたのは問題ないと認めてくれた。これが、私の「本物のゴーストバスター」としての最初の冒険の結末だった。

十一月に次の電話がかかってきたときには、私はすでにニックナックヌックのキャンディと話をして、彼女が取っておいてくれた新聞広告に載っているのは、私のポケベル番号だと伝えていた。彼女に私の自宅の番号も教えて、本当に必要としていると思う人には、それを伝えてほしいと言っておいた。

次にかかってきた電話は面白い一件だったが、実際には幽霊の問題ではなかった。

電話をしてきた男性は、クローゼットの中でしょっちゅう物音がしているので、幽霊だと思ったのだ。私が調査に行ってみると、クローゼットに住みついているのは幽霊ではなかった。幽霊ではなく、彼自身のある側面がクローゼットから出たがっていたのだ。彼は自分の一部を切り捨てて、自分自身からさえも隠したままにしていた。そういう自分の一部が、クローゼットの中で、彼の注意を引こうとして音を立てていたのだ。

この種のことに出会ったのは、私も初めてだった。

私がクローゼットで発見したことに関する報告を聞いて、彼はいささか信じがたいと思ったようだ。彼を責めることはできない。私自身、確信が持てなかったのだから。

私が彼のクローゼットの中に幽霊を探しに行ったとき、彼のその側面が自己紹介をしてきて、状況を説明してくれたのだった。

一週間後にその男性がまた電話をかけてきて、すべてがどういう意味だったのかわかった、と言ったとき、私は心底驚いてしまった。彼が静かに過ごしていたときに、もう長いこと否定していた自分自身の一部がコンタクトしてきたというのだ。

私が最後に聞いたのは、彼が自分の一部をもう一度人生に取り戻して、再統合しようとしているところだ、ということだった。

そして、十一月一三日、午後三時五五分。エンジニアとしての一日の仕事を終えて、帰宅の準備をしていたとき、ポケベルが鳴りだした。

ディスプレーには、知らない番号が表示されていた。

そこにかけてみると、出てきた女性が、あのゴーストバスターの広告に応答してきた三人目の人物だったのだ。今度は、とても複雑な一件となった。

「生徒の準備ができたときに教師が現れる」とはよく言われることだ。この教師は抜き打ちテストを持ってきた。それは、私が自分の非物質的な能力をどこまで信じられるのかを、徹底的に試すテストだった。

　この女性は半狂乱の声で私の注意を引きつけ、テストの開始を告げた。

「ああよかった、電話をくれて！　私は、気が狂いかけているのかどうかわからないけど、誰かと話さなくちゃいられないの！」

　それから二〇分の間、私はその女性の話に耳を傾けた。彼女をここではヘレイナと呼ぶことにする。

　彼女は、私というまったく見ず知らずの人間に、電話で話をまくしたてながら、その声に混じる不安や恐怖をやっとのことで抑えていた。

　かなり支離滅裂で、こちらが話についていけなくなることもあった。彼女はすべてをいっぺんにぶちまけようとしており、時間も場所もあちこち飛んだり戻ったりしたので、私は全体を把握するのに苦労した。時には、わざわざ彼女に待ったをかけて、質問をしなくてはならないこともあった。ただ彼女を落ち着かせて、出来事の前後関係を理解するためだ。

　彼女としては精一杯、筋道を立てて、物事が起こったとおりの順番で話そうと努めていた。彼女の声の張りつめた感じからして、それがそう簡単ではないことが伝わってきた。彼女は、興奮と恐怖と懸念と苛立ちを全部いっぺんに感じており、時や場所や出来事を話しながら、かろうじて思考力を保っているという状態だった。

中でも特に顕著だったのは、彼女の感じている最大の恐怖だった。彼女は、自分が正気を失いつつあるのではないか、いや、それどころか、すでに狂気の領域に深く踏み込んでしまっているのではないかと恐れていたのだ。

ヘレイナがその話をしてからもうだいぶ時間がたっているので、私は今なら、出来事を時系列に沿って理解できるようにまとめることができる。

ヘレイナが私に電話をかけてきた日の朝のこと。彼女は、自宅の寝室で、ベッドの足を向けるほうの壁にかけてある写真の前を通り過ぎた。

すると、何か白くて薄っぺらいものが、彼女と絵の間の空間をふわりと通り抜けた。それが何なのかはわからなかったが、彼女は恐怖に震え上がった。

連続して起きていた奇怪な出来事のなかで、これがだめ押しとなり、彼女は助けを求めることにしたのだ。すでにいろいろなことが起きていたので、彼女は常にビクビクして神経質になっていた。四六時中うろたえてばかりいた。

その二日前にも、ニックナックヌックに電話をかけて、応対した男性に自分の抱えている問題を相談しようとした。彼女はそのときも怖くて、電話帳を開き、助けを求めようとしたのだった。

彼女が電話をした先は、ニックナックヌックが最初で最後だった。電話帳の広告に「親切な、精神世界関連の書店」と書いてあったのが気に入ったのだ。それが、彼女の注意を引いたのだった。

応対した男性は、サイキックとのセッションの予約を薦めたが、それが可能なのは、一番早くても一週間近く先だった。彼女は予約をしたが、その朝に起こったことで、もうそれ以上待てなくなった。今すぐどうにかしなくちゃ！　彼女は私に電話をする直前に、本屋にもう一度電話をしたのだった。

応対した女性はキャンディの妹だったが、ヘレイナの話を聞いて、助けになってくれそうな人の自宅の電話番号を知っている、と言ったのだ。

「あなたのポケベル番号は、お宅の留守電の応答メッセージで知ったのよ」と彼女は言った。「留守電にメッセージを残す気にはなれなかった。あんまり音もよくないし、それに頭のおかしい奴だと思われるんじゃないかと思って。直接話せるように、ポケベルに電話しなきゃと思ったの」

ヘレイナのアパートで、いろいろなことが起こっていた。恐ろしいことだった。彼女は怯えて動揺しきった声で、途切れ途切れになりながら、その話をしてくれた。

毎朝六時きっかりにラジオが自然につく。アラームを仕掛けていても、いなくてもだ。テレビがいつも、勝手についたり消えたりする。アパートの窓のブラインドは、彼女が下ろそうとする直前に自然に下りてしまう。そして、お椀！　彼女は自分で買った四個セットのお椀を持っていて、そのうち一個を弟に貸した。弟はそれを学校に持っていって、なくしてしまった。もう何週間も前のことだった。ある朝、彼女の持っているお椀はみな汚くて、食洗機の中に入っていたが、朝食のシリアルを入れるためにお椀が必要だった。彼女は食器戸棚の中を探して、使えるものを見つけようとしていた。彼女が振り返ってみると、なくなったはずのお椀が空中から忽然《こつぜん》と現れて、カウンターの上に載っていたのだ。

「弟が返してくれてないことは確かなのよ！　弟に聞いてみたけど、なくしてしまってどこにあるかわからないと言っていた。弟は私に嘘なんかつかないわ！」

彼女は叫び、その声にはまた張りつめた響きがあった。

「私のアパートには幽霊もいるの。そいつは、私が離婚して、夫のところを出た直後に住んだ家から、私についてきたのよ。この幽霊がしていることときたら、もう怖いどころじゃないわ。完全に気が狂っちゃうんじゃないかと思うほどよ！　私の話って、狂ってるように聞こえる？　少しでも、わかるところがある？」

「ヘレイナ、きみが話していることは、わかるよ。いや、きみが狂ってるとは思わない。説明のつかない現象がまわりで起きているせいで、すっかり怯えきっているように聞こえる」

「嘘じゃないわね？　本当に狂ってるとは思わないのね？」

「本当のことを言っているよ、ヘレイナ。きみがこれまで話してくれたことは、私の経験や理解の範囲内だ。どうぞ続けて」

「わかったわ」と彼女は言った。いくらか安堵したような声だった。

「それが始まったのは、私の友人の家だったの。私は離婚してすぐに、そこに引っ越したのよ。ある晩、私は寂しくて、その辺に幽霊でもいて話し相手になってくれたら楽しいだろうな、と考えたの。誰か大昔の幽霊がね。私は、誰かひとり来てくれるように頼んだの。
二、三日後の夜、私はベッドに入っていた。目が覚めたんだけど、身動きできなかった。完全に金縛りになっていたのよ。ドアのほうを見ると、顔があった。ものすごく大きな顔で、ドアの前に浮かんでいたの。
ちょっと怖かったけれど、嬉しくもあった。私はいつだって、幽霊に興味を持っていたから。幽霊に会いたいと頼んだら、本当にやってきたのよ。でも、彼を何度も目にするうちに、どんどん怖くなってきたの。

その幽霊が来てから間もなく、私の猫がとても神経質になって、全身を舐めて、毛がほとんどなくなってしまった。四六時中、身体を舐めていたのよ。獣医に連れていったら、常に何かの不安に晒されているようだ、と言われたわ。毛がはげるほど舐めるのをやめさせるように、落ち着かせる薬をやらなくちゃならなかった。猫も幽霊が見えるの?」

「ああ、見えるよ。それにたぶん、きみには見えないときでも、猫には見えるだろう」

「そう、それで、この幽霊は友達の古い家で死んだ人なのかもしれないと思ったから、その家を出ることにしたの。私は何もかも手放したわ。家具もお皿も、私のウエディングドレスも、何もかもね。結婚指輪は百ドルで女友達に売った。自分のアパートに引っ越したとき、持っていったのは着るものだけだった。それ以外は、お金の許す範囲で全部新しく買ったの。

でも、うまくいかなかった。幽霊はここへついてきちゃったんだと思うの。

うちのクローゼットに住んでいるのよ。アパートは気温が三五度にもなることがあるんだけど、クローゼットのドアは開いているのに、中は凍りつきそうに寒いの。

あいつが時々、バスルームの鏡の中に見えることがある。たぶん三〇歳くらいの、とてもハンサムな男よ。そして女の人もいるの。若くてとてもきれいな人。あいつはその女の人に、何かとてもひどいことをしたんだと思う。

ふたりが川のそばにいるのが見えて、あいつはボートのオールを運んでいる。あいつは、女の人にナイフで何かひどいことをしたんだと思う。もしかすると、殺したのかも」

ヘレイナの声は恐怖で震え始めていた。ほとんど半泣きだった。

「あいつは女の人にしたことを、いつも私に見せようとしているんだけど、私は見たくない。あいつが女の人にしたことを見せる前に、いつも鏡を見るのをやめるの」

彼女の声はヒステリックになってきた。「時々、あいつがクローゼットの中にいるのが見えて、あいつが私のタンスから何かを引っ張り出してるのが感じられるのよ」

私は、しばし彼女の話を遮った。「ヘレイナ?」

「なに?」

「何度か深呼吸して、リラックスするんだ。ちょっと落ち着いて」

電話の向こうで彼女が深く息を吸うのが聞こえ、それから、少し落ち着いた声で彼女はこう続けた。

「あいつを追い出すのを誰かに手伝ってもらわないと！　あとどれだけ我慢できるかわからないわ。叫びながらこのアパートから駆け出して、もう戻ってこないかも。あいつと一緒に、これ以上ここに住んではいられないわ。気が狂いそう。もう一晩だって、あいつと一緒にこのアパートにはいられない。夜に叫びながら外に駆け出して、みんなに気が狂ってると思われるんじゃないかって、怖くてたまらないのよ。私、気が狂ってると思う？　私が何もかもでっち上げてると思う？」それから彼女は、はっきりした声で、ほとんど叫ぶようにこう言った。「本当のことを言って！」

「ヘレイナ、似たような話をほかの人からも聞いたことがあるよ」と私は保証した。「きみの話は、気が狂ってるようには聞こえない。実際に経験したことを話しているんだと信じるよ。どうぞ続けて」

「あいつが、女の人にしてきたことを私にもするんじゃないかと思うと怖いの。ラジオやテレビや窓のブラインドをあんなふうにできるのよ。私にも何かひどいことをするに決まってるわ」

「彼は、物理的にきみを傷つけることはできないよ。怖がらせるために、自分の存在を示せるだけだ」と私は応えた。「もっと聞かせてほしいな」

「私の人生に、何か本当にすごいことが起こりそうという気がするのよ！　もう、かなりの間、そう感じているの。何が起こるのかはわからないけれど、本当にすごいことだってことは確かにわかる。それに対する心構えが必要なのはわかってるのに、どう準備したらいいのかよくわからない。昨夜見た夢は、そのことと関係ある感じがするの。何が起ころうとしてるにせよ、本当にすごいことよ」

「その夢について話してもらえるかい？」

第19章　ヘレイナの夢

「ゆうべ、寝る前に、おばあちゃんを訪ねてみたらすごく素敵かも、と考えていたのよ。もう亡くなっていて、生きているときは会ったことのない人なの。家族の話では、頭のおかしい人だったそうなんだけど、そのおばあちゃんにコンタクトしようとしてみるのは、すごくいい考えだと思ったの。

夢が始まったとき、私は街角で夫の隣りに立っていた。そこは街灯の下で、ほかにも男と女がひとりずついたわ。その連中はみんなして、私に本当に嫌な、悪いことを言って、私を怖がらせようとしていたの。

私はどんどん怖くなって、嫌な気持ちになってきて、それ以上そこで話を聞いていてもしょうがない、と思ったの。ついに、それ以上我慢できなくなって、その連中のところから逃げ出し、走って通りを横切って、私の小さなピックアップトラックのところへ行ったわ。本当にはトラックなんて持っていないんだけど、夢の中では持っていたの。

急いでトラックを発進させて、その狭くて古くさい道を猛スピードで走り続けた。あの連中が私に、すごくひどいことをしてこないうちに、連中から逃げなくちゃならなかったのよ。

私は、一軒の古い家の前で止まった。夢の中ではそこが住んでいる家だとわかっていたわ。中に入って、階段を上がって自分の部屋へ行こうとしたの。階段のてっぺんで、私の後ろにいた年寄りの女の人が、何か言うのが聞こえたのよ。そのおばあさんは階段の一番下にいて、私のほうに上ってきていた。その人も、本当に嫌な、悪いことを私に言っていたの。その人が近づいてきたとき、手に持っていた何かよくないものを私にくれようとしたの。私は怖くてたまらなかったわ！」

ヘレイナの声は甲高くなり、恐怖と不安が高まっているのがわかった。その声は震え始めていた。

「ヘレイナ、もう一度、お願いがあるんだが」と私は話を遮った。

「なに？」と彼女は尋ね、声に混じっていた恐怖が少し薄らいだ。

「もう一、二回深呼吸して、ちょっとリラックスしてもらえるかい？」

また彼女が深く息を吸うのが聞こえてきた。彼女が話を続けたとき、声から張りつめた感じが消えているのがわかった。

「それでね、私はそのおばあさんを、階段の下に突き落として殺そうとしたの。でも、おばあさんはすぐ起き上がって私に向かってきた。私は何度も何度も突き落としたわ。私は本当に悪い奴なの。そのおばあさんを止めるために、階段から突き落として殺そうとしながら、私は実のところ、楽しんでいたのよ。

それから突然、私はベッドに仰向けに寝ていたんだけど、金縛りで筋肉ひとつ動かせなかったの。一言も喋れないし、叫ぶこともできなかった。何かが私を押さえつけていて、私にはそれを振り切る力がなかった。まるで全身が麻痺したみたいになっていて、目の前にはドアが見えたわ。ベッドの足が向いてるほうにね。

ドアの向こうには、ものすごく明るい光があった。その光を実際に見ることはできなくて、隙間やドアの下から差し込んできているだけだった。その光が私を罰しようとしているんじゃないか、私は殺されて、永遠にどこかへ連れて行かれてしまうんじゃないか、と思ったの。私が悪い奴で、あのおばあさんにひどいことをしたからよ。

私は喋れなかった。あまりにも怖くて、ほとんどものを考えられなかった。子どものときには、お祈りの仕方なんて教わったことがなかったんだけど、私は神さまに向かって心の中で叫んだわ。どうぞここへ来て、ドアの向こうの恐ろしい光から私を救ってくださいって。

もしあのドアが開けば、私はおしまいだってわかっていた。もう誰も、私を見ないし、声を聞くこともないだろうって。私は死んじゃって、もうだめだって」

彼女の声からは恐怖が発散しており、対空砲火が爆発するように四方八方に飛び散っていた。まだヒステリックではなかったが、完全に怯えきった声だった。

「私の夢は、人生に起ころうとしている、何かものすごいことと関係があるんだと思う。ともかく、私は動こうとしてもがき続け、お救いくださいって、頭の中で神さまにお祈りを叫び続けたわ」

「きみは子どものとき、どんな宗教の教育を受けたんだい?」と私は訊いた。

「何もなし。私の家族はどこの教会にも全然行かなかったわ」

「これまでの人生で、何かメタフィジカルな訓練を受けたことは?」

「ないと思う。その『メタフィジカル』っていう言葉は、正確にはどういう意味なの?」と彼女は尋ねた。

「『超自然的』といわれるような事柄について、勉強することだよ」と私は説明した。

「うーん、私は怖いホラー映画が大好きで、あと、二日前に友達が『鷲と薔薇(The Eagle and the Rose)』って本をくれたわ。もう全部読んじゃったんだけど、かなりうなずけるところがあったわね」

「その夢のことをもっと話してほしいな、もしよければ」

「これ以上、あまり話すことはないの。私はついに、肉体の目を開けることができたのよ。自由になって、あの恐ろしい光から逃れることができた。あの光がもしドアのこっちにやってくれば、私はもうおしまいだってわかっていたわ。ねえ、今晩このアパートで寝るのは怖すぎる。何か力になってもらえるかしら?」

私は、自分がまだ職場にいて、帰宅の準備をしていたときに電話したことを説明した。口には出さなかったが、私の雇い主は根本主義のクリスチャンで、その社長室の開けっ放しのドアのすぐ外に、私のブースはあったのだ。しかし、その事実を思い出すと、自分のデスクでこの会話を続けるのが居心地悪く、不安になってきた。

「もしよければ、家に着いたらすぐ電話をかけ直すから、もうちょっと話をしよう。渋滞がひどくなければ、三〇分か四〇分で着く。それで大丈夫かな?」

「ごめんなさい、お仕事中だって気がつかなくて」

「いや、全然かまわないよ」

「私はこのまま家にいるわ。今かけたのと同じ番号よ。あなたが電話をくれるまで、電話のすぐそばで待っているわ」と彼女は言った。

「力になれることがあれば、喜んで何でもするよ。家に着いたらすぐ電話する」

電話を切ると、コンピュータのワークステーションをオフにして、書類を何枚か片づけた。それから建物を出てジープに乗り、車で三〇分ほどかかる自宅を目指して、フリーウェイの入り口に向かった。車の流れ具合で考える時間ができたとき、ヘレイナが私にまくしたてたことをなんとか消化しようとした。

〈彼女に電話するとき、何と言えばいいんだろう?〉と私は考えた。〈いったいどんなふうに説明すれば、わかってもらえるだろう?〉

特に心配だったのは、彼女が心理的にまともな道筋をそれて、一線を越えてしまうのではないか、ということだった。〈それに、私はこの電話で話しただけの女性に、なぜ性的な魅力を感じそうになったりしているんだろう？〉こうした様々な疑問が、ラッシュアワーとしては比較的すいている道を走りながら、私の頭の中を駆け抜けていた。

彼女がなぜか、非物質界へつながる扉を開けてしまったということは明らかだった。だがこれは、カーテンの向こうをちょっと覗いた、というようなものではない！　物質界を超えた意識に向かって知覚を開いていくのに、私のようによちよちと踏み出したのではなく、ものすごく大きな一歩を踏み出してしまったのだ。

しかし、私は浅はかだった。その晩の出来事が、どれほど大きな一歩だったかを後になって知ることになったのだ。

そのうえ彼女は、ハリウッドのホラー映画を見て、一冊の本を読んだ以外には、宗教的な訓練もスピリチュアルな訓練もメタフィジカルな訓練も、まったく受けずにこの知覚を開いてしまったのだ。その結果、とてもおかしなことが、身のまわりで起こり始めていたのだ。

私の思考が繰り返し引き戻されていったのは、彼女が、ものすごく強力な恐怖にとらえられているという事実だった。私と話している間にも、叫びながらアパートから駆け出してしまいそうになるほどの恐怖だ。これは本当に心配だった！

あの状態の彼女が誰かに何か言ったら、その人はきっと、彼女を精神病院送りにして、強力な薬物でその手の幻覚を治療すべきだと思ってしまうだろう。そういう薬物を処方する人たちは、自分の医師免許が心配なものだから、たいていは念のため用心する方向に間違いを犯すものだ。

もし私がまずいことを言うか、あるいは私の手の及ばないようなことが起こるかして、彼女が一線を越えてしまえば、彼女は捕まって病院に入れられ、長いこと薬漬けにされて閉じこめられてしまうかもしれない。連中が使う決まり文句は、「彼女が自分自身と他人にとって危険ではなくなるまで」というものだ。

もっと悪い可能性も考えられたが、それについて考えるのは恐ろしすぎた。私が彼女を援助するために、必要な助けは与えられるということを、信じるしかなかった。彼女を手助けすることに内在するリスクと、もし手助けしなかった場合にどうなるのかを考えると、私はためらってしまった。というわけで、しばらくはフリーウェイの車の流れにもっと注意を払うことにして、心の中でこの問題がくすぶるのに任せておいた。

アパートに近づくまでには、電話をかけたときにどこから話を始めたらいいか、ある程度、思いついていた。「思考は実体である」というコンセプトと、それがどのように彼女の状況にあてはまるか、ということ。そして、「恐怖と愛は共存できない」ということなどだ。

ガレージのドアを開けるリモコンのボタンを押す頃には、私はかなりナーバスになっていた。

私が帰宅したとき、当時、婚約者だったファロンがアパートにいて、仕事の手紙を書いたりレジュメを作ったりしていた。

私は、ごく手短にことの次第を話し、横になってコーチに会いに行く必要があることを伝えた。この頃までには、私たちは充分長く一緒にいたので、私のやっていることが彼女を驚かせることはなかった。彼女は素晴らしい、理解のある女性で、大きな支えになってくれている。

私は彼女をコンピュータの部屋に残したまま、廊下を通って自分の寝室へ行った。ドアを閉めてから、コーチにコンタクトするために、ウォーターベッドに横になった。

私は、コーチとクリアーなつながりを持てる、と感じられるところまで自分をリラックスさせてから、とりかかった。情報を与えてほしいというコーチへの依頼を思い浮かべ始めたところで、コーチがそばにいるのを感じた。

「もっとリラックスしなくちゃ、ブルース」

よし。私は自分をもう少しリラックスさせ、もう一度始めようとした。

「つまり、もっとずっとリラックスしろってことだよ、ブルース」コーチがまた言うのが感じられた。

私は、この日の些細な心配事が心の中を流れていくのに任せ、より深いリラックス状態へと沈んでいった。四、五分がたち、身体の下にあるウォーターベッドとの接触がごくかすかにしか感じられなくなっているのに気づいた。私の身体は巨大な卵形になっていた。手を伸ばして触ってみると、この卵形のあらゆる部分を内側も外側も感じることができた。ウエストのあたりの横幅が一メートルから一メートル半くらい、縦の長さが二メートルから二メートル半くらいのようだった。中空ではなく実質があり、しっかりした感じがして、全体にエネルギーに満ちた、かすかなブーンという感じが伴っていた。

「もう充分リラックスしたと思う」という言葉が、私の思考の中をゆったり漂っていった。

〈私のすべてのエネルギー回路は、清らかに澄み切って開かれており、完璧に機能しています。私が遭遇するいかなるエネルギーも、私をたやすく通過し、何の影響も及ぼしません〉

私はその年の四月、オクラホマシティでのエピソードの後から、このアファメーション（肯定的な宣言）をレベッカの勧めで使い始めたのだった。

テロリストの爆弾で一六八人もの人が亡くなり、そこで救出活動をしているときに、私は、非常に強力なエネルギー的・感情的な重荷を受け取ってしまったのだ。そのエネルギーを排出し、普通の感覚と感情の安定を取り戻すのには、五日もかかった。

その経験から私は、非物質界へ旅するときに感情エネルギーから自分を防御する一番の方法は、実はまったく「防御」ではない、ということを学んだ。『奇跡の道（The Course In Miracles）』という本に書いてあるのは、要するに、「防御は必ず攻撃を招く」ということだ。それ以来、そうしたエネルギーについては、私の中を影響なく自由に通り抜けさせておくというのが、最良の対処法だとわかった。それで、このアファメーションを言ったわけだ。

「質問をどうぞ。これで大丈夫だと思うよ」コーチの考えが伝わってきた。

「ヘレイナの状況に一番役立つ情報を、すべて教えてもらいたいんだ」私はその考えを心に思い浮かべて、意志を表明した。

ハートチャクラに注意を集中していると、私はいつしか、目の前に広がる三次元の暗黒の中にある、大きく揺れ動く混沌を覗き込んでいた。

次に起こることを待ち受けていると、その混沌は形を変えて、ひとりの女性になった。最初は顔しか見えなかった。若く美しい顔だった。肌は滑らかで浅黒く、華やかな誘うような微笑みを私に向けていた。少し後ろに下がると、その女性がダンスをしているのが見えた。彼女はダンスを楽しんでいた。身体の動きは見事なまでにリズミカルで、両腕を頭上に伸ばして優雅に揺らしているせいで、いっそう魅惑的に見えた。

そこで突然、彼女の外見が変化した。私はもっと離れたところに立っていたが、この同じ若い女性が、私の前で固く凍りついているのが見えた。身体全体が、硬化した真っ黒なタールのような、分厚い恐怖の層に覆われていたのだ。

ほとんど本能的に、私は両手を彼女の前の空中にかざして上下させ始め、エネルギー的にその恐怖を緩めようとした。その黒いものがかすかにゆらめき始めたのがわかると、私は「それはそこにないと見る（seeing it not there）」テクニックを使った。

しばらくすると、黒い恐怖の層は完全に見えなくなった。それから私は引き続き、彼女のフィールドをエネルギー的にマッサージし、緩め、軽くしていった。一分もしないうちに、彼女はまた幸せそうに微笑んでダンスをしていた。

彼女にワークをしているときに私は、これこそ、アパートで「ポルターガイスト」現象を起こしている張本人なのだという印象を受けた。もうしばらくこの女性が踊っているところを見ながら、もっと情報が得られるのを待った。やがて、もう充分な情報が得られたと感じたので、ヘレイナのクローゼットに住んでいる幽霊を調べに行くことにした。

この男は、あまり好ましい人間ではなかった。女性を恐怖に陥れ、ゆっくりと残忍な拷問にかけながら殺していくという類の男だった。ただ女性の恐怖を見るのが楽しいのだ。女性の血管から流れ出る恐怖を最後の一滴まで吸い尽くせるように、その女性の苦しみと死をできるかぎり長く引きのばそうとするのだ。

肉体を持って生きているときに、彼はそうした方法で喜びを得ていた。ヘレイナは彼がボートのオールを運んでいるところを見たが、そのオールを使って、川のそばで女性を殴って失神させた。そして、その身体の上に馬乗りになり、顔を覗き込んで、女性が意識を取り戻すのを待ってから、ゆっくりとナイフで切り刻みながら死に至らせたのだ。女性の感じた純然たる恐怖に、彼が喜びを見いだすさまには、胸が悪くなった。私は彼を見て、切り裂きジャックの話を思い出した。あれも、女性の恐怖を食らう悪鬼だった。

彼は今や非物質界に住んでいたので、物質界に、彼を見ることができる被害者を必要としていた。その被害者を怖がらせるには、自分のしたいことを見せて、そういうことができるのだと信じ込ませるしかない。彼は、震え上がっている女性の恐怖だけが満たすことができる、飽くなき渇望を抱いていた。幽霊に会いたいというヘレイナの願いに応えてきたのは、非常にたちの悪い男だったのだ。

〈こいつも、もう充分だ〉と私は考え、クローゼットの中の幽霊のイメージを闇の中へ消え去らせた。〈今度は、ヘレイナの夫を調べよう〉

ヘレイナの夫（マイクと呼ぶことにする）は、明らかに意地の悪い男で、鬱積した怒りやフラストレーションを、妻にしょっちゅうぶつけていた。彼女を肉体的に殴ることはなかった。彼の攻撃は、最大限の苦痛や恐怖や恥辱を与えようとする、悪意に満ちた言葉や精神的なエネルギーというかたちを取った。それが、ヘレイナを完全に支配下においておく方法だったのだ。〈すごいじゃないか〉と私は考えたのを憶えている。〈人は、人生で自分に何がふさわしいのかという、潜在意識下の信念を満たすような配偶者を選ぶんだな〉

私はこの男も、もう充分観察したので、ベッドから起きてヘレイナに電話してもいいだろうと判断した。

ファロンのところに寄って、わかったことを話すと、彼女は私が考えていなかったことを指摘してくれた。ヘレイナとマイクの間にあるエネルギー的な結びつきが、ヘレイナの幽霊とのつながりに一役買っていたということだ。マイクは、彼女を常に恐怖と屈辱の状態においていたので、彼女は自分が悪い奴だから罰を受けると考え続けるようになってしまっていた。彼女はそういうエネルギー状態のときに、幽霊に会いたいと頼んだのだ。現れた幽霊は、彼女の夫が誘発したその状態に、なんともふさわしい存在だった。

マイクと幽霊は、ヘレイナとの間に似たような結びつきを持っていた。そのおかげで、彼女の幽霊とのつながりは、ずっと強固なものになっていたのだ。マイクとの間で毎日経験していたことと、かなり一致していたからだ。私はファロンに、電話はしばらくかかるかもしれない、と言った。

私は、ほとんど何もわかっていなかったのだ！

第20章　電話の始まり

私はキッチンへ行って大きなグラスに水を汲んでから、リビングへ向かい、ソファに腰を下ろした。これから話すことについても、その結果ヘレイナに起こることについても、かなり不安を感じながら、コードレス電話を取った。彼女の番号にかける前に、コーチに会いに行った。

「コーチ……これをするのが、本当に怖いんだ」

「何か私の助言が必要なら、私はここで控えているよ」と彼が言うのが聞こえた。「ただ、頼むのを思い出してくれよ！」

「この女性が、私の言うことのせいで、何か恐ろしい状況に陥ってしまったら？　私はすごく責任を感じると思うんだ」

「じゃあ、きみが何もしなかったら？」

「だからこそ、こんなにナーバスになってるんだよ！　これをやらなきゃいけないということはわかってる。だけどもし、しくじったら？　彼女はその結果をもろに受けるんだ」

「じゃあ、きみが何もしなかったら?」

「板挟みだ——まさに今、そういう感じだよ!」

「それをするかしないかは、きみの選択だよ、ブルース」

「ヘレイナの選択は?」

「彼女はきみに電話しただろう」とコーチは指摘した。「彼女は自分の選択をしたんだ」

「うーん、私は彼女に電話をして、できるかぎりの手助けをするよ。でも、何が起こるだろうと考えると、ただただ怖い。私はエキスパートじゃない。私自身、この手のことをまだ学んでる最中なんだ」

「信頼がいつも第一だってことを、思い出してもらう必要があるかな?」

「ここに一緒にいて、何がヘレイナにとって最善なのか教えてくれるかい?」

「私はここにいるよ、ただ頼みさえすればね」

ヘレイナの番号にかける前に、何度か深呼吸をして、自分を落ち着かせた。

会話がたどりそうな道筋や、仕事から車で帰宅する途中で考えたことについて、また幽霊のエネルギー的なつながりについて、思いをめぐらせた。

幽霊を彼女のアパートから追い出すのは問題ないが、もし彼女の恐怖と自己嫌悪が変わらなければ、つかの間の休息しか得られないだろう。遠からず、似たような恐怖への嗜好を持つ幽霊がにおいを嗅ぎつけてやって来て、このプロセス全体がまた繰り返されることになるだろう。ヘレイナに、自分自身と世界に対する接し方をまるごと変えさせるようなことが、何か起こる必要がありそうだ。

そのことは、私を悩ませた。なぜなら私は、人の欠点を指摘したり、その人に必要な変化について責任を持ったりすることに、かなり慎重になっていたからだ。それがすでに私のパターンになっていた。この手の問題には、どう対処したらいいのかわからなかった。

だが、それは結局、たいした心配ではなかったことが、後に判明することになる。

もう一度コーチに、一緒にいて、ヘレイナの状況に最も有益な情報をすべて与えてくれと頼みながら、私はポケベルのディスプレーに視線を落とし、彼女の番号を見た。

電話は一度だけ鳴って、すぐにヘレイナの声が聞こえてきた。「もしもし?」私は何気なく、ビデオのデジタル時計に目をやった。午後六時四分。

「OK、コーチ、かけるよ……」

昔は、ネジ巻き式の目覚まし時計が、時限爆弾を作るのに使われていた。アラームが鳴り出すと、ネジを巻くつまみに巻きつけた紐がどんどん巻かれてきつくなり、スイッチを引っ張って、爆弾が爆発するという仕掛けだ。原始的だが、効果的だ。安全スイッチは、時計の裏側にある、アラームをセットするための小さなレバーだ。そのレバーを準備のポジションにセットするとき、金属的な滑る音と、かすかなカチッという響きがする。その安全装置が外れて、時間が過ぎると、爆弾が爆発するのだ。

ヘレイナが電話口で答えたとき、もし私が充分注意して聴いていれば、その金属的な滑る音と、かすかなカチッという響きが聞こえて、安全装置が外れるのがわかったはずだ。あるいは、少なくとも時計のカチコチいう音は聞こえていたはずだった。私は、懸念と不安を感じながら会話に移ったが、どちらも聞き逃してしまった。

もしかすると、私の一部は、爆弾がすでに仕掛けられていて、安全装置が切られていることに気づいていたのかもしれない。そのことに気づくのは、単に時間の問題だった。

「もしもし、ヘレイナ、ブルースだよ。さっき、電話で話したね。家に着いたから、好きなだけ話せるよ」

「ちょっと待っててもらえる?」

彼女がテレビを消して、ソファにゆったり身を落ち着けるために、少し間をおいてから、私たちは会話を始めた。

私は、ジープで帰宅する途中に、話の切り出し方をリハーサルしていた。私たちは、物質界と非物質界の境界について話すところから始めた。強い感情的ストレス下におかれている人には、その境界がいかに薄くなってしまうか、という話をした。

私は彼女に、離婚に至る過程で、初めの頃のストレスレベルがどうだったかと尋ねた。「非物質界では、思考は実体である」という概念について話し、それから氷が溶けてくると、流れに乗って話し始めた。

「きみに電話する前に、きみの状況に関する情報を集めるために、チェックしに行ったんだ」

「チェックって、どういうこと？」と彼女は訊いた。

「ええと、まずリラックスして、自分を瞑想状態にするんだ。それから、役に立つ情報を手に入れるために、精神的にきみの状況にコンタクトするってことだよ」

「何がわかったの？」彼女は素朴な疑問を投げかけてきた。

「そう、たとえばきみをチェックしたとき、肌の浅黒い滑らかな顔をした、美しい若い女性が見えた。その人はダンスをしていた。とても暗い色の、肩まである滑らかな髪をして、強く美しい微笑みを投げかけていた。嬉しそうでダンスを楽しんでいるという印象を私は受けた」

私は彼女の質問に答えたが、このほかに見たことについては詳しく話さなかった。何かが私に話すなと言ったのだ――たぶん、コーチだと思うが。

「私は確かにダンスの仕事をしてるし、ダンスは好きよ。髪は黒くて肩のすぐ下まであるけど、まっすぐじゃなくてカールしてるわ。インド人とポルトガル人とアイルランド人の血が流れていて、肌は浅黒いわ。美人なのは確かよ。コスモ誌のカバーガールとまでは行かないかもしれないけど、きれいよ。いったい、私をどれくらい見ることができたの？」と彼女は訊いたが、その声には警告の響きがあった。礼儀に反するところまで覗かれたのではないかと心配しているようだった。

「最初は女性の顔が見えただけで、次にその女性が踊っているのが見えたんだ。ご心配なく。むしろ印象みたいなもので、実際にきみの肉体が見えたわけじゃないから。私にとっては、かなりザラついた白黒のイメージなんだ」私は笑って答え、覗きに関する彼女の懸念を晴らそうとした。

「どうやって、私を見つけられたの？　つまり、たくさん人がいるのに、私を見つけたときに、どうしてそれが私だってわかったの？」

「そうだな、私が見つけた別の人のことを話してあげてもいいよ。それが、私がどうやっているのかの説明になるかもしれない。聞きたいかい？」

「ええ、ぜひ聞きたいわ」

私は、マーラの祖母をキッチンの木の椅子に座ったままの状態から救出した話をした。そして、彼女を見つけ出すには、名前だけで充分だったことを説明した。

「誰かを見つけるのに、必要なのは名前だけなの？」彼女は不審そうに訊いた。

「ああ。どういうわけで、なぜ、それでうまくいくのかわからないが、決して失敗することはないんだ。確かに、そのおばあさんの場合は、変わった名前だったんだがね。グウェンディリン・ユードーラ・ウィンターラックスって」

「すごい名前ね」ヘレイナはクスクス笑いながら答えた。

「その人の孫のマーラは、私がグウェンディリンについて集めた情報を全部、本当だと認めてくれたんだ。みんなが――グウェンディリン自身も、マーガレットを『マギー』と呼んでいたこととかね」

「わかったわ。でも、あなたはチェックしていたとき、私を見つけたんだってことを、どうして確信できたの？　違う人を見つけたんじゃないって、どうしてわかったの？」彼女は追及してきた。

「その、踊っていた女性を見ていたときには、それがきみだということを、絶対的に確信していたわけじゃない。だけど、何度もこういうことをしてきて、何度も事実が実証されているので、だんだん信じられるようになっているんだ。きみに関しても、髪がカールしていなくて滑らかだと見えたこと以外は、かなり正確だったと言っていいんじゃないかい？」

「うーん、そうね。かなりいい線をついていたわね」私は彼女に、どうしてそれが可能なのかを納得させることはできなかったが、ともあれ、それは正確だったのだ。

「離婚が近づいていたとき、きみがどんなふうに感じていたかということについて、ちょっと話がしたいんだ。もし、よければだけど」私は、幽霊が初めて現れたときについて話すために、少し下準備をしておこうと思っていた。

彼女は、マイクとの結婚が虐待に近いものになっていたことには触れなかった。彼女が夫のふるまいを虐待と認識していたのかどうか、定かではない。

「そうね、マイクにとって一番大事なのは、どの工具を次に買うかということだったの。それ以外には、何も興味がない人だったのよ。私は彼とはあまりにもかけ離れてしまって、すっかり退屈してしまったの。話すことも、共有することも、何もないんだもの。あまりにも無視されているようで、退屈しちゃって、もう出て行くしかないと思ったの。別れるという考えには苦しんだし、本当にストレスを感じたわ」

コーチから指摘されたのだが、彼女はストレスのかかった状態になれば、幽霊との接触がよりたやすくなるはずだ。そういう精神状態で、彼女は幽霊に会いたいという願望を表明してしまったのだ。そしてやってきた幽霊が彼女を怖がらせ、いっそうストレスを引き起こした。恐怖が悪循環となって、彼女は、物質界と非物質界の境界がどんどん薄れていってしまう空間へと引き込まれたのだ。ストレスのせいで、この幽霊との接触がどんどんたやすくなり、しかもその幽霊がさらに恐怖を誘発し、さらにストレスを生むことになったのだ。

「大きなストレスがかかっている人は、非物質界を見るのがずっと簡単になることがある。そんな話を聞いたことはあるかい?」

「ええ、それは聞いたことがあるわ。死にかけてる人が、もう死んでいる身内を見たりとか?そういうこと?」

「そう、まさにそれだよ！　人が大きな肉体的あるいは感情的なストレスを受けるとき、物質界と非物質界を隔てる境界が薄くなってしまうんだ。それが薄くなればなるほど、その向こうが見えやすくなる。それが、きみに起きてることだという気がするんだ。離婚のせいで、きみにはストレスがかかった。おかげできみは、まず最初に幽霊を見やすくなったんだ。今度は幽霊がきみを怖がらせているので、きみにはさらにストレスがかかっている。悪循環みたいなものだよ」

「それは本当によくわかるわ」と彼女は言った。それから、急に話題を変えた。「あなたは、部屋の中にエネルギーみたいなものが見える？　何か動き回ってるものがいっぱいあるのがわかる？　つまり、部屋にあるものはちゃんと見えるんだけど、空中に何か、ほとんど見えないのに、感じられるようなものがいっぱいあるのよ」

「ああ、きみが言うようなものを感じることもあるよ。なぜ、訊くんだい？」

「うちのリビングが、たった今、そんなふうに見えて感じられてるのよ」彼女の声には少し尖った響きがあった。

彼女はまた話題を変えた。彼女は自分の胸に、力がどんどんみなぎってくるような、新しい感覚があると言った。

「一種の圧力みたいなものが、私の胸から外側に広がってるの」と彼女は表現した。「そんなことって、聞いたことある？」

「私の聞いている、いわゆる『ハートチャクラが開く』っていうことのようだな。それはきみの胸のどこにあるんだい？」

「私の胸骨の真ん中で、ちょっと空中に伸びてるの」

「きみはチャクラについてよく知ってるのかい？」

「いいえ、チャクラって何？」

「肉体にある、いろいろな種類のエネルギーの中心だよ。ハートチャクラは、私たちが愛するときの中心になる。つながりあったエネルギーで、すべての命がそれを通して流れている。人間の身体には、七つの主要なチャクラがあって、脊椎と一致するラインに沿って並んでいる。それぞれのチャクラのエネルギーは、みんな違った性質を持つ。ニックナックヌックみたいな本屋には、チャクラについての本がたくさんあるよ。もしよければ、何冊かお薦めを教えるけど?」

「そのうちに、お願いするかもしれないわ」

彼女がハートチャクラの話をしたので、私はそもそも、ヘレイナの夢について話すつもりだったことを思い出した。私は、愛と恐怖について自分が知っていることを、彼女に伝えたかったのだ。特に、愛と恐怖が共存できないということをだ。私の願いは、彼女がそれを理解して、恐怖が異常なレベルにまで高まり始めたらいつでも、そのテクニックを使えるようになることだった。

「そう、ハートのエネルギーを使う、役に立ちそうな方法があるんだよ。その使い方を覚えれば、夢やほかのシチュエーションで感じる恐怖を追い払うことができるかもしれない。そのことを聞きたいかい?」

「もちろんよ」

「よく説明するために、私の経験から、もうひとつ別の話をしたいんだが」

「いいわよ」

私はあのバンシーの話をした。バンシーが実際は、マーティ自身の恐怖が形を取ったものだったという話だ。私は、レベッカがマーティに教えた、愛を投げかけてバンシーを消してしまうという方法について説明しながら、ヘレイナが自分の恐怖との共通点を理解してくれればと考えていた。

「彼の愛を投げかけることで、バンシーは必ず消えてしまった。それが非物質界での自然法則みたいなものだからだ。愛と恐怖は同じ場所に同時に存在することはできないんだ。私が思うに、きみが見ているものの一部は、きみ自身の恐怖が形を取ったものなんじゃないかな。特に、夢の中のものはそうかもしれない。夢の中や、ほかの場所でも、きみは怖いものに向かって、胸の真ん中から愛を投げかけてみればいい。もしそれがきみの恐怖から生まれたものだったら、消えてしまうだろうから」

「もし、私の恐怖から生まれたものじゃなかったら？」彼女の声には、本物の好奇心が覗いていた。

「もしそれが、きみの恐怖からできているものではなくて、それでもやはり怖く感じられるとしたら、きみの恐怖がその真の姿を覆ったり隠したりしてしまっているということかもしれない。その場合は、きみの愛を投げかければ、恐怖の覆いを外すことができる。そうすれば、そこにいるのが誰か、何なのかをもっとはっきり見ることができるだろう」

「たとえばどういうこと？」

「きみが昨夜見た夢を例にとってみよう。

きみは死んだおばあさんを訪ねたかったんだろう。夢の最初のほうで、マイクとの間にあったことのせいで、きみはすでに怖がっている精神状態になっていた。きみが怖がっているかぎり、夢の中のことはすべて、それ以降は恐怖に覆われて、彩られてしまっただろう。

階段を上ってきた女性がきみのおばあさんだったということも、大いにありうるよ。実際は、会ったこともないほど素敵なおばあさんだったかもしれないんだ。きみに会いに来て、何か素敵なものをくれようとしていたのかもしれない。ところが、きみの恐怖が見るものすべてを覆ってしまっていたために、その人は邪悪な老婆に思えてしまった。きみに悪いことを言って、何か悪いものを押しつけようとしている人にね。

もしきみが、その夢の中で彼女に愛を投げかけていれば、たぶん、次のふたつのことのうち、どちらかが起こっただろう。

もしその人が、きみの恐怖が作り出した存在だったなら、空中にかき消えてしまって、それっきりになっただろう。

もしもそれが本当にきみの優しいおばあさんで、きみの恐怖心という覆いを破ってなんとかきみとコンタクトしようとしていたとすれば、その覆いが外れることになっただろう。そうしたらきみは、その人の本当の姿を見ることができたはずだ。

今にしてみれば、その人はきみに素晴らしい贈り物をくれるために、そこにいたのかもしれない。誰にもわからないよ。もしかすると、きみが幽霊で困っているのを助けようとしていたのかもしれないんだ。しかし、きみの恐怖心のせいで、彼女は邪悪で嫌な存在に見えてしまったんだよ」

と私は説明した。

「きみが怖がっていた、ドアの向こうの光だって同じだ。きみの愛をその光に向かって投げかければ、やはり恐怖の覆いがはずれたかもしれない。きみは心の中で神に、ここへ来て助けてと叫んでいたね。きみが愛をその光に向かって投げかけさえすれば、まさに神そのものがきみの祈りに応えて、ドアを通ってやって来たかもしれないよ」

「あなたは神を信じてるの？」

「信じてるよ」

「神様って、玉座に座って、私たちを支配してる偉い存在？」

「いや、私は神をそういうふうにはとらえていない。私にとって、神はすべてであり、すべては神だ。私にとって、神は愛であり、愛は神なんだ」

「地獄の存在は信じてる？　生きてる間に悪いことをした罰として、すごく悪い人たちを神さまが送り込む場所よ？」

これこそ、彼女が自分の将来に抱いている不安なのだ、ということが感じられた。

「いや、信じない。私は非物質界じゅう、あらゆるところを探索してまわったけれど、地獄と呼べるような場所は一箇所しか見つからなかった。でもそれは、人がよく言う、火が燃えてて悪魔がいるとかいうような場所じゃなかったよ」

「本当？」

「もうひとつ話を聞きたいかい？」

「あなたが見つけた地獄の話？　もちろん聞きたいわ」

それから二、三分間、私は、マックスとマックスがこの世に生きていたときの人生について説明した。

「確かに、それはあんまりいい男じゃなさそうね」

それから私は、マックスが死後にいた場所について説明した。彼がそこで何をしていたか、そこにいるほかの人たちが彼に何をしていたか。そして、マックスがなぜ彼の「地獄」に引きつけられていたのか、私の感じたことを少し話した。

「なんとも嫌な場所って感じね」ヘレイナの声には嫌悪感がにじんでいた。

「それで面白いのは、自分と他人を赦して、自分のあり方を変える決意をするまでは、マックスはそこに留まらなきゃならないってことなんだ。そういう決意ができれば、彼はもっといい場所に移ることができるようになる。彼が受けている唯一の罰というのは、彼がまさに望むとおりの生活をして、その結果を引き受けていくということなんだよ。すべては、自分から生じているんだ。彼がやり方を変えれば、その瞬間にそこから解放されるだろう」

「確かに、私が聞いたことのある地獄の姿とは違うわね。だけど、生きているときに悪いことをしていた人を扱うのには、まさにうってつけの方法に思えるわ」

「一番いいところは、変化を起こすのに、死んで地獄で暮らすようになるまで待つ必要はないってことさ。やり方を変える決断は、いつだってできるんだ」

そこでヘレイナは、また話題を変えた。

「どうして、この手のことはみんな、私が何も知らないのに起こったりしてるのかしら？　私は九年生で学校をドロップアウトして、両親のために働いてお金を稼ぐようになったの。何の宗教の教えも受けたことはないし。どうしてこの手のことが、私に起こったりするのかしら？」

「まず言わせてほしいのは、一生かけて勉強して、きみに起こってるようなことを自分に起こそうとしてる人たちもいるってことだよ。つまり、ハートチャクラを開いて、非物質界を知覚できるようになることをね。今はそんなふうに思えないかもしれないけれど、いろいろな意味で、今起こっていることは多くの人が夢想もしないほどの祝福なんだよ」

「あなたの言うとおりよ。ほとんど信じられないわ」

「なぜそれがきみに起こってるかということについては……実際、きみは訓練を受けてないせいで、この手のことを直接経験しやすくなっているんだ。きみはそれに対立する信念をほとんど持っていないからだよ。人の信念によっては、この手のことが起こるのは事実上不可能になることもあるんだ」

「本当？　どうして？」

「『幽霊を見るなんてありえない』という強固な信念を持ってる人は、幽霊を見ることはほとんどありえない。それに反する信念が、自分の信じないものは見えないようにしてしまうからね。私たちの信念の多くは、学校や教会で習うことや、精神世界について勉強することから来ている。私としては、それがある意味で、この手のことがなぜきみに起こっているかの説明になると思う。原因のすべてではなくても、一部はそれで説明できるだろう」

「どんなふうに？」

「きみはたぶん、たいていの人より、この手のことに反する信念が少ないんじゃないかな。学校を早くにやめて、教会にも行ったことがなく、メタフィジカルなことも勉強したことがない。ふつうの人は、そういうところで、非物質界を見る能力を阻害するような信念を身につけるんだ。わかるかな」

「ええ、なんだかおかしいけれどね。あなたの言いたいことはわかるような気がするわ。つまり、それが起こるはずないっていうことを私が知らないから、それが起こるんだってこと？」

「まさにそうだ、私が言いたいのはそういうことだよ」と私は応えた。

彼女は少し話を戻して、子ども時代のことを話した。

「今まで生きてきて、私にはたくさんよくないことが起こったわ。友達は、私がとっくの昔に逃げ出さなかったことを不思議がってる。友達にも言ったんだけど、そういうことのおかげで、私はかえって強くなったのよ」

第21章　ヘレイナのポルターガイスト

「きみのアパートで起こっている、ポルターガイストみたいなことについて、少し話してもいいかな?」コーチに促されて、私はこの話題を切り出した。

「いいわよ。あの幽霊たちが、私に何かできると思うと本当に怖くてたまらないの。私には止められないし。実際、私がニックナックヌックに電話したときにも、気味の悪いことが起こったの。初めてあそこに電話したとき、私はテレビのチャンネルを変えたところだったんだけど、『ポルターガイスト』って映画がちょうど終わるところだったのよ。怖くなっちゃったわ! だって、うちのポルターガイストを誰かが何とかしてくれないかと思って電話してるときに、その映画がちょうど終わるところだなんて。私は、うちにいる幽霊に何かすごく悪いことをされるのが怖くて、電話をしていたのよ。とうとう我慢できなくなって、勇気をふるって行動を起こしたちょうどそのときに、テレビであの映画が終わるところだったんだから」

今、ヘレイナの言葉を思い返してみると、人生に起こる出来事のタイミングとシンクロニシティ

（意味のある偶然の一致）には驚嘆せずにおれない。

ヘレイナはこの出来事を、自分が「彼ら」を排除しようとして行動を起こしたときに、「彼ら」が自分に危害を加える力があることを思い出させようとした、という意味に受け取った。私の視点からすると、これはまったく違った意味に受け取れるのだ。

「まず第一に、私の理解するかぎり、幽霊は物質界の中では、自分で何かをすることはできない。物質界に影響を及ぼすには、肉体を持って生きている人間が介在する必要があるんだ。今夜、私がチェックに行ったとき、きみこそが、そのポルターガイスト現象を起こしてるってことがわかった。潜在意識的にかもしれないが、そうしたことを起こしてるのはきみなんだよ」

「そんなの、馬鹿げてるわ！」ヘレイナは叫んだ。「どうしてそんなことが？　どうやったらそれができるのか、私には全然わからないわ！」

「ただ、私の意見として受け取ってくれよ。私がそう言うからといって、私の言うことをそっくりそのまま信じるべきというわけじゃない。自分自身で真実を探し出さなくちゃいけないよ。でも、私がチェックしてきて理解したかぎりでは、そういうことなんだ」

「なぜそんなことがありうるのか、いったい説明はできるの？」

「ちょっと待ってくれるかい？　調べなきゃならないことがあるんだ」と私は遮った。

「いいわよ」

これは、コーチに情報を提供してもらうためだった。ヘレイナの質問に対するコーチの答えを聞いてから、私はそれを言い換えて彼女に伝えた。

「非物質界では、お椀がキッチンカウンターの上に出現したり、窓のブラインドが上下したり、ラジオやテレビがついたり消えたりする、というのはたいして不思議なことじゃない。

非物質界では、思考は実体であって、何かについて考えたり、思い描いたりするだけで、それを実現させることができる。非物質界では、キッチンカウンターの上にお椀を思い描くだけで、実際にお椀を出現させることができるんだ。

きみは幽霊とコンタクトして、非物質界への扉を開いた。その扉を通って行き来しているうちに、きみは思考は実体だということを学んだんだ。きみはその概念を持ち帰って、この世界で実際に利用した。この理解を持ち帰ったことは、意識していないかもしれない。私たちのいる物質界だって、ふつう思われるほど確固たるものじゃないから、きみは潜在意識的に、新しく獲得した考え方をこの物質界で働かせていたんだ」

「じゃあ、それがブラインドが勝手に下りたことの説明になるってわけ?」

「それを例にとって説明しよう。もう一度、それが起きたときのことを教えてくれるかい。それが起きる直前のことから始めて、思い出せることを全部話してほしいんだ。特に、何を考えたり感じたりしていたか、ということをね」

「うーん、そうね……私はそれが起きる前は、ソファに横になってたわ。すごく疲れて、だるい感じだった。夜にブラインドが開いていたら、外から家の中が見えちゃうでしょう。起き上がって部屋を横切っていって、ブラインドを下げなきゃならないというのが、面倒でたまらなかったの。起きてブラインドを下げなきゃならないってことに、腹が立っていたわ。ただ見えるからといって、みんな、私のうちを覗いたりしなくてもいいじゃないの。私は本当にイライラしていた。そして、ブラインドに近づいていくほど、そのイライラが高まっていったわ。あと二、三歩というところで立ち止まって、すごくイライラしながらブランドを見上げたの。そうしたら、それが勝手に下りたのよ！　全然触ってないのに。ただ、ひとりでに下りちゃったの」

「なるほど」

「本当に怖かったわ！　幽霊にあんなことができるなら、あいつは私にすごく悪いことだってできるんじゃないかしら！」

「ほかに何か、まったくひとりでに起きたことはあるかい？　きみがすごくイライラしてるときに」核心に近づきつつあるのが、私には感じられた。

「そうね、たいていマイクがいるときに、テレビがついたり消えたりするの。彼が言ったことのせいで、私は彼にイライラしていた。テレビがただいきなりついたのよ！　私たちはふたりとも、リモコンがナイトテーブルの上に置いてあるのを見たわ。誰も触ってないのに、テレビは勝手についたり消えたりし続けたの。それを止めるには、コンセントを引き抜かなきゃならなかったわ！」

「ほかにこの手のことが起こったことは？」

「そうね、幽霊の大きな顔が最初に現れた直後に、私は興奮してしまって、誰かに話さずにはいられなくなったの。それでマイクと私がお世話になってた結婚カウンセラーのところへ行ったのよ。カウンセラーは心理学の専門家だから、この手のことがわかるだろうと思ってね。

でも私が話せば話すほど、幽霊について説明すればするほど、彼が私を信じてないってことがわかった。イカれてると思われてるのがわかったわ。彼のオフィスを出る頃には、私はすごくイライラしてしまって、自分が本当のことを言っていて、ちゃんと正気だってことをわからせたかったの。

彼のオフィスを出るときに――そのオフィスはチェリー・クリークの五階建てビルに入ってるんだけど――私がドアノブに触れた途端、ビル全体の明かりが消えちゃったのよ。ビル全体が停電しちゃったの！　私は振り返ってこう言ったわ。『ほら、こういう気味悪いことが、私のまわりで起きてるって言ったでしょう』ってね。でも、やっぱり彼は私を信じなかったみたい」

「きみがイライラしたり腹を立てたりしていないときに、この手のことが起こったことはある？」

「いいえ、私がすごくイライラしているときだけよ」

「このパターンがわかるかな？　きみはイライラするのと同時に、何か別のことも感じているかい？　それが、互いに関連しているのがわかる？」

「そのとおりだわ！　気味の悪いことが起こるときはいつも、私は本当に何かが起きてほしいって感じていた！　私は、あのブラインドが下りてほしいって思ったわ！　結婚カウンセラーに、自分がイカれてないってことをわからせたかったんだわ。でもやっぱり、自分が何も知らずにどうしてそんなことができたのかは、理解できないけど」

「毎回かならず、強力な感情のパターンがあるね。イライラした気持ちが、何かを起こしたいという強い願望と結びついているんだな。これまで起こった気味の悪いことには、このパターンがあるようだけど、さっきも言ったとおり、これは私の意見に過ぎない。それが本当かどうか、きみが自分で確かめないといけないよ」

第22章　アラームが鳴っている？

ヘレイナが、自宅のリビングに充満している、エネルギーの場《フィールド》に意識を集中しようとするのが感じられた。彼女が前に言っていたエネルギーの場だ。

「今は何が感じられるかい？」と私は訊いた。「何が起こってる？」

「部屋にある、あのエネルギーを覗き込むようにしてるの。あれは、いったい何なのかと思って」子どものような好奇心が声にあらわれていた。

まさにこのとき、私が注意を払ってさえいれば、ネジ巻き式の目覚まし時計のアラームが鳴り出して、爆弾が爆発しそうになっていることを悟ったはずだ。私はヘレイナが抱えていた時限爆弾に気づいておらず、今や制限時間は尽きてしまった。ヘレイナの緊張感が急激に高まったかと思うと、その直後、彼女の悲鳴が爆発を知らせた。

金切り声の中から、なんとか聴き取れたのはこういう言葉だった。「手が、手が、人の手がある！目の前の空中に浮かんでるわ」

ふたつの世界を隔てていた「幕」に、彼女は爆発で大きな穴を開けてしまったのだ。その穴が大きすぎて、私はもはや自分の目の前にある幕が見えなくなった。電話から、耳障りな金切り声が響いてくる。

「手が……手が……私に手を振ってる」

私はヘレイナの経験している印象に合流し、少し向きを変えて、幕に開いた穴の縁を見た。ビリビリに引き裂かれた絹の幕が風にはためいているようだ。不思議なほど落ち着いて、私は自分の注意がヘレイナに戻るのを感じた。しっかり地に足をつけて立っていると、コーチが私に重なってくるのが感じられる。私を通して、彼の声が穴を通り抜け、彼女をつかまえて、幕のこちら側に引き戻した。

「ヘレイナ、その手を見ると、きみはどんな感じがする？」

「すごく怖いわ」絞り出すような叫びだ。空中の手が、彼女を震え上がらせている。彼女が現実の世界にしがみついている力が緩んできているのがわかった。コーチがヘレイナの心をつかまえていられなければ、彼女は行ってしまう。

「ヘレイナ、その手にいなくなってもらいたいかい？」

「ええ！」

彼女は怯えきった少女のように、人の出せる声より三オクターブも高いような、甲高い大声で叫ぶ。

「声に出して、後について言うんだ」と私。「『おまえはここに属していない』」

電話の向こうから、彼女が金切り声でそれを言うのが聞こえる。

「次はこう言うんだ、『今すぐ立ち去りなさい』」私に出せるかぎりで、最高に断固たる声を出した。

彼女はそのフレーズを繰り返す。そして、幕のこちら側に戻ってくるのが感じられた。彼女は落ち着きつつある。

「行っちゃった。ただ消えちゃったわ」落ち着きが声に戻ってきた。

「よくやった、ヘレイナ。きみはこの状況をコントロールできるんだ。何もきみに危害を加えられない。きみは安全だよ」

緊張が一気に緩むのが感じられた。彼女の緊張も、私の緊張もだ。それから、彼女がまた、リビングのエネルギーを覗き込んでいるのが感じられた。

「ああ……なんてこと……！　部屋中、いっぱいに……男たちが……リビングが男たちでいっぱいなのよ！　さっき手があったところに……男が……目の前に男が立っているの」彼女の声のピッチが上がり始める。「見たくない。怖いわ！　あんな男、見たくない！」

彼女はあまりにも大声で叫んでいるので、声が歪み、私はその言葉を理解するのが難しい。彼女を失ってしまうかも、という恐れがどっとこみ上げてきた。

「ヘレイナ、その男に出て行ってもらいたいかい？」

「ええ、ええ！」そして、彼女が叫びながら、涙を浮かべているのが感じられる。彼女は精神的な破綻に向かって、急速に突き進みつつある。

「ヘレイナ、後について、声に出して言うんだ」ふだん感じ慣れない力が、自分の声にこもるのがわかった。彼女の注意をしっかりとらえながら言う。「『おまえはここに属していない』」

今度はさらに怒りを込めて、願いに感情を加えて、彼女がそのフレーズを繰り返すのが聞こえた。

「次はこうだ、『今すぐ立ち去りなさい』」私の声はまだ、いつになく力にあふれていた。それから、ピーピー音を立てているヤカンの火を止めたときのように、彼女がその言葉を口にすると、緊張が急激に下がるのが感じられた。

「行っちゃったわ！」彼女が心底から驚きをこめて言うのが聞こえる。

「今はどんな感じがする、ヘレイナ？」自分の声が現実感のチェックのためにそう訊くのが聞こえた。

「ほとんど落ち着いてるわ。実際、平穏な気持ちといってもいいくらい」

「今日、きみは何を食べた？」この質問が唐突に口をついて出た。しかし、すぐさま、この思考の連鎖がどこへ向かおうとしているのかがわかった。

「そうね、今朝はちょっとしたスナックを食べて、今夜はアイスクリームを食べただけかも。だけどなぜ、私がどんな食べ物を食べたのかが重要なの？」

「今日何を食べたかより、どれだけ食べたかのほうが重要なんだ。憶えているかい、ストレスが物質界と非物質界の境界を薄くしてしまう、って話をしただろう?」

「ええ憶えてるわ」

「絶食したり、ごくわずかしか食べなかったりすると、同じことが起きるんだ。長く食べずにいればいるほど、境界はいっそう薄くなってしまう。聖書にも、祈りと断食によって、霊とのコミュニケートがたやすくなると書かれている。きみは今日、あまり食べていないから、よけいに非物質界が見えやすくなっているんだ。きみが食べ物を食べると、その消化に必要なプロセスに、意識を向けざるをえない。そうすると、意識をよそに向ける余地が少なくなるんだ。あまりにも怖いことが起こってきたら、できる対策のひとつは、何かを食べることだよ。わかるかな?」

「あなたの言うことを信じたほうがよさそうね」彼女は落ち着いて答えてきた。

「ほかに知っておいたほうがいいのは、アルコールや他のドラッグもその境界を薄くしてしまう場合があるってことだ。その手のものを使いすぎたり、ある特定の状況下で使ったりすると、その効果を促進することになりかねないんだ」

「私はお酒も飲まないし、ドラッグもタバコもやらないわ」彼女は憤然として応え、それからまた話題を変えた。

「断片的なものが見えるのはかまわないのよ。あの連中の、ちょっとした一部分が見えるだけなら大丈夫なの。でも、身体全体は見たくないのよ。なんだか、リビングのそこらじゅうに、やつらの断片が見えるみたい」

急激に上がる熱のように、彼女の緊張が一気に絶頂にまで上りつめるのが聴き取れた。彼女は、完全に無警戒だったところを襲われたので、まだ息を吸い込んでいる途中に最初の言葉を吐き出した。

「また別の男がいる、キッチンに立ってるの。ああ神さま、あいつをどこかへやって！」

「ヘレイナ、キッチンにいる男に出て行ってもらいたいのかい？」

「そうよ！」今度は、声に確信がこもっている。

「そいつのいるところを見て言うんだ、『おまえはここに属していない』そして少し間をおいてから、『今すぐ立ち去りなさい』って」

「行っちゃった！」彼女の熱は、上がったときと同じくらい急激に下がった。「声に出して言う必要はなかったわ。ただ、その、あいつに向かってそう考えただけで、いなくなった」

「そのとおり。非物質界では、思考によってコミュニケーションができるんだ。思考自体が非物質的なものだし、同じ素材からできているようなものだ。非物質界の言語は、思考と感覚の言語だ。きみは、彼へのメッセージを『感じた』んだ。彼の世界では、その思考や感覚というのは、ブルドーザーと同じくらい現実的なものなんだ。きみが彼にその思考を向けたら、彼は避けることができない。きみの思考は現実的な実体であって、彼を押しのけたんだ。さっき『思考が実体である』っていうことについて話したのを憶えているかい？」

「ええ」

「きみが目にしてる連中とコミュニケートするのに、思考を使えるということは、その一例なんだ。きみの思考は現実的な実体だ。きみの声が現実なのと同じくらいにね。そして、現実的な効果をもたらすんだ。私が思うに、自分の意図をフォーカスして、それを物質的な現実に定着させるには、物理的に思考を口に出すのが役に立つこともあるよ」

「私が何もかもでっち上げてると思う?」唐突な問いが出てきた。「私は気が狂っていて、何もかも想像してるだけで、現実には何も起こってないんだと思う?」ヘレイナは問いつめてくる。

「ヘレイナ、きみがこれまで話したことはみな、私自身経験したり、信頼する友人から聞いたりしたようなことばかりだよ。きみがすべてでっち上げてるとは思わないし、きみは狂ってなんかいない。きみが私に話してるのは、すごく変わったことが起きていて、怖いっていうことだ」

「嘘じゃないわね?」混じり合った恐怖と安堵が声にあらわれていた。

「そうだよ、ヘレイナ。私は嘘はついていない。この話をすれば、助けになるかもしれないな。私に気味の悪いことが起き始めたとき、私も自分が狂いかけていると思ったんだ。ずっと昔のことだが、私はラッキーだった。同じことを経験した人が書いた本を、早い時期に見つけたんだ。その人の経験を読むことで、こんなことに遭った人間は自分だけじゃないし、本当に気が狂ってるわけじゃない、ってことがわかったのさ」

「ええ、二日前に、女友達が『鷲と薔薇』って本をくれたの。二日間で全部読んじゃって、ちょうど読み終えたところなのよ」彼女は思い出したことを口にした。「なるほどと思うことがいろいろ書いてあったわ。あなたが、気が狂いかけてると思ったときの話をしてよ」

「二〇年以上前、私は明晰夢を見て、それに出てきた人物にものすごく怖い思いをさせられたんだ」

「明晰夢？」

「自分が夢を見てることがわかっている夢だよ。夢の中でしっかり目が覚めていて、したいことが何でもできるんだ」

「へえ」

「夢に出てきた男は、私を怖がらせるようなことは何もしなかったんだ。でも、その男が夢の中でどんどん近づいてきたとき、私は叫び続けていた。どんどん怖くなって、叫ぶたびに声も大きくなっていった。私はその男が姿を消すまで、『あなたは誰だ？』と叫び続けたんだ。その夢から二週間後のこと、私は図書館で、当時趣味だった催眠術の本を探していた。求めていた本が棚の上にあるのが見えた。私は手を伸ばしてそれを取り、適当に開いて、左のページの中程から読み始めた。そこに書いてあったのは、二週間前の夢に出てきた男の描写だったんだ。その本は、私が取ろうとした催眠術の本じゃなかったんだよ。私は間違って、隣りにあった本をつかんでいたんだ」

「その人たちは誰だったの？　つまり、その本の男と、夢の中で見た男っていうのは？」

「この経験全体を説明する一番いい方法は、私が間違った本をつかむように『ガイド』とか『守護天使』とか呼ばれる存在に導かれていた、ということなんだ。その男たちは、どちらもガイドだったんだ。彼らは、私の人生で起こっていることを説明する本に、私を導いてくれた。きみは、守護天使について、これまで受けてきた教育や精神的なバックグラウンドで、何か信じてることや知識があるかい？」

「うーん、『天使』と呼ばれるような何かが存在すると言われてるのは知ってるわ。でも、どういうものなのか、よく知らない。子どものとき、教会には行ってなかったし、その手のものについて、あまり教わったことはないのよ。誰にでも、守護天使って、いるのかしら？」

「そうだな、私の意見では、人はみな、少なくともひとりは守護天使を持っていると思う」

「私にも守護天使がいると思う？」彼女は訊いたが、不信が声にあらわれていた。

「誰にでもいると思うよ」

「あなたに電話してよかったんだと思う？　あなたはよかった？　気にしてない？」

「きみが私に電話をくれたのは、まったく問題ないよ。実際、きみはきっと、電話をするように導かれたんだろう」

「つまり、私の守護天使があなたを見つけるように導いてくれたっていうの？」

「それできみが私を見つけられたんだとしても、少しも驚かないね」

「どうして驚かないの？」

「きみがどうやって、私にたどり着けたのか、もう一度話してくれるかい」

「私は誰かに話さずにはいられなかったの。友達には狂ってると思われちゃったし、私はこの手のことについて知っている人を見つけなきゃならなかった。私は電話帳を取って、書店のところを開いて、広告を見たの。そのページのほかの広告よりも、目立ってるのがひとつあったのよ。それは親切な感じがしたの。『親切な、精神世界関連の書店』って書いてあったとおりにね。親切な感じがしたから、そこに電話したのよ」

「きみが電話したのはそこだけかい？」

「そうよ。親切な感じがしたのはそこだけだったから」

「それで、その本屋を通して、私を見つけたんだね？」

「電話に出た男の人と話をしたの。その人は、私に起こってることについて、何か知っているようだった。水曜にサイキックの予約を取るように、勧めてくれたわ。そして今日、写真のことがあって、私はもうそれ以上待てなくなったの。もう一度電話したら、今度は女の人が出て、私の話を聞くと、力になってくれそうな人の電話番号を知ってると言ったわ。その人が、あなたの番号を教えてくれたのよ」

「どうして彼女が私の番号を知ることになったのか、話してあげよう。一年半以上前に、彼女は、月刊の新聞で奇妙な小さい広告を目にして、切り抜いたんだ。その広告は、一九九四年の初めに、たった三度だけその新聞に載った。それ以来、二度と印刷されなかったし、ほかの新聞にも載らなかった。私の知るかぎり、ニックナックヌックが、デンバーで唯一、その広告を保存していた本屋だった。電話帳の中で、あの本屋の番号だけが、私にたどり着ける番号だったんだ。彼女があの奇妙な広告を保存していたんだから。考えてもごらん。電話帳全体から、その唯一の番号を選んで私にたどり着くなんて、どれだけの確率か考えてごらんよ」

「あなたの言いたいことはわかるわ。電話帳にはたくさんの電話番号が載ってる。ありえないような確率よね。じゃあ、私が電話してよかったと思ってるの？」

「まさにそうだ。私が思うに、きみは私のところへ導かれたんだ。実を言うと、私は電話する前、きみと話すのが心配だった。私が大丈夫だと感じたのは、きみが私をこういうふうにして見つけた、ということもあったからだ。きみは私に電話してよかったと思ってるかい？」私はそう訊いて、彼女が質問を始めたところに話を戻した。

「ええ、よかったと思ってるわ」

「それは結構。私はこうしてきみの力になれて嬉しいよ」

コーチが割り込んできて、もう一度コミュニケーションのことに話を戻すようにと言った。

「今思い浮かんだことを強調しておきたいんだ」と私は話題を移した。「キッチンにいた男にきみが考えを向けたやり方のことだ。きみは言いたかったことを考えることで、その男とコミュニケートしたね」

「ええ？」

「私の知るどんな世界でも、この方法を使えば、誰とでも何とでもコミュニケートできるんだよ。きみは質問もできるし、答えを聞くこともできる。このやり方はどこでも使えるんだ」

私たちの会話は、ヘレイナのアパートの幽霊騒動につかの間の休息を与えてくれた。ただ話すことで、私たちは物質界に引き戻してもらえた。会話をしている間、私は時々、体験談をしたり意見を述べたりして、意図的に彼女の非物質界とのつながりを切るようにした。それによって、私たちはふたりとも、幕に開いた穴の物質界側に引き戻されたのだった。

第23章　切り裂きジャック、ご着席

私たちの会話がヘレイナを落ち着かせた。彼女がリラックスして、リビングにあるエネルギーに意図的にフォーカスし始めるのが感じられた。

「しっかり、ブルース」コーチが心の中で言うのがはっきり聞こえた。「しっかりつかまえて、彼女を放すなよ」

「うわあ」ゾッとしたような声が電話から聞こえてきた。「うちのリビングに、大勢、人が入ってきてる」

それから、怯えきっていることを示す明白な兆候が声にあらわれた。

「ひとり、ソファの私の隣りに座ったわ。すぐ横のクッションが、誰かが座ってるみたいに動くのが感じられるのよ」

恐怖が突然に強まり、彼女の声はあえぐような調子になった。ほとんど息が切れそうだ。彼女はあまりにも怖がっているので、横隔膜と胸が麻痺している。息は出てこなくて、彼女の声は純粋な恐怖だけだ。

「あいつよ……あいつよ……バスルームの鏡に映るあいつ……私のクローゼットに住んでる……あいつが、私の隣りに座ってるのよ」

彼女の身体はもう限界だ。すぐに呼吸をしなければ、失神してしまう。自動的に、彼女の身体が長く深い息を吸い込むのが聞こえてきた。彼女は吸った息をできるかぎり長くこらえていたが、それから彼女の声が絶叫となって電話から響く。

「感じるの、あいつがここに座ってるのよ。ああ神さま！」電話から叫び声が響いてくる。

「ヘレイナ！……ヘレイナ！」

「……何！」

「そいつに出て行ってもらいたいかい？」私は大きくはっきりした声で尋ねる。彼女が手から離れつつあるのがわかった。もう少しで、ドアから駆け出して行ってしまいそうだ。いつ何時《なんどき》、出て行ってもおかしくない。私にわかるのは、彼女のファーストネームと電話番号だけだ。恐怖が私の意識になだれ込もうとしていた。

叫び声「ええ、ええ、ええ！」

「そいつに言うんだ、『おまえは歓迎されていない。今すぐ出て行け！』って」ヘレイナが電話を放り出して、夜の中に叫びながら駆け出していってしまうのではないか――その懸念が、私の声にも出てしまっていた。

彼女はわざわざ思考を送ったりしなかった。まるで貨物列車が踏切に近づくときの警笛みたいに、大声で叫ぶ。願いに感情を加えて。

「行っちゃった……なぜ、そうとわかるのかわからないけど……もう二度と戻っては来ないわ」安堵と落ち着きが、さっき失われたのと同じくらいすばやく、彼女の声に戻るのがわかった。

「そのとおり。あんなふうに追放されたら、あいつはもう二度と戻ってこられないよ。今はどんな感じだい？」私がこの質問をしたのは、完全に私のほうに戻ってきたということを、彼女に耳で聞かせて実感させたかったからだ。

「穏やかよ。穏やかで落ち着いた気持ちだわ」彼女の声にも、それがあらわれている。「あいつらは、みんな行っちゃった。今はもう、誰もいなくなったわ」

「それを聞いても驚かないよ」

よかった。ふたりとも、幕の開口部の物質界側に戻って来られたことが感じられる。自分たちに、まだそれができるとわかってホッとした。

今夜直面すべきことの中で、さっきのが最悪の部分だったのならありがたい。すべてがあと少しで片づきそうだという気がする。

「きみにはやれるだろうとわかっていたよ」コーチが言うのが聞こえた。「でも、注意しろよ。まだ始まったばかりだ。彼女は自分の恐怖と向きあって、それをコントロールできるということを学ぶ必要がある。彼女本人が、あの切り裂きジャックのような奴を追放するようにならなくちゃならない。彼女はとてもよくやっている。今度は、彼女がそもそもなんで非物質界とのつながりを作ってしまったのか、その本当の理由を見つけなくては。憶えているかい？ 彼女は、人生に何かすごいことが起こりそうだと言っていただろう？ その準備をしなくちゃならないのに、どうしたらいいのかがわからないって？ きみはたった今、彼女が準備をするのを見ただろう！ さあ、よく警戒して、注意していろよ」

「もっと悪いことが起こるのかい？」私は心の中でコーチに訊いた。

「何が起こるかきみに言ってしまえば、続けようとするきみの選択に影響を与えてしまっただろうよ」

「めったにストレートな答えをくれないんだな、コーチ」

「それには理由があるのさ」とコーチは答えた。

「我々はみな、自分の直接経験することから、一番よく学べるんだ。これはきみの経験だから、よく注意して。必要なら、私はここにいるよ」

第24章　台風の目

ヘレイナはまた話題を変えた。

「私、相手が本当にどんな人なのか、ただその人を見るだけでわかるのよ」とヘレイナは穏やかに言った。「今までになかったことだわ。新しい能力か何かみたいなの」

「どういうことなのか話してくれないか。もしよければ」私は尋ねた。

「いいわよ。私はただ、その人を見ると、友好的な人かどうかがわかるの。その人のそばにいていいのか、それとも離れているべきなのかがわかるのよ。どうしてわかるのかはわからない。ただわかるの。私は、両方の種類の人たちと話をして、試してみたんだけど、私の感覚はいつも正しいわ。その人が信頼できるかどうかがわかるの。一目見て、信頼できないから、離れていたほうがいいとわかる人たちもいる。信頼できるとわかる人たちは、私を傷つけたり、利用したり、私に嘘をついたりしないわ。ただ、その人たちの中を覗き込むようにするだけでわかるの。そんなことって、聞いたことある？」

「ああ、聞いたことがあるよ。時には、私もできることがある。私の友人たちは、いつもその能力をスイッチオンして使えるようにしている。それは、さっき話した、きみのハートチャクラが開くことと、つながりがあるんじゃないかと思うな。ハートが開くと、私たちはすべてのものと、特別なかたちでつながるようになるんだ。その話をしたのを憶えているかい？」と私は訊いた。彼女の答えを聞いて、記憶がはっきりしているのをチェックしたかったのだ。

「憶えているわ。そのつながりっていうのが、わかった気がする」と彼女は、自分でも驚いたように言った。

「それで、私は夫のそばにいたくないんだわ。だって、あの人といると、私はひどく悪い、嫌な人間だって気がしちゃうんだもの。

この間、私たちは乗馬をしに行ったんだけど、マイクの帽子が飛んでしまったのよ。あの人は、馬に向かって叫んだりわめいたりし始めて、蹴ったりぶったりしたの。その馬が大間抜けで、まともなことなんかできやしないって、叫んでいたわ。

私はあの人のほうを向いて、こう言ったの。『マイク、馬をいじめるのはやめて。その馬が悪いんじゃないわ。馬が間抜けで何もわからないなんて思うのは、あなたがしてる仕打ちのせいよ。あなたは、自分に起こることを何もかも馬のせいにしてるじゃない。起こることをみんな馬のせいにして、叫んだり叩いたりするのは、馬を混乱させてるわ。馬には、あなたが何をしてほしがってるのかわからないわよ。あなたにしかどうにもできないことなんだから』ってね。

私はその言葉がどこから浮かんできたのかわからないんだけど、まさに的中しちゃったの。私が言ったことが、あの人に打撃を与えたのがわかった。まさに図星だったのよ！　私はあの人に、今日はもう一緒に乗馬はしたくないと言って、ひとりで遠乗りに出かけたの。なるたけ、あの人から遠くに離れたかったのよ。

私は人里離れたところまで、何マイルも遠乗りしたわ。厩舎に戻ったとき、あの人とすれ違ったけど、私は顔を見もしなかったわ。私たちは、まだ時々会うことがあるんだけど、あれ以来、私はいつも、すごく嫌な、不快な気分になって、自分がつまらない人間みたいに感じるのよ」

「それは私には関わりのないことだけど、いずれにしてもこのことは言っておきたい」と、私はコーチからの助言に従って発言した。

「ふたりの人間に性的な関係があると、お互いの間にエネルギー的な結びつきができるんだ。こういう結びつきは、ある種の回路を開くことになって、感覚や思考や感情や願望や意図などが、お互いの間を行き来することになる。とてもオープンな回路なので、どれが誰の感覚なのかわからなくなることもある。いともたやすく、相手の感覚を自分の感覚と取り違えてしまい、そういう対応をし始めてしまったりするんだ。

ごく単純な例を挙げると、たとえば、きみのパートナーがすごく空腹だったとする。きみ自身は全然空腹じゃないのに、パートナーが空腹を感じているために、自分でもなぜなのかわからないまま、ものを食べ始めてしまうということがありうるんだ。

だからこそ、性的に関係を持とうとする相手は慎重に選ばなくちゃならないってことを、私は学んだよ。すごく混乱しやすいし、間違った相手を選んでしまうと、自分が感じているのが誰の感覚なのか、常に自問していなくちゃならなくて、かなり疲れたりするからね。自分たちの間を行き来する感覚が、空腹感みたいに単純なものじゃなく、もっと複雑で有害なものだった場合、本当に困ったことになる場合もあるんだ。わかるかな？」

「ええ、わかるわ！」たった今、電球に明かりが点いたという感じで、彼女は答えた。「わかる！今、また別の男が、この部屋で私と一緒にいるわ」彼女の声は、ほんの少しだけ高くなった。

「その人は、何を望んでるんだい？」私は気軽な感じで尋ねる。

「全員は見えないんだけど、うちのリビングに大勢の男たちがいるのがわかるのよ。みんな、私と話したがってる。みんな、私に何か言いたいことがあるんだわ。私に見えてるひとりと同じように ね。この人は私に何か話したがってるんだけど、私にはそれが何なのかよくわからない。何か問題があって、それを私に話したがってるんだわ。その問題をどうしたら助けてあげられるのか、私にはわからない」

「立ち去ってもらいたいかい？」

「立ち去ったほうがいいと思うわ。私は手助けしてあげられないもの」彼女の声には、恐怖よりも苛立ちがあった。「今の人に向かって、『立ち去れ』って思ったら、もういなくなったわ」

「よくやった、ヘレイナ。きみはとてもうまくやってる」私は、心底から賞賛の気持ちをこめて言った。「きみは状況をコントロールしてるし、素晴らしいよ」

「なぜ、この人たちはみんな、ここにいるのかしら？　どうしてみんな、私と話したがっているの？」彼女は、また好奇心を示して尋ねてくる。

私は今、これを書きながら思うのだが、あのとき彼女に、男たちのひとりを選んで、何を言いたいのか訊いてみるようにと促すべきだったのだ。

もしかすると、コーチは私にそうしろと言っていたのかもしれないが、私は彼の言葉に気づかなかった。あるいは、単に、今だからいろいろ思いつくのかもしれない。私にはわからない。何らかの理由で、彼女にそうするように言うことは、まったく思いつかなかったのだ。

今にして思えば、あのときそうしていれば、ヘレイナにとって、この経験の一部が解明されて、彼女がいつか見つけなくてはいけない質問の答えが見つかっていたかもしれない。

私は、彼女とは電話でつながっているだけなのだ、という事実のほうに気を取られていた。もし彼女がパニックを起こして外に飛び出してしまったら、私には彼女を見つけ出すすべはない。明日の新聞で、彼女のことを読む羽目になるのはごめんだった。

「ひとつの可能性としては、その男たちが、きみには自分たちが見えるのだと知ったせいかもしれない」と私は推測を口にした。「彼らは質問したいことか、言いたいことがあって、そしてきみが、彼らが出会った中で初めて、彼らを見ることができる生身の人間だったのかもしれない。『ゴースト』って映画は観たことあるかい？」

「ええ、観たわ」

私の質問がどこへつながっていくのかという、彼女の不安が感じられた。

「あの、ウーピー・ゴールドバーグが演じた人物は、パトリック・スウェイジの主人公が接触してくるまで、いんちき霊媒師だったのを憶えているかい」

「ええ、憶えてるわ」

「主人公にはガールフレンドに伝えてほしいメッセージがあって、ウーピーは、そのメッセージを伝えるために、彼が唯一コンタクトできる人物だったんだ。いったんウーピーが彼とコミュニケートできるようになると、ほかの大勢ともコミュニケートできるようになった。その連中は自分たちの話を聞いてもらえるとわかったので、彼女の降霊室に詰めかけたんだ。彼女は自分たちのメッセージを物質界に伝えることができる。だからこそ、その連中は彼女の部屋に引き寄せられたんだ。

きみは寝室のドアに幽霊の巨大な顔を見たときに、幽霊の世界をとらえる知覚を開いた。パトリック・スウェイジの話を聞いた後のウーピーみたいなものだよ。この男たちがみな、きみのリビングにいる理由として、ひとつ考えられるのは、きみが話を聞けるとわかったということだ。何か言いたいことがあってね。

この男たちは、もう肉体を持って生きてはいない、ということを除けば、きみや私と変わらない、ごく普通の人々だ。だから、自分たちを見たり聞いたりする力が相手になければ、この世の誰ともコミュニケートすることはできないんだ。

彼らは、きみの脅威にはならない。ただ言いたいことのある、普通の人たちにすぎないんだから。わかるかな」

「ええ、あなたの言ってることはわかるわ。まだ怖いけれど、理解できるわ」

さらにふたりの男が現れ、思考を直接ぶつけるコミュニケーションによって、退去させられた。

その次に現れた男は、リビングの片隅に立っていた。ヘレイナの声には、ほとんど恐怖はなかった。彼女はまだ怯えてはいたが、その男がいると告げるとき、ショックの要素はなかった。

「その片隅にいる男は何をしてるんだい?」この質問を受けたとき、ヘレイナに望ましい変化が起きているのが感じられた。

「私と話したがってる。私に何かを話そうとしてる。私はこの人と話したくないわ。私を見てる様子が嫌なのよ」

「立ち去ってもらいたい?」私はほとんど気楽な感じで尋ねた。

「わからないわ。この人は、本当に何かを私に言いたがってるのよ。それに、問題を抱えているの。大きな問題を。だめよ、その問題をどうにかしてあげることはできないわ。そうよ。どこかへ行って。立ち去るように言ったら、もういなくなったわ」

第25章　バスルームのポルターガイストは誰？

「今は、どんな感じだい？」

「また安らかで落ち着いた気持ちよ。全然、怖くはないわ」

「ヘレイナ、きみは本当にうまくやってるよ！　ものすごくうまく対処してる」この言葉が口から出た途端、彼女の恐怖が、またもや最高潮まで一気に上りつめるのが感じられた。

「バスルームにひとりいるわ」と彼女が叫ぶ。「ドアの後ろに立ってるわ！」

「そいつは何をしているんだい？」会話する中であみだされてきた、彼女のショックを和らげると思われるパターンに従って尋ねる。

「見るのが怖いんだけど、見なくちゃ。あいつは、ドアの向こうから私を覗いてる」さっきより少しだけ落ち着いた調子で言っている。かと思うと、電話口で絶叫した。「あいつが今、戸を開けたわ。バスルームのドアがひとりでに開いたのよ」

　私たちは即座に、ヘレイナが叫びながら夜の中へ駆け出してしまうという危機の瀬戸際に引き戻されていた。

「違うよ、ヘレイナ。きみがドアを開けたんだ！　それをするには、物質的な肉体が必要なんだよ！」私は、自分の声が静かで落ち着いていることに驚いた。「きみがドアを開けたんだ。そいつじゃない」

沈黙があり、それが十秒ほど続いた。ヘレイナが、私の言ったことを受けとめて、頭の中で反芻しているのが感じられる。

「あなたの言うとおりだわ！」彼女は思い出したことを口にした。「彼がドアの後ろに見えた直後に、もっとよく見えるように、ドアがもっと開いてほしいと思ったのよ！　そのとおり！　彼をよく見たくて、私がドアを開けたんだわ。私が自分の思考を使って、それをしたのよ！　あの男たちに思考を送ったのと同じ感じだった。私は怖さを感じていた。ドアを開けたいという願望を感じていた。私は自分の思考で、ドアを開けたのよ！」

「きみは、ポルターガイストの真実を知ったようだね」私は言った。

〈ありがとう。もう少しで彼女を失うところだったが、私の口を通してあれを言ってくれた人、ありがとう。コーチか、ほかの誰かわからないが、結局切り抜けられたようだ〉

「もう行っちゃったわ。私が追放したのよ。今の人も、ほかの連中と同じだった。何か問題があって、私に助けてもらいたがっていたの。私はその問題をどうにもしてやれないわ！　それに、あの連中を肉体の目でちゃんと見ることはできないのよ。そこにいるってことはわかる。私が見てることろにいるのはわかるんだけど、本当に見ることはできないの。私の言う意味がわかる？」

「ああ、きみの言うことはよくわかるよ。ある人たちは、それが心の目で見える、という言い方をしたりする。そのイメージが肉体の目で見る世界に重なってくることもある。それはとりあえず、『見える』という言い方をするしかないけれど、きみの言いたいことはよくわかるよ」

「今、また別の男がいる。玄関のドアのそばよ」今度は、彼女の声にはまったくショックはあらわれていなかった。まだ怯えてはいるが、彼女は私の側にとどまっている。

「何を求めているんだい？」

「ほかの連中と同じよ、話したがっているの。彼はアーミッシュ（訳註・米国ペンシルバニア州などに住むキリスト教の一派で、都市文明生活を拒否し、一八世紀頃のような自給自足の暮らしを営む質素で信心深い人たち）よ。ここにいる男はみんなアーミッシュなの。みんな同じ町に住んでいて、そこで大昔に死んだのよ。みんな同時に死んだってわけじゃなくて、昔、同じ町に暮らしていて、それぞれ死んだってだけだけど。みんなとても年を取ってる。みんなフォーマルな黒いスーツみたいなのを着て、大きな黒い帽子を被ってる。どうしてわかるのかわからないけれど、ただ確かにそうだってわかるし、なぜかわかっちゃうの。どうしてそんなことがあるのかしら？」

「ハートを通じてするコミュニケーションは、言葉を必要としないんだ。現実であるためには、言語の形をとる必要はないのさ。きみが人を見たときにそれがどういう人かわかる、っていうのと同じようなものだよ。

どう説明したらいいのかわからないが、ただ、それが直接いっぺんに何かを知る方法だ、とは言えるかな。必ずしも頭でわかるというわけじゃなく、むしろどこかほかのところから、ただわかるという感じなんだ。思考のように少しずつ浮かんでくるとはかぎらない。まるごといっぺんに、突然わかるという感じで、一気にやってくることもあるんだ」

「うちのリビングにいる人たちは、みんな男だわ。ここには女はひとりもいなくて、アーミッシュの男だけよ。それも、ただわかるの」

「きみの言ってることはわかった。きみの家のリビングにいるのはアーミッシュの男だけで、女はいないんだね」私はただ彼女の報告を確認するために、落ち着いてその内容を繰り返した。

「なぜだか……わかるわ……これがどこから来ているのかはわからないけど……誰かが、彼らを光に向かって送り出すようにって言っているのを感じるわ。自分でもばかげた気がするんだけど、どこからかそれが伝わってきてるの」

この経験全体を演出しているのが誰なのか知らないが、ヘレイナがついにその存在と接触した、という感じがした。私たちは新しい曲がり角にさしかかったようだ。

「よし。ヘレイナ、『愛を胸の中心から投げかける』ということについて話したのを憶えているかい？　私の言っているのがどういうことか、感じ取れるかな？」

「ええ、どういうことか、感じ取れるわ」

「よし、その隅にいる男に、私の言ってほしいことを言うときには、きみが胸の中心に感じている感覚を通して言うんだ。頭を通してじゃなくてね。私の言うことがわかるかな?」

「なんとなく……そうね……わかるわ。頭で考えてるみたいだけど、なんとなく、頭じゃなく胸で感じてるみたい」その言葉自体よりむしろ、納得したような声のトーンから、彼女がその概念を把握したことがわかった。

「その男がドアのそばに立っていると感じられるところを見るんだ。胸の中心から外に向かって愛を投げかけてごらん。そして同時にこう言うんだ、『光を探しなさい』」

彼女がその言葉を声に出して言うのが聞こえた。そして、彼女にその指示を与えたのはいったい誰だったんだろう、と不思議に思った。

「じゃあ次は、こう言うんだ、『光が見えたら、それに向かって行きなさい』」彼女がそれも口に出すのが聞こえ、私はまた不思議に思った。「その男は、今何をしている?」

「そこに立っているわ。戸惑った表情をうかべて、まわりじゅうを見回しているところよ。今、何かを見ている……微笑んでる……消えちゃったわ」

彼女はこれを落ち着いて報告している。少し驚いているかもしれないが、この手のことはしょっちゅう起こっている、とでもいうような口ぶりだ。

「今はどんな気分だい、ヘレイナ?」私はもう一度訊いた。彼女の精神状態をチェックして、それを彼女が自分でも感じるようにさせたかったのだ。

「とても落ち着いてる。とても……穏やかな気分よ。今はまったく怖さは感じない。すごいわ、とっても力強い感じがしてる」彼女は、強さを物語る、穏やかに流れるような声で答えた。

「ブルース」とコーチがそこで話に割り込んできた。

「この経験のこれから先のことだが、ヘレイナが充分にやったと感じてから終わるのが一番だ。本当に不気味なことが起こって、きみが彼女を失いそうだと感じないかぎり、途中で中断させたり、止めたりしちゃいけないよ」

私ときたら、これでもう、ほとんど終わったと思っていたのだ。

第26章　またアラーム？

カッ……ドカ―――――ン！　まったく警告もなしに、また別の爆弾が爆発した。

私たちはふたりとも、完全に不意を突かれた。ヘレイナはまだ息を吸っているうちに喋ろうとした。彼女は興奮するあまり、最初に口にした言葉は、喉の奥に息を吸い込む音でできていた。

彼女がついに息を吐き始めるまで、私にはその言葉が理解できなかった。それから、彼女は大声を出し、無我夢中で叫んだ。

「光よ！　光よ！　寝室の壁にかかってる写真から、光が出てるの。寝室全体を照らし出してる。

ああ、神さま、何が起こってるの？」

「光はどんな色だい？」私は落ち着いて尋ねた。

「何？」

「寝室の光はどんな色だい？」何もかもが、とても急速に起こっている。私が訊くなり、ほとんど間髪入れずに、彼女は答える。

「白よ、本当にまぶしい白。黄色も少し混じってる。明るく透き通った黄色よ」彼女は話しているうちに、ほんの少し落ち着いてきている。「絵のそばに、雲か霧みたいになって輝いてるの。そこの、写真のそばが一番明るいわ」

「その写真は寝室のどこにあるんだい、ヘレイナ?」

「ベッドの足を向けるほうよ。ベッドに横になると、そこから見えるの。ベッドの足の側の壁にかかってるのよ! 今朝、私がすごく怖い思いをした、その同じ写真なのよ」

「どんな感じだい。その光はどんな感じがする?」

「どんな感じ?」と、彼女は問いかける。

今度は電話に沈黙が流れた。彼女が胸の中心から何かを投げかけているのが感じられる。それから、用心深く、彼女は光に触れた。彼女が確固たる結びつきを作るのが感じられた。彼女は少なくとも一五秒間は無言のままだった。

「生まれてこのかた経験したうちで、最高に強力な愛を感じるものだわ」

彼女の声は、温かな甘い蜜のように、ゆっくりと滑らかに流れ出てくる。それから、そこにかすかな警報が混じった。

「またリビングにアーミッシュの男たちが見えるわ。何人かは廊下のほうに向きを変えている。彼らにも光が見えるんだと思うわ。ひとりが、光に向かっていく。今、写真の前にいるわ……光を見ている」

そして驚いた声で、「ああ……なんてこと！　光がその男を写真の中に吸い込んだわ！　すごく……すごく……気味が悪い！　いきなり壁の写真の中に吸い込んじゃったのよ。気味が悪いわ！　写真には、マリリン・モンローとボガートとほかの何人かが写ってるの。特に変わったものじゃないのよ。ショッピングモールで買ったの。あの人は、ただまっすぐ写真に吸い込まれちゃった。また何人かが、光に向かって行ってる。私はもっとよく見えるように立ち上がったところよ。本当は私、自分でも寝室に行って光を見てみたいんだけど、自分も吸い込まれちゃうのが怖いわ」

「ヘレイナ、その光はきみを脅かすものじゃない！　きみはまったく安全だよ！　きみのかけてる電話はコードレスかい？」私は、彼女が寝室に行くのを、どうしたらいいのかわからなかったが、とりあえず選択肢を確認しようとした。

「いいえ、コードレスの子機は、あの光の出てる寝室にあるの。でも、怖すぎて取りには行けないわ」

「それはかまわないよ。今いるところから見ていて大丈夫かい？」

「ひぃ……ああ……うええっ」受話器から声がほとばしった。強烈な、嫌悪感そのものが伴っている。あまりの大声に、耳が痛む。「やめて！　そんなことしないで！」

「どうした、ヘレイナ？」今度は私が驚いた。

「あの連中のひとりが、今、私の中を歩いて通り抜けたのよ。男たちのひとりが！　ただまっすぐ、私の中を通り抜けたの！　なんて嫌な……なんて不作法なの！」彼女の声には、恐怖よりも怒りがこもっている。

「ひぃ……ああ……ううっ、やめてよ。またひとり私を通り抜けたわ！」今度は、彼女の声は、断固とした命令口調になっていた。「あいつらは、私に全然注意を払ってないわ。あまりにもあの光に魅了されちゃっていて、私を見もしないのよ。ただ私を通り抜けて行ったの。なんて不作法なの」

「きみを通り抜けていくのをやめてもらいたいのかい？」私は訊いたが、彼女をつかんで引き戻す必要があるのかどうか、よくわからずにいた。

「そうよ！　あいつらってば、私にまったく見向きもしてないのよ！　そんなのって、不作法すぎる！」

「あたり一帯に向けて、自分がここにいるぞって宣伝するんだ。彼らに、きみのいる場所を知らせて、きみを見て迂回するようにと言うんだ」私はそれくらいしか、言うことは思いつかなかった。

「いいわ、彼らは私を迂回し始めた。本当に、この連中ってば、全然マナーってものを知らないわね！」

私は彼女のコメントに爆笑しそうになった。彼女は、もはやこの幽霊たちを恐れてはいない。彼女にとって、その連中はただの人々にすぎないのだ。とても不作法で礼儀を知らない人々というわけだ。

「また何人か、写真のほうへ歩いていくわ。写真のところに着くと、光を覗き込んで、そしてその中に吸い込まれていく。わあっ、色が変わってきたわ！　光の矢が写真から流れ出して、寝室を照らし出してる！」

「何色なんだい？」私は自分でも好奇心を感じて訊いた。

「赤よ。赤い光の矢と、明るくて澄みきった青い霧が、写真の近くにあるの。ひぃ……ああ……ううっ、またもうひとり、私を通り抜けたわ。やめてよってば！」

「また迂回するように言ってみたら。その男はただ、前には注意を払っていなかったのかもしれない」

「ああそうね、それは忘れてたわ」彼女は自分に思い出させるように言った。

「あの光は彼らをどこに連れていくのかしら。彼らはどこへ行くの？　彼らが罰せられるわけじゃないってことはわかるわ。むしろ、神さまのところへ戻っていこうとしてるみたい。彼らはどういうわけか囚われちゃっていたのが、今はなぜか解放されて、神さまのところへ戻ろうとしているんだわ。あの光は、赦しと愛にあふれてる。慈悲の光だわ。これまで彼らが何をしてきたかはどうでもいいのよ。悪いことをしてても、していなくても、彼らは赦されるんだわ」

「私の知るかぎり、きみは正しいよ。彼らは、何かその行ないのゆえに罰せられたりはしないだろう」

「あの光は、彼らをどこへ連れていくの？　あなたは知ってる？」

「私の考えでは、私が『公園』とか『レセプションセンター』とか呼んでいる場所に行くんだと思う」

「それはどんな場所なの？　そこに行ったら、彼らはどうなるの？　罰せられたりしないってことはわかるわ」彼女の声に、いくらかホッとした響きが感じ取れた。

「私は『公園』には何度も行ったことがあるよ。たいてい、愛する人たちや、友人や身内の人がそこにいて、到着する人たちを迎えてくれるんだ。物質界を離れたショックから回復するための場所なんだよ。『公園』には、私が『ヘルパー』と呼ぶ人たちが大勢いて働いている。ヘルパーは、充分長くそこに住んでもう勝手がわかっていて、新たに到着する人を手助けするボランティアをしているんだ。ヘルパーたちは、新たに到着する人がより簡単に移行できるように、特別な施設を用意することもある」

「どんな特別な施設を用意するの？」彼女の声には、純粋な好奇心があらわれていた。

「そうだな、私は、死んでしばらくたった医者をそこへ連れていったことがある。到着したのは、医者の診療所だった。私たちは受付のあたりにいた。私たちが着いたとき、受付の人はデスクにいなかったけれどね。

待合室には椅子があって、小さなサイドテーブルには患者が待っている間に読める雑誌が置いてあった。どこにも患者は待っていなくて、診察室の中が見えた。何もかもが、医者の診療所そのものの外見と雰囲気だった。
まもなく、ふたりのヘルパーが待合室に入ってきて、私が連れていった医者に向かって自己紹介をした。ヘルパーたちは医者のような服を着て、医者そのもののようにふるまっていた。この特別な施設の環境は、その医者にとってとてもなじみのあるものだったので、彼はわが家にいるかのように感じたんだ。彼はそのふたりのヘルパーたちと一緒になって、すぐに会話を始めた。ヘルパーたちは、新しく到着した人を、診療所という慣れ親しんだ快適な環境で会話に引き込めば、その人を落ち着かせることができると承知していたんだ。そうすれば、その人がさまよい出て、また囚われてしまったりすることはないと知っていたのさ。

『公園』あるいは『レセプションセンター』は、新しく到着する人にとって、一番ふさわしい外観や雰囲気に変化することができるんだ。私にわかるかぎりでは、その人たちがもうこの世で生きてはいないという事実に適応するのを助けるために、そうなるんだと思う。これは、きみの疑問の答えになったかな？」

「ええ、参考になったわ。このアーミッシュの男たちが『公園』へ行ったらどうなると思う？」

「私の想像では、彼らは友人や愛する人たちと再会して、愛に満ちた抱擁で迎えられるだろうと思うね。きみは今、どんな気持ちだい、ヘレイナ？」

「信じられないほど平穏で、落ち着いてるわ。あの光は写真から消えちゃって、リビングには、今はあの男たちは誰も見えないわ」

「素晴らしい。きみはこれにすごくうまく対処しているよ」

私は自分のちょっとした話が、彼女を幕のこちら側に引き戻したことが嬉しかった。彼女はたやすく進んできたし、なにもかも見事にやりとげられそうだと、私は確信した。

「ブルース」とコーチが私の心の中で言うのが聞こえた。

「私たちは新しい局面に入りつつある。これから先は、どんな理由があっても、ヘレイナの経験を邪魔したり止めたりするんじゃないよ」

「彼女を失いそうだと思ってもかい？」私はコーチに向かって思念を返した。

「そう、それでもだ。彼女はこれを自分でやりとげなくちゃならないんだ。何が起ころうともね。きみは、できるかぎり遠くまで彼女をつれてきた。彼女と一緒にいてやって、可能なときには手を貸してやるといい。でも彼女は、自分が充分やったと感じるまでやり続けなくちゃならないんだ。どういう結果になろうともね」

第27章　ヘレイナの「すごいこと」

「わあ、すごく大きい男、またアーミッシュの男よ。この男は強力よ、リーダーだわ。私のすぐ前を通っていくところよ。私の前で止まるわ。私に何か言ってるけど、私には理解できない。この男はとても大きくて、この強力な自信がみんな、この人からやってきてるのが感じられるわ。今、彼は話し終えて、私の真ん前を通り過ぎて歩いていくわ。廊下の向こうへ歩いていく。写真の前で止まる。光の中を覗き込んでいる。光に吸い込まれるわ……消えちゃった。

今度は、私のリビングにいる全員が……みんな光に向かって歩き始めたわ。みんなそこに着くと、光を見て、光に吸い込まれる。**ああ……なんてこと……いったい……この人たちは……みんな……どこから……来てるの？**　こんなに大勢の死者たちが待ってたなんて、誰かが帰り道を教えてくれるのを待ってたなんて、思いもしなかったわ。

うちのリビングがからっぽになったとき、もうこれで終わりだと思ったのに、みんなどこからかやって来て……どこから……どこからやって来てるのかわからないけど、ものすごく大勢いるわ。みんな、ただ光に向かって行って、光を見て、そして消えてしまう。

すごく……すごく……大勢いる。

こんなに大勢なんて、とても信じられないわ。今、小さな光の玉がいくつもある。写真から光が射してるあたりを飛び回ってるみたい。小さな明るい光の玉よ」

「それは、ヘルパーたちがもっと、光の向こうからやってきて、このアーミッシュの男たちを手助けしてるみたいだな。その小さな光の玉は見たことがあるよ。この人の流れを手助けするために、こちら側にやって来ているヘルパーなんだ。

この人たちがみんな、どこからやって来てるのか、私にもよくわからないが、前に似たようなものを見たことがあるよ。いったん通路が開いて、光がそこから闇に向かって輝けるようになると、闇の中にいる死者たちはそれを見ることができるんだ。

蛾みたいに、ただ明るい光に引き寄せられてる者もいるんじゃないかと思う。あるいは、その光の中に、きみも感じ取れた愛や赦しや慈悲を感じて、それに引き寄せられてる者もいるだろう」

ヘレイナの寝室の壁に起きている現象と、私がライフラインの研究グループでインドの大地震のときに経験した出来事の間に類似性があることに、私はほとんど気づいていなかった。これを書いている今になって初めて、その共通点がはっきりわかるようになった。

それに、ヘレイナの見た夢とドアの向こうの光についても、私は関連性を見つけられていなかった。夢の中で、彼女は金縛りになって、ベッドの足の側にあるドアの向こうから射してくる光を見ていたのだ。それは、あの光を発する写真がかかっている場所ではないか——前の晩、彼女が夢を見たときに寝ていたベッドの、足の側にある壁なのだから。

電話でヘレイナの描写を聞いていると、何千という集団が彼女のリビングを通って光に入っていっているようだった。その者たちが通っていくときに、私は数えてくれとは言わなかった。それは重要ではない気がした。彼女がこの経験の完結地点に近づいている、という感じがしてきた。

「コーチ、彼女はもう少しでこれをやりとげられそうな感じだね」

「そうだ、もういつでも、彼女がグラウンディングを始めるのを手助けしてやってもいいよ」

「どうやって？」

「冷蔵庫に入ってるものをチェックするんだ」コーチが教えてくれた。

「ヘレイナ、きみの冷蔵庫には、何かちゃんとした食べ物が入ってるかい？」

「えーと、ちょっと考えさせて。レタスと、牛乳と、ホットドッグがいくらかあるわ。もう二週間くらいスーパーへ行ってないのよ。本当にすぐにも行かなくちゃだめね」

「いいよ、ホットドッグで充分だと思う。冷蔵庫に行って、ホットドッグを持ってきて、食べてもらいたいんだ」この依頼が彼女を驚かせたのがわかった。グラウンディングのプロセスを開始することを狙った、唐突な展開だ。

「いくつ食べればいいの？」

「いくつあるんだい？」

「うーん、そうね、ちょっと待っててくれる？」

前に触れたが、食物が足りないと、物質界と非物質界の境界が薄くなってしまう傾向がある。彼女は今日はほとんどものを食べておらず、それもあって、このすべてのことが起きる機会ができたのだ。

この時点で何か食べることは、ヘレイナの非物質界への知覚を部分的に閉ざす効果があるはずだった。ホットドッグには添加物や変なものがいろいろ含まれているが、それが彼女の冷蔵庫に入っていたのは幸いだった。彼女の意識のかなりの部分が、そのジャンクフードの消化に向けられることになる。こんなにすばやく肉体的な反応を起こしてくれる、素晴らしい可能性を持つものは、ほかに思いつかないほどだ。

彼女が戻ってきて受話器を取ると、かすかにモグモグいう音が聴き取れた。

「なんでホットドッグを食べろなんて言ったの？　私はホットドッグなんて食べたくもないのに！」

「それはいわゆる『グラウンディング』というものを助けてくれるはずなんだ。しっかりした食べ物を食べると、きみの意識の一部が内側に向いて、食べることと消化することに集中するんだ。そうすると、外側の非物質界には、意識があまり集中しなくなる。それで、きみはこっちに留まることができるんだ」

「いくつ食べればいいの？」

「いくつ食べられる?」

「三つかな」

「それで充分だろう。ホットドッグ三つで大丈夫だ」

しばらくかかって、彼女は指示された分を食べきった。

「ねえ、今はもうこれ以上必要ないと思うわ」とヘレイナは言った。「これで、一晩の分としては充分って感じよ」

私はこう考えたのを憶えている。〈控えめな言い方を前にも聞いた気がしたぞ。一晩の分としては充分だって——いや、この経験は、何年分としてももう充分だよ〉

「今はどんな気分だい?」私は訊いたが、答えはわかっていた。

「ほとんど信じられないわ。信じられないほど穏やかな気持ちなの。とても落ち着いていて、完全に恐れはなくて……静穏よ。この経験の記憶は薄れてきている。目が覚めた後に夢が薄れていくみたいにね。とても遠い感じがするわ」

「ヘレイナ、きみが穏やかな気分で、落ち着いて、自分を保てていると聞いて、とても嬉しいよ。この出来事に対して、実に立派に対処できたね。本当に素晴らしいよ!」

「ブルース、あなたはこの手のことに関して、講座で教えてるの?」ヘレイナが唐突に訊いた。

「私はなんとしても、この手のメタフィジカルなことについて、講座を受講して勉強してみたいわ」

「いや、私は講座で教えたりはしていないよ。私はエンジニアで、昼間は働いてる。役に立ちそうな本は何冊か推薦できるけど」

「あら、あなたはこの手のことの先生なのかと思ったわ」と彼女は言い、それからまた話の方向を変えた。

「私は、自分がヒーローとか、そういう存在だとは思えないの」とヘレイナは自分から言った。

「あの人たちはみんな、神のもとへ戻る道を見つける必要があって、私はそれを手伝っただけ。それをしたからといって、私が英雄になるわけじゃないわ。誰だって、彼らのためにそうすべきだったんだと思うわ。ブルース、これまでに私みたいな人に会ったことがある？　つまり、あなたが会ったり話したりした中に、ほかにも私みたいな人はいた？」彼女は、自分の同類がいるのかを知りたがっていた。

「私が関わってきた人たちには、きみのようなことを経験している人は大勢いるよ。これほどの経験とは行かなくてもね。つまり、これほど一度に多くを経験してはいなくても、ということだ。私が関わってきた人たちは、たいてい、一度に少しずつ進んでいる。大きな、飛躍的な一歩じゃなくてね」

「あなたにも、こんなふうに起こったの？」

「いや、私はもっとずっとゆっくり、すごく小刻みに一歩ずつ進んだよ。いっぺんに少しずつしかのみこめないたちの人間なんだ。物事がどうあるべきかに関して、互いに相容れない信念や考えをたくさん持っていて、何度も自分勝手な方向に行ってしまった。ものすごく忍耐強い先生たちが何人かいて、私が自分なりのゆっくりしたペースで学ぶのを助けてくれたんだ」

「こんなことが起こったからには、ダンサーの仕事は辞めるべきかもしれないわね。私、ダンサーをして暮らしてるのよ。ストリッパーなの。一週間に三晩働いてるわ。こんなことの後では、ストリップを続けるのはふさわしくないかもね」

彼女が「ストリッパーなの」と言った瞬間、たくさんのことが突然、腑に落ちた気がした。夕方に初めて電話で話したときから、私の頭の中にちらついていたエロティックなイメージも、これで説明がついた。

「私はエンジニアで、きみはストリッパー。どちらもたいした違いはないと思うね。私もきみも、誰かが望むことをして、その人から金をもらっているんだ。本当は別のことをしたいのにね。私もきみも、勘定を支払って暮らしを立てていくために、生活費を稼がなきゃならない。きみがこれから何をしようと、私はまったく気にしない。仕事を変えることにするかしないかは、完全にきみ次第だし、きみがどう感じるかによるよ」

「私、あなたに会ってもいいかしら？　あなたは大丈夫？」彼女は尋ねた。

彼女の声には、起こったことを実証したいという願いが感じられた。彼女は、電話で私と話す前には、起こっているこの奇妙なことはみな、自分の頭の中で作り上げたものに過ぎないと思い込んでいた。彼女は、私たちの電話の会話も、でっち上げの幻想ではないと確認したかったのだ。

「もちろんだよ、ヘレイナ。いつでも予定が合えば、ぜひ会おう」

「明日会えるかしら？」

「私はかまわないよ。私のポケベル番号は知ってるね。昼間、いつでも連絡してくれ。そうすれば、時間と場所を打ち合わせられるから」

「わかったわ。ありがとう。明日、ポケベルに連絡するわ」彼女の声には安堵と興奮が感じられた。

「ねえ、彼らが私の中を歩いて通り抜けていったとき、実はそれほど嫌な感じじゃなかったのよ。涼しい風が身体の中を吹き抜けていくみたいだった。それだけよ、ただひんやりした空気が吹き抜けていくみたいだったの」

「それはまったくよくわかるよ。きみは、自分の非物質的な身体にかなり強くフォーカスしていたんだ。あの男たちも非物質的な存在だから、きみは彼らを感じられたんだ。彼らのことを、冷たいとかひんやりしてるとか表現する人は多いよ」

「彼らはとても不作法だったわ。私には何の注意も払わなかったんだもの。まるで私がそこにいもしないかのような態度で、だから私はイライラしちゃったのよ。もうひとつ質問していい？」と彼女は訊いてきた。

「もちろん」

「私のアパートにいる幽霊たちには、私が見えるの？　つまり、彼らがそうしたいと思えば、シャワーを浴びてる私が見られるの？」

「私の知るかぎり、彼らは、物質界に意識をフォーカスできるからには、物質界のどこでもだいたい見られるよ」

「私が見えるの？」彼女の声には、動揺があらわれていた。

「プライバシーなんて幻想にすぎないってことが、私にはわかってきたよ。心の中で考えることさえ、隠してはおけないんだ」と私は答えた。これを聞いて、彼女が心配になったのがわかった。

「そんなこと、どうして我慢できるの？　ブルース」

「ただ、それが事実だと受け入れるだけさ。そういうものだよ。彼らが、一番プライベートな瞬間に私を見たいと思ったとしても、それが何だっていうんだ。そうやって、ただ受け入れるしかないのさ」

「うーん、わかったわ。明日電話するわね。本当に、あなたに会っても大丈夫？」

「ああ、大丈夫さ。連絡をくれるのを楽しみにしてるよ。今夜はよく休んで」

「ええ、わかったわ。じゃあね」

「さようなら」

コードレス電話のボタンを押して通話を切ると、自分がまわりにあるものの中に戻ってくるのが感じられた。ファロンはもうキッチンへ行って、夕食の準備を終えていた。彼女がそこにいてくれたことがとても嬉しく、とてもありがたく感じられたのを憶えている。彼女は、ヘレイナとの会話が山を越え谷を越え、脇道にそれたりする間、私がそれに対処できるように、そっとしておいてくれたのだ。

ヘレイナにとっては、これは半狂乱のヒステリックな状態から始まり、何度も盲目的なパニックに陥りそうになったが、静かで穏やかな平安のうちに解決を迎えた。彼女はしっかり踏みとどまって、状況を制御できるということを学んだのだ。

「コーチ、終わって本当に嬉しいよ。きみにも、ほかに助けてくれた人たちみんなにも、感謝している」

「どういたしまして、ブルース。ここにいる者全員が、きみはとてもよくやったと言っているよ」

私がビデオデッキの時計に目をやると、表示は午後九時二九分だった。三時間半も電話していたのだ。

風はおさまった。波は静まった。私はハリケーンを乗り切ったのだ、ひとりきりで。

第28章　夕食での会話

この世に戻ってくるために食べ物を必要としていたのは、ヘレイナだけではなかった。私はお昼から何も食べていなかったし、たぶんそのせいで、私にとってもこの経験全体がより容易になったのだろう。私はキッチンにいるファロンのところへ行き、今起こったことについて詳しく話した。

ハートチャクラの一部が開くにつれて、私は、感情的なエネルギーは遮断せずに表現するべきなのだと理解するようになった。私はファロンとつきあうことで、自分の感覚を表現できる、愛に満ちた安全な場所を見いだせた。感覚を遮断して内側に抱え込み、それを膨れ上がらせたりせずにすむようになったのだ。私はファロンに話し続けるうちに、エネルギーが何度も大きく解放されるのを感じた。

話の中で、私がヘレイナに「会ってもいい」と言ったことについて触れたとき、何か疼《うず》きのようなものが、ファロンを駆け抜けるのが感じられた。私自身も、ヘレイナが二四歳のストリッパーだということで、自分が抱いてしまう感覚を抑えているのが感じられた。そこには何か、脅《おびや》かされるような感じがあった。

その感覚が何であれ、それを受け入れるには少し時間が必要だった。

夕食を食べ終えてから、私はファロンに、私がこんなに長時間ヘレイナと電話していたことについてどう感じたかと訊いてみた。ファロンは、私の関わっているライフラインの活動に興味を持っているが、自分は直接経験していないので、まだかなりの疑念を抱いている。

「そうね、キッチンで話していたとき、私はちょっと疼くような恐怖を感じたわ。つまり、あなたが自分と似た経験をしている女性と話していたことで、私は少し脅《おびや》かされるように感じたの。それはほんのしばらくしか続かなくて、すぐ消えていったけど」

私はすべての勇気を奮い起こして、脅かされるように感じるものが何であれ、それに正面から向きあおうと決意した。物理的に何かが喉につかえているような感じだったが、ただそれは、ハートにつかえていたのだ。

「ああ、私も恐怖を感じるよ。どういう恐怖なのか、はっきりとはわからない。脅かされるような感じで、何だかわからないがそれを隠さなきゃいけないような気がする。でも、それは私のハートにひっかかっていて、何とか外に出してやらなきゃならないんだ。

ヘレイナをチェックしていたとき、彼女が踊っているのが見えた。とても官能的で魅惑的なダンスだった。彼女と電話で話したとき、彼女はストリッパーだということがわかった。それで、私の見たものがいっそう納得がいったんだ。そのことを吐き出すのは、本当に難しかった。彼女がストリッパーで、私がその魅惑的な部分を感じてしまうかもしれないということを、きみに話すのはとても難しかったんだよ」

そう言った途端に、私は自分の恐怖の出所を感じ取ることができた。

私は、自分の本当の気持ちをファロンに伝えると、それがふたりの関係を脅かすのではないかと恐れていたのだ。過去の人間関係で、こういう気持ちを抑えこんでいたときの記憶が一気に噴出してきた。いつも気持ちを抑え込むことについて、つまらない言い訳をしていたことも、みな思い出された。私はそれまで、自分が抱くべきでないとわかっている気持ちを抱いたことをなかなか認めることができなかった。

記憶が一気によみがえってくると、私は、そうした気持ちを何年も秘密にしておいた結果、どうなったのかを思い出した。そういう気持ちは積もり積もって、しまいにはその人間関係で抱いた、ほかの感情を押し出すことになった。

最終的には、自分のハートには、表現できなかった古い感情を溜めておく余地しかなくなってしまった。それはいつも、その人間関係にダメージを与えた。自分の気持ちを表現することで人間関係が脅かされるのではないか、という恐怖こそが、いつも本当のダメージを引き起こすことになるのだ。

〈今度は間違わないぞ〉と自分が考えるのがわかった。〈今度こそ、自分の感じていることを受け入れ、それをすぐに表現しよう。永遠に隠しておかなきゃならないようなことを、抱き続けたりしない。今度は、今すぐ外に出すぞ〉

私がその決心を固めるやいなや、すべての恐怖が消え去っていくのがわかった。ハートにつかえていた塊は消えた。私は清らかで澄みきった気持ちだった。

「ヘレイナに対して感じていることを、きみに話すのが怖かったんだ。いつだって私は、こういう官能的な魅力を感じると、それが人間関係を脅かすのが怖くて、その感覚を隠してきた。明日、私が彼女に会うとき、きみも一緒に来てもいいかもしれない。私たちの関係を、どんなものにも脅かされたくないんだ」

「いいえ、その必要はないわ。私には、すべて大丈夫だとわかっているもの」とファロンは答えた。

私はファロンに話した。自分の気持ちを外に流れ出させて表現することで、どれほど開放感を感じているか。そして、ふたりで分かち合っている愛に、私がどれだけ感謝しているか。この、つかの間のやり取りによって、私が何年も抱き続けていた感情についての恐れが、完全に洗い流された。ハートを開き、それを開けておくというのはどういうことなのかについて、素晴らしい学びをすることができた。これが、そのやり取りから私が受け取った賜物だったのだ。すごい！

夕食を終えた後、私は突然、これから何日か、たくさん水を飲まなくてはならないことを思い出した。その晩起こったような経験には、しばしば浄化と更新と成長のプロセスが伴う。コーチからの助言で私は、ヘレイナに電話して、やはり水をたくさん飲むように指示すべきだと気づいた。私は電話を取って、リダイヤルボタンを押した。

「もしもし」ヘレイナの眠そうな声が聞こえた。

「ヘレイナ、またブルースだよ。邪魔してすまないが、これから何日かは水を特にたくさん飲むようにって、言っておきたかったんだ」

「どうして、そうしなきゃいけないの？」

「きみは今夜いろいろと経験したから、古いものを洗い流して新しい種に水をやるために、特にたくさん水を飲んでみてもいいんじゃないかな」私の口から、まったく考えていなかったような言葉が出てきた。

「わかったわ。ベッドに横になって、今夜起こったことをみんな思い出していたところよ。起こったことを自分の中に受け入れて、すべてがかみ合うようにしようとしてたの。大部分の記憶はだんだん薄れてきてるわ。夢を思い出してるみたいよ」

「きみがしてることは、素晴らしいと思うね。経験したことを自分の意識と記憶の中に統合させていくのは、とてもいいことだ。さて、これから何日かはたくさん水を飲むように、というメッセージを伝えたかっただけなんだ。じゃあ、できるかぎりよく休んで。また会おう」

「ＯＫ。おやすみなさい」彼女はあくび混じりに言った。

「おやすみ、ヘレイナ」

ファロンと私は、もうしばらくお喋りしていたが、やがて疲労が私を圧倒し始めた。もう午後一〇時三〇分で、私には間違いなく休息が必要だった。私は短く太極拳をした後、自分自身の助言に従って大きなグラス一杯の水を飲み、歯を磨いてから眠りに落ちた。

第29章　一緒に夢見て

眠りに落ちてから一時間ほどして私は、寝る前に飲んだ大量の水のせいで、トイレに行きたくなってきた。

ゆっくりと眠りから覚めてきたが、とても緩やかにだったので、それまで見ていた夢から抜けきれないほどだった。ベッドから滑り出て、一連の動きをしていても、私はまだ半ば夢の中だった。ベッドに戻り、ぼんやりしたまま夢を思い出し始めた。すると、最初に眠りに落ちたときまで遡って、見た夢の細部をことごとくたどれることがわかった。

夢が始まったとき、私は街路の縁石沿いに停めてある、フルサイズのピックアップトラックに乗っていた。大きくて快適なベンチスタイルの座席で、私は運転席側に座っており、両手はゆったりとハンドルに預けていた。とても暗い夜で、運転席の横の窓越しに、若いカップルが道の向こうの角に立っているのが見えた。ふたりは街灯の下にいたので、互いに言い争っているのが、見ようとする者には簡単に見ることができた。

男のほうがだいたい叫ぶ側で、叫びながら女の顔に指を突きつけ、左右に振っていた。女はうつむいて、ただそこに立ったまま男の罵倒に耐えていた。男はとても長い間、そこに立って女を叱りつけたり恥をかかせたりしていた。それから、女が突然、男から逃げ出した。まくし立て続けている男に背を向けると、私が乗っているピックアップトラックに向かって駆けてきた。

女は最初、私がトラックに乗っていることには気づかなかったに違いない。運転席側のドアを猛烈な勢いで開けると、まるで私がいないかのように、ハンドルの前に乗り込んできた。しばらくの間、運転するポジションをとるために苦労していたが、やがて何かがおかしいと気づいて助手席側に移動した。ことの次第に戸惑いながら、彼女は私が座っているところをまっすぐに見つめて、何が起きているのか見極めようとした。私が彼女の前に姿を現すと、驚きの表情がその顔に浮かんだ。

私たちは話を始めた。いやむしろ、その女性が言わずにおれなかったことを私が聞き始めたのだ。若い、黒髪の美女だった。

あの男が嫌な悪いことを言っていた、と彼女は話した。男は彼女を怯えさせ、とても嫌な気持ちにさせたという。夢の中では、彼女がトラックに乗り込んできたときから、私がだんだん目を覚まし始めるまで、私たちは話を続けていた。

これは言い訳にはならないだろうが、私はトイレに行ってきて大きなグラスにもう一杯水を飲んだ後も、まだ半分しか目が覚めていなかったのだ。この女性が誰なのかということは、まったく思い浮かばなかった。

ベッドに戻ってしばらくすると、私は眠り込んでまた夢を見始めた。

ナイトテーブルの上の時計を見たところでは、私が再びゆっくりと眠りから覚めたのは、それから一時間後のことだった。私はまだ夢を見ていた。

グラスの最後の一杯を飲み干すためにベッドから起き出す前に、思い出せるかぎり遡って、その夢を思い出してみた。夢で起こった一連の出来事を、さっき初めて目が覚めた時点までいちいち事細かにたどっていった。それからさらに最初まで遡っていき、トラックに乗っていたところまで戻った。若いカップルが街灯の下で口論するのを見ていたところまでだ。

これはひとつの、つながった夢だった。ただ大きなグラスで飲んだ一杯目の水のせいで、一度中断されただけだったのだ。

初めて目を覚まして、ベッドに戻った後、私はまた夢でトラックに乗っていた。私は道の向こうにいる男に目を向けていたが、彼はこっちに来ようとはしなかった。ある時点で、私はトラックをスタートさせ、走り出した。私たちが暗闇の中で長い細道を走っていく間、女性は喋り続けていた。彼女は、自分に起こったことをみんな話し続け、私に質問をしたりしていた。私はその質問に答え、彼女の話に耳を傾け、夜の中を運転し続けた。

彼女は、とてもお腹がすいたと言い出して、自分の知っているちょっとしたところに立ち寄ろうと提案してきた。

私たちは裏手に回って、トラックを建物の後ろの暗い駐車場に停めた。裏に入っても大丈夫、オーナーは友達だから、と彼女は言った。

私たちはテーブルに着き、メニューを見てからウエイターに注文をした。常連でいっぱいの地元の酒場のような感じだった。温かく親しみやすい雰囲気だ。

こうした考えが頭をよぎったかと思うと、女性がひとりの男を指して、厄介な相手だと言った。私にはよさそうな人物に見えた。女性のほうを横目でうかがってはいたが、当然じゃないか？彼女は魅力的な若い女性なんだから。

彼女がしつこく言い張るので、食べ物がまだ来ていないのに、私たちは席を立ってドアに向かった。彼女は私に、用心深く動いて注意を引かないようにと警告した。

私たちがドアにたどり着いたかと思うと、すぐに後ろで大騒ぎが勃発した。建物の中から、こもって聞こえる男たちの怒号や家具の壊れる音、ガラスの割れる音などが、私たちを追いかけてきた。食事に寄る場所について、彼女のした選択がまずかったなと、私は考えた。

あの場所が、最初入っていったときに、あれほど親しみやすい雰囲気に思えたのは奇妙なことだった。いい感じの酒場に思えたのに。それが突然、食事をするために座った後で、本性を現したのだ。

私たちはトラックに走り、急いで飛び乗ると猛スピードで発進し、怒って追いかけてくる暴徒をかろうじて振り切った。私たちはさらに、暗い舗装路をドライブし続けながら、今起きたことその理由について話していた。

「人を信用しちゃだめよ」と女性は言った。「いい人だと思わせておいて、後からひどいことをしてくるんだから。最高にいい人に思える人たちが、一番騙すのがうまいのよ」

私はベッドに戻ったとき、夢をまた時間の流れに沿って思い出しているところだったが、ちょうど夢が途切れたところまでたどりついた。ウォーターベッドの温もりの中でリラックスすると、私は再び眠りに落ちていった。

ファロンはこの日、体調がよくなかった。私がまた夢を見始めてから一時間後に、彼女がアスピリンを服《の》むために起きたので、そのとき私も目が覚めた。半分寝たまま、私は夢を思い出し始めた。夢を遡って、最初にピックアップトラックに乗っていたところまで思い出し、トイレに起きた二度の中断も思い出した。私はまたもや、同じ夢の続きを見ていたのだ！

私たちが酒場の群衆から逃れた後、朝日が射してくるまで、私はトラックを運転し続けた。そして、孤立した、小さな田舎町の真ん中で止まった。

私たちは、何軒かある小さな店舗付きビルの近くの路肩にトラックを停めて、外に出た。そのまま道を突っ切って、町はずれを目指した。

前方には小さな川に橋が架かっていた。橋の両側には歩道がついている。橋の左側からは、川はあまり見えなかったので、反対側の歩道からもっとよく見ようと思って、道を渡ることにした。

道の反対側の歩道には、年配の――かなり高齢の人が三人立っていた。アジア人だ。好ましい老人たちで、高齢のために腰が曲がって弱々しくなっていた。

三人のうち一番年を取った人は、ほかのふたりに手を貸してもらって、慎重に縁石から降りた。一番年を取った人の両脇にひとりずつがついて、互いに腕を組んで支え合いながら、三人は足を引きずるような歩き方で一緒に道を渡った。

女性と私は、歩道に立って待っていた。私も彼女も、この老人たちがこっち側にたどりついたとき、手助けがいるかもしれないと思ったのだ。

夢を見ている間は、この女性が誰なのかということは、まだ全然思い浮かばなかった。老人たちは、私たちが手助けしようと待っているところに近づいてきながら、感謝するように微笑んだ。老人たちは熱い期待を込めて、ゆっくりとすり足でこちらに近づいてきた。

私たちが助けの手を差し伸べようとしたちょうどそのとき、大きな黄色いタクシーがうなりを立てて反対方向からやってきて、私たちの前で止まった。老人たちは、もう少しで轢かれてしまうところだった。私たちが老人たちを助けて歩道に引き上げようとしていたとき、老人たちが突然生気を取り戻した。ひとりがすばやく助手席側の後ろのドアを開けると、残りのふたりが私たちを後部座席に押し込んだ。全員が飛び乗って、ドアをみな勢いよく閉めると、タクシーの運転手が後ろを振り向いて女性と私を見た。

葉巻を噛みしめた歯の隙間から、運転手は笑い声を立てて言った。「わたしらが、おふたりをドライブにお連れしますよ」

運転手はアクセルを踏み込み、縁石のところから急発進した。町を抜け、線路を越え、穀物倉庫をいくつか通り過ぎ、田舎へと走った。

運転手は私道に入り、一軒の大きな納屋の前でタクシーを止めた。

運転手と、老人だとばかり思っていた若い悪党どもは、私たちを戸口から小さな部屋へと押し込んだ。この四人は、この詐欺を前にも働いたことがあったのだ。何も疑うことなく隣人に手を差し伸べようとする「よきサマリア人」をおびき寄せて、その人まで、強盗に遭うような状況に陥れるのだ。

今度は、タクシーの運転手が仲間を裏切る決心をした。それで私たちは全員、横一列に並び、運転手がナイフを突きつけて金を奪うのを待つことになった。

運転手はまず最初のふたりの金を奪ってから、私の右に立っている、私と一緒に行動してきた女性にとりかかった。

一番年寄りに見える強盗は、私の左に立っていたが、さらに裏切りをしようと決心していた。彼はどこからか奇妙な形のナイフを取り出した。刃渡りは少なくとも四五センチはあった。どうしてそんなことができたのかはわからない。夢というものには、ばかげたことを筋が通っていると思わせてしまう力があるが、彼はその大きなナイフを、伸ばした両手に持っている普通のサイズの札入れの下に隠した。彼は、自分の番になったときに、運転手のも含めて全員の金を奪って逃げようと計画したのだ。

私の番が来たとき、隣りにいる年寄りが計画していることを知って、ほとんど笑い出しそうになった。私は自分の財布を取り出して開けてみた。分厚い札束が入っているはずだ。ところがそれは空っぽだった。

〈うーん、おかしいな〉と私は頭の中で考えた。〈つい昨日、ファロンと映画に行く前に、いっぱいにしたはずなのに。ああそうか、ＡＴＭを出るときに、札束をズボンのポケットに入れたんだな〉

私はポケットに手を入れて、隠していたものを出し、ナイフを構えている運転手に渡した。運転手が、私の左にいる年寄りの金を取るために移動したとき、私は一緒に行動している女性のほうを向いた。彼女は恐怖に震えていた。

「さあ、逃げるぞ」と私は小声で言った。

その直後、年寄りが運転手から金を取ろうとして騒ぎが起きた隙に、私たちはドアから走り出て、またもや災難から逃れた。

ファロンがベッドに戻ってきて、再び眠りにつく頃には、私は夢が途切れたところまで来ていた。私たちは町に走って戻り、なんとかトラックを見つけて飛び乗ると、猛スピードで逃げ出したのだった。

一時間ごとに目を覚まして、夢を終わりから最初まで遡って思い出す、というパターンは一晩中続いた。夢の中のパターンも、やはり同じだった。どの場面でも、私たちはとてもよさそうな人たちに会い、その一部の人たちに助けを求められるのだ。毎回、夢の状況が証明してみせたのは、相手がどんなふうに見えても誰も信用してはいけない、ということだった。そういう人たちは、機会があり次第、こちらを騙してくる。誰も絶対に信用してはだめだ！

残念ながら、その夢で一緒に行動していたのがヘレイナだということに、私は一度も気づかなかった。それは、ひどく悔やまれることだった。

最後に起き上がって、その夢を終わりから初めまで、初めから終わりまで思い出したとき、ナイトテーブルに置いた時計は午前五時三〇分を告げていた。たいして休めないまま長い夜を過ごし、私は本当にもう一度寝たくてたまらなかった。ところが、コーチは違う考えを持っていた。

「いや……だめだ……いけない」彼が言うのが感じられた。「今すぐ起きるんだ！」

「おいおい、頼むよ、コーチ。本当に休息が必要なんだ。ほんのちょっと寝かせておくれよ」

「とんでもない！　絶対に今すぐ起きて、キッチンのテーブルに行って腰を下ろし、思い出せることを全部、書きとめ始めるんだ」コーチの声の感じは、いつになく断固たる調子だった。

「頼むよ、コーチ。情けってものがあるだろう！　少し寝かせてくれよ」

「すぐに起きるんだ！」

「ああ……わかった……よ。なんとしても、今は寝かせてくれそうもないな」

「そのとおり」とコーチは答えた。まるで練兵係の軍曹が新米兵士をいじめているみたいだった。

コーチがこれほどしつこく図々しい態度をとったのは、私の記憶にないことだった。そうしなくてはならないくらい、私は眠かったということだろう。

「まずトイレに行ってもいいかい?」

「トイレに行っている間もずっと、夢の中を往復しながら内容を思い出し続けていられるならいいさ! グズグズするな! そして何をしても、トイレに座ってる間に何かを読み始めたりするんじゃないぞ」

「わかった……わかった。起きるよ。ほら、起きるところだ」と、ベッドの端まで転がっていきながら言った。「本当に、きみがこんな態度をとるなんて、今まで見たことがないよ、コーチ。無礼で、ものすごく偉そうだな」

「『しつこい』と言ったほうが、私の意図に近いよ」コーチはぶっきらぼうに答えた。「それで少しでもきみの気が晴れるというなら、『とてもしつこい』と言ったっていいさ」

コーチと言葉の意味を議論することが、なんだか突然おかしく思えてきた。次の瞬間、私たちはふたりとも、子どもみたいにゲラゲラ笑い出していた。もちろん、ファロンが私のほうの笑いだけを聞いて目を覚ました。

「こんな朝早くから、何がそんなにおかしいの?」彼女は眠そうな声で訊いてきた。

そう訊かれて、よけいにおかしくなってしまった。私はヒステリックな笑いが収まるまで待ってから、ようやく彼女の質問に答えることができた。

「コーチが、あることについてすごく厳格にしようとしてたんだけど、それを台無しにしちゃってさ。それがおかしくてね。それだけだよ。私は一晩中夢を見てたから、どうしてもそれをみんな書きとめなきゃならないんだ」

〈やれやれ〉と私は考えたのを憶えている。〈この手のことは、話す相手を間違えると正気を疑われかねないな〉

私はそれから五時間半かかって日誌を二八ページ書き、夢のことやヘレイナとの電話のことを記録した。続き物になった夢について書いているとき、私は一緒に行動したのがヘレイナだと気づかなかったことに、強い悲しみを感じた。もし気づいていれば、夢の中で悪党どもに愛を投げかけるやり方を見せてやれたかもしれない。そうすれば、悪党の何人かは消え去ったかもしれないし、彼らの本来の姿が明らかになったかもしれない。私はその機会をふいにしてしまった。それを思うと、いい気持ちはしなかった。

私が職場の上司に電話したのは、すでに仕事に遅刻している時間で、午前八時のことだった。私はボイスメールでメッセージを残し、昨夜とあることが起こって、その処理をしなくてはならないのだと伝えた。少し曖昧な言い方かもしれないが、いったいどこまで上司に話していいのか、私には確信がなかったのだ。幸いなことに、彼は毎週日曜の晩に集まっている男性の会のメンバーだった。私はその会合で、自分の経験をいくらか話したことがあったので、完全なショックを与えることにはならないはずだ。午前一一時を少し過ぎてから、私はもう一度電話した。今度は彼が直接電話に出た。

「すべて大丈夫かい？」と彼は尋ねてきた。

「ええ、私は何ともありません。大丈夫です。何をお話ししたらいいのかよくわからないので、本当のことを言おうと思います。昨日、アパートに幽霊が出て困ってるという女性から、電話をもらったんです。それがかなり大変な試練になってしまって、起きたことを全部書きとめなきゃならないんです」

私たちの会話には、とても……長い……長い……沈黙があった。

「いささか奇妙な話に聞こえるのはわかってますが、それが本当に起きたことなんです。今日はもう、昼のこんな遅い時間になってしまったので、たぶん明日の朝まで出勤できそうもありません」

「そうか」と彼は言った。「私もかつては、話があるという人たちから、午前三時に電話をもらったりしていたよ。私は、あるプログラムのスポンサーだったし、そのおかげで自分が手助けしているような気になったものだ。しかし、年を取って、その手のことが必要なくなってからだいぶたつ。今はもう、そういうことはしていないよ」

私の上司に幸いあれ。彼は、自分では完全には理解できないようなことが、私の人生に起こっているという事実を進んで受け入れようとしてくれた。この会話のせいで不愉快な思いをしたはずだが、辛抱して私と話を続け、できるかぎりいいかたちで折り合いをつけようとしてくれたのだ。

「誰かに訊かれたら、きみは個人的な理由で一日休みが必要だっただけだと言っておくよ」と彼は言った。「明日の朝に会おう」

「ありがとうございます。では明日」

この世で、ほかの人たちとつきあっていくのは、私にとって楽なことばかりではない。相手の人たちにとっても、やはり楽でないこともあるだろう。私が少し変だと考える人もいるはずだ。私が完全にイカれていると考える人もいるだろう。

それでは、生きていく中でこういうことが起こる場合、人はいったいどうしたらいいのか？ただ事実を話すしかないのだ、ということを私は学んだ。相手が理解して、そこから進んでいってくれることを期待しつつ。

第30章　ヘレイナ、どこにいる？

ヘレイナがその日一日中、連絡してこなかったので、私は少し心配になり始めた。会う時間と場所を決めるために、彼女がポケベルを鳴らしてこないので、大丈夫だろうかと考えてしまった。電話での会話の最後には、彼女は問題ないような感じだった。しかし、かなりおかしなことがたくさん起こったので、何かよくない作用があったかもしれないと、私は心配になった。

とはいえ、彼女がすぐに電話してこなかったのは、いいことでもあるかもしれない。時々浮かんでくる、エロティックなダンスをしているヘレイナの幻想が薄れて消え去るには、ほぼ火曜日いっぱいかかった。

私は何度かコーチに会いに行ったが、そのたびに彼女は大丈夫だと言われた。ただ、経験したことと自分との間に距離をおこうとしているだけなのだと。いっぺんに飲み込むには大きすぎる一口だったので、咀嚼《そしゃく》する時間が必要なのだ。

コーチは私に、もしヘレイナが望んだら、先生と生徒としてやっていこうと提案してみたら、と言った。彼女がレッスンを受けたいという願いに従っていくなら、彼女と私双方にとって勉強になるかもしれない、とコーチは言った。

あの電話から二日後、仕事を終えて帰る頃には、いくらコーチからもらえる情報があっても心配を和らげることはできなくなっていた。

私は、自分の言動のせいでヘレイナを正気の境の向こうまで追いやってしまうのではないか、という恐怖を経験していた。その恐怖がまた戻ってきて、私に取りついた。

その晩、私は彼女に電話をかけ、留守番電話にメッセージを残した。その後どうしているか心配なので、電話をかけて知らせてくれるように、というメッセージだった。

翌日、職場で、友人と外でランチを食べるために座っていたときに、ポケベルが鳴った。ヘレイナの番号が表示されていた。デスクに戻って、その番号にかけると、二度目の呼び出し音でヘレイナが出た。

「もしもし、ブルース。昨日は電話しなくてごめんなさい。でも私、かなり忙しくて、起こったことを考える時間が必要だったの」

「いや、いいんだよ」と私は応えた。「月曜の夜はいろんなことがあったから、その影響がどうだったか、ちょっと心配になっていたんだ。きみが大丈夫だということを知りたかっただけだよ。きみはたぶん、それを整理するのにいくらか時間が必要だったんだろう」

「そうなの。経験したことと自分の間に、少し距離をおこうとしてたのよ。あのことをつい三人に話しちゃったけど、それは間違いだった。そのうちふたりは、私が完全にイカれてるって言ったわ。私のママと夫がそう言ったの。女友達は少なくとも聴いて理解しようとしてくれたけど、彼女もやっぱり、気が変な人を見るみたいに私を見てたわ」

「たいていの人は、自分自身では、その手のことと結びつくような経験をしたことがないんだ。私には経験があるから、全然、きみがイカれてるとは思わないよ。きみがした経験はとても珍しいものだから、それを理解できない人には異常に思われるかもしれない。いや、私はきみがイカれてるとは思わないよ」

「そう、少なくともひとりは、私がイカれてると思わない人がいるってわけね」彼女は笑いながら応えた。

「ところで、月曜の夜起こったことを日記に書きとめる時間はあったかい？」

「いいえ、書きたくないの。誰かが見つけて、私を異常だと思うかもしれないもの」と彼女は答えた。「ひとつひとつ、頭の中で思い返しながら理屈をつけて否定しようとしてるんだけど、無理なのよ」

「経験したことを受け入れられるようになるには、しばらくかかるかもしれないな。きみが言ってるのは、こういうことだろう。あれがみんな起こりえたということを受け入れるのは難しい。それなのに、否定することもできないって」

「そうよ、それが私の現状なの」

「もしきみが、出来事の詳細を振り返る必要があると思うなら、私はあの経験とその晩見た長い夢の記録を書いたよ」

「ええ、今のところ、あのことはあまり考えたくないのよ。おかしいんだけど、今あなたと電話で話していても、私のいるこの部屋に、人やものが存在してるのがわかるの。ちょっとした断片が見えるんだけど、全然怖くないのよ。彼らがここにいたっていいわ。もし私がどこかへ行ってほしいと思えば、彼らは立ち去るしかないってことがわかってるもの。あなたと電話で話した後では、怖いと思ったことはないのよ。夜も一晩中まったく問題なく眠れるわ」

彼女がもう恐怖を手放し、どんな状況になっても自分で何とかできると感じていることを聞いて、私の懸念は消え去った。

「ヘレイナ、きみが、自分は安全だとわかっていて、まわりで何があっても対処できるんだと自覚してることを聞いて、私は本当に嬉しいよ。すごくいい気分だ！」

「ああ、あの晩に、あなたが言ってたことを試してみたわよ。胸の真ん中の場所からコミュニケートするってこと。それをゆうべ、仕事で試してみたの。そうしたら、一晩でこれまでになかったほど、いっぱいお金が稼げたわ。お金を稼ごうとして、誰かのためにダンスをする必要もなかったの。ただ、頭で考えるんじゃなくて、胸の真ん中で感じるようにして、男の人たちを見るようにしたのよ。どの人が一緒のテーブルに座って話をするだけでお金をくれるのか、どの人がダンスをしなくちゃお金をくれないのか、わかったの。

だから、座って話すだけでお金をくれる人たちのところへだけ行ったってわけ。しばらくしたら、ただ見回して、たくさんいる中から別のひとりを選ぶのよ。毎回、うまくいったわ。その人たちは、ただ座って話すだけでお金をくれたのよ！　誰にもダンスをしてやらなくてよかったのに、これまでで最高のお金を稼げたわ」

私はヘレイナの天賦の才の使い方について、少々、道徳的に批判したくなった。〈なんてこった。女ってものは、何ひとつ神聖視したりはしないのか？〉幸いにも、私は口を開く前に自制し、その言葉を彼女にぶつけるのは我慢した。

「うーん、確かに、きみの与えられた才能には使い道がいろいろあるよ。私たちの行動にはみな、結果が伴う。自分の行動の結果を受け入れられるのなら、ふさわしいと思うやり方でそれを使うのは、悪いことじゃないと思うよ」

ヘレイナがそんなふうに才能を使っていることについて、私はひどく落ち着かない気持ちになってきた。しかし、それは私の問題についての私の感覚なのだ、と気づいた。彼女がどんな生き方を選ぼうと、私には関係のないことだ。いずれにせよ、自分自身が生きていくだけで手一杯なのだから。コーチが耳打ちしてきたので、急に私の考えは別のほうへ向かった。

「ヘレイナ、月曜の夜に話していたとき、私が講座を教えているのかって訊いたね。私は講座は教えていないけど、きみに教えてもいいと思っているんだ。起こっていることについて話したければ、電話してきていいよ。私はこの手のことのエキスパートってわけじゃないけど、役に立つようなかたちで経験を話すのは歓迎さ。うちには精神世界関連の本がかなりいろいろある。借りたい本があったり、興味のある分野で読む本を推薦してほしいと思ったりすれば、電話して知らせてくれ。おっと、それで思い出した。きみに薦めたいと思ってた本があるんだ。たった一冊だけ読む本を薦めるとすれば、それは『奇跡の道(A Course In Miracles)』という本だ」

「『奇跡の道』ね、わかったわ。どこで買えるかしら?」ヘレイナがそう訊くのを聞いて、私は驚いた。

「たいていどこの本屋でも――B・ダルトンズ、バーンズ&ノーブル、タタード・カバー、あるいはニックナックヌックでもいい。これは、たくさんの分野を網羅してるし、誰にでも薦められる、実に用途の広い本なんだ」

「わかったわ。今のところ、話しておかなきゃならないことはそれくらいだと思うわ。また、そのうちに電話するかも。もしよければだけど?」

「もちろん、話したいときはいつでも電話をして、どうしているか教えてくれよ」

私たちは、電話口でお互いにさよならを言った。私は職場のデスクで電話していたのだった。それが、ヘレイナと会話した最後だった。私は何度も、彼女に電話してみたい、彼女の旅がどこまで行っているかを確かめたい、という誘惑にかられた。そのたびに、私が手出しすべきことではないと判断して、思いとどまった。結局のところ、これは彼女に与えられた才能、彼女のたどるべき旅路、彼女が歩むべき道なのだ。

ヘレイナとの経験を振り返ってみて、わかったことがある。

私が自分の知識と能力への信頼を増していくことは継続的なプロセスであり、それはただ死後世界への旅だけに関係しているのではない、ということだ。

私が死後世界の探索方法を初めて教わったライフライン・プログラムは、「この世への奉仕」と「あの世への奉仕」のためのプログラムと銘打たれていた。あの世で救出活動を行なう自信が増すにつれて、私は、より難しい人や状況を与えられて活動し、学ぶようになった。

最初はごく簡単で、私が救出した人たちは協力的だった。やがて、私はベンジー（編集部註「死後探索1」172ページ）に会ったが、あの子は私といっしょに行くことを拒んだ。幸い、ほかの人たちが助言してくれて、私は学ぶことができた。その後、もう一度ベンジーに会ったとき、天使を演じる策が功を奏し、ベンジーはフォーカス27で叔父さんと再会することができたので、私はずいぶんホッとした。

成功するためには、新しい状況に新しい方法でどう対処したらいいかを学ばねばならなかった。たびたび取るべき道を教えてくれる、ヘルパーたちの援助にどう頼ったらいいのかを学ばねばならなかったのだ。

「この世への奉仕」が、同じようにどんどん難しくなっていく挑戦だということは、私はこれまで思いつきもしなかった。

救出活動の中で私が得た情報を愛する人たちに伝えていくということは、「この世への奉仕」

として、私がいくつか思いつく事柄のひとつだった。自分の経験を話して、死後世界の探索をするように他人を励ます、ということも同様だ。

ヘレイナが幽霊の問題で助けを求めてきたために、これまで対処できるかどうかわからなかった挑戦に関しても自信がついてきた。それを無事切り抜けたので、かつて思ってもみなかったような領域でも、引き続き信頼が増すことになった。となると、将来は、どんな手強い挑戦が私を待ち受けているのだろうか。

ヘレイナが初めて私に連絡してきた時から七ヶ月後に、彼女がどうしているかと思って電話してみた。

彼女は引っ越したに違いなかった。電話はつながらず、転居先の番号もわからなかった。将来いつか、彼女は電話をかけてきて、どうしているかを知らせてくれるだろうと思う。その時になれば、彼女の旅路でどんな驚くべき冒険が起こっているか、知ることができるだろう。私の最大の望みは、彼女が信頼を増していてくれることだ。

それから、ヘレイナ。もしきみがこれを読んでいるなら――そして、あのアーミッシュのリーダーが光に入ろうとしてきみのそばを通り過ぎたとき、彼が私に言ったことが知りたいのなら――私は彼の言葉を聞いたし、何を言ったのかもわかっているんだよ。それは、きみがこの人生を送るうえで、持っていた目標のひとつと関係があるんだ。きみが過去世で何者だったのかと関係があるんだ。それで、いろいろなことの説明がつく。それは、本当にすごいことなんだよ。

31章～34章

＊＊＊＊＊＊＊＊＊＊＊＊＊＊＊＊＊＊＊＊＊

疑いの彼方へ

水平線の向こうまで何度も航海し、そのたびに不安を感じて、これまで訪ねていた新世界が本当にあるのだろうかと疑ってきたが、とうとう、その新世界の存在が既知のものとなる。何度もその航路を旅して、毎回必ず陸地を見いだしているうちに、ある時点で、常に陸地を見つけられるはずだと信じ始める。その時点で、この新世界の存在についての疑いが消え去るのだ。

経験豊富な船乗りは、水平線を見つめるとき、その彼方に何があるのかを知っている。彼らは疑いを持たない。疑いがないゆえに、彼らは勇気を持って、どこの水平線を目指しても航海していける。「向こう」には、どこかに必ず陸地があるはずだと知っているのだから。

第31章　この世の集団と死後の世界

しばしば救出が難しくなる理由として、相手の人が協力を拒むから、ということがある。リチャードもそういう人だった。

私が初めて彼にアプローチして、レセプションセンターに移動させようとしたとき、彼は私とまったく関わろうとしなかった。ベンジーのときの経験から、小さな子どもはたいてい、飛べると知ると一緒に来てくれることがわかった。だがその策は、大人にはほとんどうまくいったためしがない。もしあなたが、死後世界の探索を始めるとすれば、この話が役に立つかもしれない。もしリチャードのような人物に出会うならばだが。

リチャードが死んでから二週間ほどして、息子のワイアットがモンロー研究所を通じて私に連絡を取ってきた。私が最初に知らされていた情報は、リチャードのフルネームだけだったが、これだけでは足りないことがわかった。

まず初めに見に行ったとき、彼はすぐに見つかったが、私が近づいていくたびに、後ずさって逃げるのだった。彼の名を呼んでも応えず、私の存在が信じられないというふうに、ちらりとこちらを見るだけだった。私はフラストレーションを感じつつ、見つけたところに彼を残して引きあげた。

二度目の旅では、彼と話すことができたし、彼のまわりにあるものの印象が得られた。私が近づいていくと、彼は平らな暗い色の壁に囲まれた小部屋にひとりで立っていた。頭上にある明かりが、彼とそのまわりの床の狭い領域を照らし出していた。今度は、私が自分の存在を示したとき、彼はそれを前よりは受け入れたようだった。私が名を呼ぶと、彼は反応して私を見た。そして、誰なんだと訊いた。私は自己紹介した後、息子さんに様子を見てくるように頼まれたのです、と説明した。

彼は大体においてとてもせわしい感じで、喋りながらしょっちゅう身振り手振りをしていた。私とやり取りするときの態度に、何かひどく奇妙なところがあった。彼は、自分が幽霊と話しているのかもしれない、と考えているかのようだった。そして、その手のことは信じていないのに、それでも私が見えたという様子だった。

必ずしも彼が酒に酔っていたというわけではないが、彼の癖や声や顔つきには、どこかそれに似たようなところがあった。自分の前に立っている人物は、アル中による幻覚か空想の産物に違いないと思っているようだった。

彼は、私とした会話をまったく真剣に受け取ろうとしなかった。そうして、私たちの間に起こっていることをまったく気に留めなかった。

リチャードは私に対して、票だけが目当ての政治家くらいしかしないような、やけに愛想のよい態度を取っていた。彼はそうした態度を取ることで、特に私についてか、あるいは全体として感じている非常な混乱を隠そうとしていた。彼は常に虚勢を張っているような感じだった。

彼の顔の外見は、このとき私が接触しているうちに変化した。まず、年取ったボブ・モンローのように見えてきたが、髪はもっと多く、もっとカールしていた。やがて、もっと若い外見に変わった。

私はリチャードをどうにもできなかったので、誰か、彼とのコミュニケーションを助けてくれる人が近くにいるかと尋ねてみた。すると、ふさふさした黒髪のかなり小柄な女性が現れて、私の隣りに立っていた。その皺深い顔に浮かんでいるのは、苛立ちの混じった悲しみの表情だった。この女性は、リチャードの亡くなった母親だったのだ。彼女を一目見ると、リチャードは両手を宙に振り上げて、背を向けると、私たちのところから歩み去った。リチャードは母親にも協力的ではなかった。

母親は、リチャードが死んでからずっと、彼とのコミュニケーションを試みていたのだが、うまくいっていなかった。問題を示すために、彼女は名を呼びながらリチャードのほうに歩み寄った。近づいていきながら、彼にただ話がしたいと言ったのだが、彼は私に接したときと同じような混乱した表情を浮かべるだけだった。

彼はそれが母だと認識していたが、彼女がそこにいるはずはないと完全に思い込んでいた。彼はとにかく、死んだ母親がそこにいるという事実に対処しかねていたのだ。母親が近づくと、彼は手を大きく振って追い払おうとした。それがうまくいかないと、右手を上げて額に当てて、向きを変えると、頭を垂れて歩み去った。まるで、目を覚ましてこの悪夢から逃れたいと願い続けているかのようだった。

ほかにすることもなく、リチャードをどうにもできなかったので、私は女性に感謝し、彼に働きかけ続けてほしいと言った。私もまたトライするために、すぐ戻ってくると約束した。

持っている情報が足りなかったので、私はワイアットにEメールを送って、お父さんがどんな人だったのかを教えてくれるように頼んだ。リチャードに私の存在を受け入れさせ、一緒にレセプションセンターへ来てもらうために、利用できる情報がほしかったのだ。

ワイアットの返事でいろいろなことがわかったが、その中に、リチャードが「友愛団体フリーメーソン」のメンバーであり、それが彼にとって大きな意味を持っていた、ということがあった。彼は男性用のダイヤモンドの指輪をしており、ニール・ダイヤモンドの音楽が大好きだったという。

またワイアットは、確かにリチャードの髪がカールしていたこと、そしてせわしい身振りをする癖があったことを認めた。ワイアットの言葉によれば、「特に怖がっているときに」そういう身振りをしていたという。

ワイアットも、父親の幻を見たということだった。それは夢だったのかもしれないが、父親が身を縮めて胎児のようにうずくまっているのが見えたという。ワイアットの見た幻でも、父親は私が説明したのと似たような部屋で、光に照らされていたとのことだ。

ワイアットのメールを受け取ってから二、三日たった晩に、また彼の父親を見に行った。

リチャードを見つける前に、彼の母親に出会った。彼女はリチャードの反応は変わっていないと教えてくれた。私は引き続き、自分で彼を見つけようとした。今回、私が彼に近づいていきながら、もう一度自己紹介をすると、彼は前に会ったことを憶えていた。彼はまだかなり警戒しているようだったので、私は距離をおいたまま、自分がワイアットに言われて来たことを改めて話した。彼がフリーメーソンだと知っていることに言及すると、そのグループに属しているというプライドが彼の中に湧き起こるのが感じられた。

「ここからあまり遠くないところに、ほかのフリーメーソンが大勢集まっているところを知っているんですよ」と私は言った。本当に知っているわけではなかったが、フォーカス27に行けば用意されているだろうと期待したのだ。

「本当か、集会所があるのかい？」とリチャードは訊いた。

「もしよろしければ、お連れできますよ」

「私の昔の仲間も、誰かそこにいるのか？」そう訊く声に、期待するような気持ちがあらわれていた。

「よくわかりませんが、もしいなくても、あなたの兄弟団に属するほかの人がいて、歓迎してくれますよ」

「ここに戻りたければ、また戻ってこられるのかい？」

「もちろん、ここに戻りたければ戻れますよ」

私は誰かをフォーカス27に連れていくときにいつもするように、手を伸ばして彼の手を取ろうと思っていた。しかし、そういう動きをする前に、彼が他人と手をつなぐのをおかしいと感じるだろう、というはっきりした印象が得られた。それで、そうするかわりに彼のかたわらに立って、肩に手を乗せてもいいかと尋ねてみた。これも少し馴れ馴れしすぎる気はしたが、彼はそれを許してくれた。

そのときになって私は、彼の母親が目立たないように離れて見守っているのに気づいた。彼女は笑顔で私への感謝をあらわし、私たちはフォーカス23を後にしてレセプションセンターへ向かった。

私たちが動きを止めるとまもなく、目の前に灰色をした石造りの大きな建物の正面が現れた。六人から八人くらいの集団が近くにいて、私たちの到着を待ち受けていた。その男たちは、建物のドアへと続く巨大な石造りの階段の一番下に立っていた。男たちはみな、気軽な感じでリチャードに挨拶をした。リチャードがあたりを見回している間、私たちは、しばしそこに立っていた。それから、男たちのひとりが集団の中から進み出て、まっすぐリチャードに近づいてきた。不安がつのってくるのが感じられた。リチャードはこれがフリーメーソンの施設であることを確かめたいのだ。

近づいてきた男は、手を差し伸べて彼と握手をした。それは、リチャードがすぐにフリーメーソンの握手だとわかるやり方だった。それがわかると、リチャードはたちまち落ち着いた。私は、彼の母親が一部始終を見られる場所にそっと立っていることに気づいた。

今や友人同士となったふたりは、そこに立って話し合っていたが、相手の男は集会所を案内しようといってリチャードを誘った。

私はふたりについて石造りの階段を上がっていき、巨大な木製の扉をくぐった。中に入ると、壁や壁かけの布に、いろいろなシンボルが記されているという印象を受けた。それがどう見えるかについては、はっきり視覚化することはできなかったが、シンボルはいたるところにあるようだった。

リチャードの新しい友人は、リチャードに、服を着替えたいかと尋ねた。リチャードが「はい」と答えた途端、彼はローブを身につけていた。彼はとても喜んだ様子で、自分のいるところに満足したようだった。それで私は彼を新しい友人と共に、その建物においていくことにした。

外に出たとき、リチャードの母がいたので、名前を尋ねた。彼女が誰かという証拠のために、それを訊いてほしいと、ワイアットに頼まれていたのだ。彼女が名前を口にしたとき、私になんとか聴き取れたのは、終わりが「リーン」というような響きだったことだけだった。「イリーン」

か「モーリーン」というような名だったかもしれない。正直なところ、私にはよくわからない。リチャードが、フォーカス27にあるフリーメーソンの集会所で問題なくやって行けそうなことに満足し、私は立ち去ることにした。

リチャードが生前フリーメーソンだったというような、ちょっとした情報が、救出の際に役立つことがある。肉体での人生で、その人が大切にしていた集団は、死後の世界にも持ち越される。レセプションセンターには特別な施設があり、ヘルパーたちがそれを用意して維持しているのだ。「あの世」に住む人たちは、「この世」の人たちが非物質界での生へ移行していくときに、その人たちを安心させ、手助けしようとするが、これはその手段のひとつなのだ。

第32章　疑いを抱く最後の旅

一九九五年一二月上旬のある月曜の晩、見る価値のありそうなテレビ番組は、たいして見あたらなかった。見る価値のある番組なんて、あったためしがあるだろうか？　早めにベッドに行って、しばらく本でも読んだほうがよさそうだった。

寝室へ行く途中に、後から思いついた感じで、コンピューターを立ち上げてEメールをチェックしようとした。

いくつかメールが入っていたが、一通は友人のロザリーからで「お願いできますか？」というタイトルだった。私はまずそれを開いて読んでみた。

本書の前のほうで、ロザリーはすでに登場している。私はロザリーの母、シルヴィアの救出について書いた。シルヴィアは自分の死に気づかず、夫のジョーの眠りを妨げていた。

さて、それから八ヶ月たって、ジョーが亡くなったのだった。ロザリーのEメールにはこう書かれていた。

「私にとって忘れられない週末になりました。私の父が駐車場を横切っているときに、ピックアップトラックにはねられたのです。金曜の午後の出来事でした。父は、今日の午前一二時四五分に亡くなりました。父を見に行って、助けが必要なら手助けしてもらえればありがたいです。父の名はジョーゼフ。父を愛する人たちの多くは、『パピー』と呼んでいました」

私はたちまち悲しみの波に襲われ、友人に思いを馳せた。すぐさまEメールを返信して、機会があり次第、お父さんを見に行くつもりだと知らせた。私はほかのメールも読んでから、ベッドに向かった。

ファロンと私は、一一時少し過ぎまで、本を読んだり喋ったり笑ったりしていた。それから眠くなったので、寝ることにした。

眠りに落ちていく直前に、父親を見てきてほしいというロザリーの頼みを思い出した。彼を見つけようという意図を持って、少しの間リラックスしてから、何かが起こるのを待った。

移動はとてもすばやく起こり、到着した場所では、目の前にシルヴィアが立っていた。シルヴィアは私に向かって、あの明るい笑顔で微笑んでいた。どこにいても見間違えようのない、彼女の笑顔だった。彼女のまわりは、まばゆい白とパステルイエローに明るく照らし出されており、彼女の顔のイメージは、輪郭が淡くて見えないほど、軽く繊細なタッチで描かれているように見えた。彼女の身体と光はとてもスムーズに溶け合っており、その境界がわからないほどだった。〈どこまでがシルヴィアでどこからが光なのか、区別するのが難しいな〉と私は思ったものだ。

意識をすべて彼女に集中してみると、なぜ難しかったのかが明らかになった。シルヴィアと光はひとつだったのだ。前に会ってから今までのうちに、彼女は「光の存在」になっていたのだ。〈彼女は確かに、新しい環境で生きることについてたくさんのことを学んできたんだ。本当に、もう勝手がわかっているんだ!〉という考えが閃いた。

シルヴィアの右にもうひとりの女性が立っていて、私は注意を引かれた。この女性も、柔らかで澄みきったパステルイエローを帯びた、途方もなく明るい白光だった。

この女性が誰かということについては、私はかなり混乱してしまった。これは間違いなくジョーの母親なのだが、ジョーやシルヴィアよりもずっと若かったのだ。いくら頑張っても、私が知覚した彼女の姿を別のものに変えて、混乱を解消することはできなかった。ありえないことだが、彼女はジョーよりも若く、それでいてジョーの母親だったのだ。

〈どうして、この女性がジョーの母親で、なおかつジョーとシルヴィアよりも若いなんてことがありうるんだろう?〉私は悩み続けた。

自分の知覚している事実を、予想に合致するように変えられなかったので、この問題はひとまずおいて、もう一度シルヴィアに注意を集中してみた。そうすると、彼女が病院のベッドの頭板のところに立っていることがわかった。

私はベッドの足のほうに立っており、ジョーはシルヴィアと私の間でベッドに横たわっていた。ジョーは仰向けに寝てはっきり目を覚ましていたが、枕を支えにして少し身体を起こし、まっすぐに私を見た。その様子からして、彼はまだ少し疲れているようだったが、意識ははっきりして、私の存在に気づいていた。

「こんにちは、ジョー。私はブルースです。あなたがどうしてらっしゃるか、見に来たんですよ」

「まったく問題ないよ！」

彼の言い方は、まさに本心からのようだった。本当に感じていることがどうあれ、この上なく満足していると私に思ってほしがっているようだった。シルヴィアとまた一緒になれたという高揚が感じ取れた。そしてシルヴィアの満面の笑みからも、彼女の高揚が伝わってきた。ジョーが何の助けも必要としていないことに満足して、私はロザリーを見に行くことにした。

ロザリーにフォーカスしてみると、ジョーの旅立ちと死の瞬間にまつわる出来事が見えた。ジョーが自分の肉体から最後に去っていこうとするとき、ロザリーが一緒に付き添っていた。ジョーに寄り添って歩きながら、ロザリーは光に向かっていくようにと話していた。

ふたりがもう少し一緒に進むと、そこで、まばゆい光の中に入った。その光はシルヴィアだった。ロザリーは父と一緒に移動して話しかけ、シルヴィアが見えるようになるまで、父の注意を引きつけていた。三人はしばらく一緒にいた。そして、ジョーがシルヴィアの存在に気づけたところで、ロザリーは立ち去っていった。

〈彼女はこのことを少しでも憶えていられるだろうか？〉

今度ロザリーと話す時に訊いてみよう、と私は心にメモしておいた。

もう一度、少しだけジョーをチェックするために戻ると、ジョーは簡単に見つかった。シルヴィアと、あのジョーより若いが母親だという女性と、まだ一緒にいた。シルヴィアは、ジョーが問題なく過ごしており、事故の影響からすぐに回復するだろうと請け合ってくれた。

彼の経た試練は比較的短かったが、非常な苦痛を伴っていたので、回復するのに少しかかるけれど、その後は元気になるだろう、とシルヴィアは説明した。

ふたりを見ていると、ふたたび一緒になれたことで感じている嬉しさが、またどっと押し寄せてきた。これからジョーを新しいわが家に案内し、近所を見学させて、ここでのやり方を教えていこうという、シルヴィアの意気込みが感じ取れた。私はまだ、もうひとりの女性の素性について考え込みながら、眠りに落ちていった。

翌朝、私はジープに乗って仕事に出かけた。長時間ドライブすることになるフリーウェイに入っていきながら、私はまたジョーのことを考えた。ラッシュの渋滞が落ち着いたら、彼をチェックしに行こうと決心した。

それから二〇分後、朝のラッシュのノロノロ運転が解消し始めたところで、私はジョーに向かって意識を開いた。車の流れにも注意し続けながら、意識の一部を彼に集中し始めた。これは、職場に向かってドライブしながら、意図して何かを考えるというのとたいして変わらない。それと同じように、別に危なくはないのだ。

私はすぐに彼を見つけた。やはり枕にもたれて上半身を起こした姿勢でベッドに横になっていた。シルヴィアはやはり、私のほうを向いて、ベッドの枕元に立っていた。彼女は私に笑顔を向けてきた。夫へのあふれる愛が感じられる笑顔だった。ジョーは片手を振っており、何かを私に伝えようとしているかのように、口が動くのが見えた。

これまでずっと死後世界を探索してきて、私は一度たりとも、ある特定の死んだ人が私に伝えようとしている言葉をちゃんと聴き取れたためしがなかった。そういう機会が訪れても、どうなるのかが怖くて、真に聴く努力をしないまま機会を見送っていたのだ。

私はなぜか、こうしたことをみな自分が頭の中ででっち上げていて、どれも現実ではないのではないか、という考えを未だに振り捨てられずにいた。もし、やってみて失敗すれば、死後の世界は自分を欺く茶番劇だったということになってしまう。成功したらどうなるか、という考えは、一度も思い浮かばなかった。疑いというのはそういうものだ。未知の脅威からしっかりと身を隠し、その脅威を目にしないようにするのだ。

ジョーの顔の表情は、何としても自分の言っていることを聞いてもらいたい、と物語っていた。私は彼にわからないと言い、さらに一生懸命に耳を傾けた。

彼が三度目に言ったときにも、まだそれはもごもごと不明瞭な感じだった。「ダーリン」と「タートル」の中間のような響きで、「ダートル」のように聞こえた。そしてそれは、彼がロザリーに伝えてほしいことなのだ、ということがわかった。

「ジョー、あなたの言っていることがわからないんです。ロザリーへのメッセージだっていうことはわかるんですが、その言葉がまだ聴き取れないんです」と私は心の中で彼に言った。

「ペットネーム」とジョーは言った。「ペットネームだよ！」

彼がその単語を口にしたとき、唇の動きは、「ペットネーム」という語とは一致していなかった。

「わかりました、それはロザリーのペットネームなんですね」と私は返事をした。

〈そうか〉と私は心の中で独りごちた。〈彼はロザリーのペットネーム（愛称）を伝えようとしてるんだな！〉

彼が、まるで耳の不自由な人に話しているかのようにもどかしい思いをしていることが、その表情から伝わってきた。彼はできるかぎりはっきりと発音しようと努力しており、私はもう少しでそれがわかりそうだった。

もう少しだ。しかし、まだ何かが足りなかった。

彼の唇が動くたびに聞こえる、不明瞭な音を理解しようと精一杯努力しつつ、私はさらに聴くことに意識を集中した。もしこの言葉が聴き取れれば、ロザリーには、私が本当に死後の世界で父親に会ってきて、父親が大丈夫だということがわかるだろう。

「パンキン」とジョーが言うのが聞こえ、鮮やかなオレンジ色をした大きなパンプキン（カボチャ）のイメージが、私の脳裏にひょいと浮かんだ。

「パンキン。ジョー、あなたが『パンキン』って言ってるように聞こえましたよ。それが、ロザリーのペットネームなんですね？」

「パンキン」という言葉を聞くと、私の「解釈者」が記憶を探って、私の父が私の妹につけたあだ名が「パンキン」だったという事実を引き出した。

「わかりましたよ、ジョー。あなたがロザリーにつけたペットネームがパンキンだったんですね！」

ジョーは、コミュニケートしようとする試みがうまくいかないことに苛立って、両手を振り上げた。まるでそれは、ジェスチャーゲームをしている人が、自分の出したヒントをわかってくれないチームメイトに苛立っているところみたいだった。

あと一歩なのに、私はまだ正解の言葉を言えていなかった。この時点で、ラッシュアワーの車の流れは、ジョーとのコンタクトを保つにはあまりにも危険な状態になってきた。私は車線変更やブレーキライトに完全に意識を戻した。これ以上、ジョーをチェックするのはお預けのようだった。

その日の残りは、生活のために働くだけで手一杯だったので、その晩家に帰るまでは、ジョーやロザリーのことは思い出さなかった。私はロザリーに電話をして、留守電にメッセージを残した。お父さんは大丈夫だし、ほかにもっと話したいことがある、と言っておいた。

ファロンと私は、タコベルのドライブスルーに行き、二〇分後に私の自宅に戻ってきた。私が「ビッグ・ビーフ・ブリトー・スプリーム」を食べ終えようとしていたとき、電話が鳴った。ロザリーだった。

「私の父を見に行ってくれてありがとう。父がうまくやってると知って、とても嬉しいわ。ものすごく恐ろしい時間を過ごしたけれど、結局はこれでよかったのね」

彼女は父の死について、詳しいことを教えてくれた。そのピックアップトラックはジョーの脚を折り、肋骨を砕いていた。彼は非常な苦痛にたびたび襲われた。日曜には、彼は何度も意識を取り戻したり失ったりしており、呼吸困難に陥った。

ジョーは非常に愛されていた人で、住んでいたコロラド州エバーグリーンのいたるところから、人々が病院に見舞いにやってきた。

日曜の午後遅くのこと、ジョーは少し元気になった。集中治療室の看護師は、友人たちに少しの時間だけ中に入ってお別れを言ってもいいでしょう、と許可した。友人たちは順番にひとりずつ中に入り、それぞれ二言三言、言葉をかけてから退出した。最後の人たちが終わると、いくらか落ち着いた状態になり、ジョーはその後何時間か眠りと目覚めの間をさまよっていた。

ロザリーは何も食べていなかったので、カフェテリアでタバコを一服して何かちょっと食べるにはいいタイミングのようだった。彼女が腰を下ろして食べようとした途端、彼女の息子が探しに飛んできた。

「私があんなに速く病室に駆け戻ったなんて、今でも信じられないわ！　生まれてこのかた、あんなに速く走ったことはなかったわよ、一度も！」彼女は声を上げた。「私たち――私の息子と娘と私がそこにいたときに、彼の心臓が弱り始めたの。父が旅立ったとき、私たちはそばにいたのよ」

「それを聞いて、きみに言おうと思ってたことを思い出した。ゆうべ、きみのお父さんを最初にチェックしに行ったとき、お父さんが肉体を離れるのに、きみが付き添っていったのを見たよ。きみとお父さんは一緒にいて、そしてふたりともきみのお母さんのところへ行ったんだ」

「私、知ってたわ！　ふたりが一緒にいるって知っていた！」ロザリーは口走った。「父に、光に向かうようにって言ったのを憶えてる。あなたに言われてみると、自分も一緒に行ったような気がしてきたわ」

「確かにきみはそうしていたよ。少なくとも私が見たかぎりではね」

私は自分の見たイメージについて話した。ロザリーとジョーが一緒に進んでいき、ジョーがシルヴィアの存在に気づいたときのことだ。ロザリーがずっと話しかけ続けて、ジョーの注意を引きつけていたので、ジョーはシルヴィアに気づきやすくなったのだ、と私は説明した。ジョーがベッドの上で身体を起こし、シルヴィアが笑顔を向けてきた場面を、私は話して聞かせた。

「亡くなったとき父は、あなたが言ったみたいにベッドの中で身体を起こしたわ。ほかに誰か、ふたりと一緒にいる人は見えた？」

「うん、そう。見えたんだが、とても奇妙だったんだ」

私は、ジョーの母親なのにジョーよりも若い、あの女性について説明した。

「それは完全に納得がいくわ」とロザリーは大声を出した。「父の母親は、父が一二歳のときに亡くなったのよ。だから、亡くなったときは、今の父より若かったの」

「それで私にも納得がいったよ」と私は了解して言った。「彼女は、ジョーにわかるような姿で現れようとしたんだろうね」

「ねえ、ブルース、私がいつもあなたに言ってるとおりよ。あなたって人はいつも、物事をありのままにしておかないで、なんとか解釈しようとするのね！」ロザリーは笑って言った。

確かに彼女の言うとおりだった。私は、情報を自分の予想に合わせようとして、あまりにも時間を使いすぎることが多い。そのせいで、私はしょっちゅう不必要な混乱に陥ってしまうのだ。

私は彼女に、職場へ向かうフリーウェイをドライブしながら、両親とコンタクトしたことを話した。ジョーがなんとか私に理解させようとしていた単語のことを説明した。その単語が、最初は「ダートル」というように聞こえたことも。

「お父さんは、私に何かを言おうとしたみたいだった。それで、自分が大丈夫だってことがきみに伝わると思ったようだ。何かペットネームみたいなものを、私に教えようとしていたようだった。お父さんがきみを呼んでいた愛称とか？」と私は尋ねた。

「いいえ、そう聞いても全然ピンとこないわ」と彼女は応えた。

「最後にお父さんがそれを口にしたとき、『パンキン』っていうふうに聞こえたんだ」

受話器から、ロザリーが大笑いするのが聞こえてきた。

「『パンキー』よ。父は『パンキー』って言ってたんだわ。父の犬の名前なの。父がずっと話題にして、心配し続けてたのが、パンキーのことだったのよ。この試練の間じゅう、父は何度も何度も、パンキーの面倒をみるって私に約束させてたのよ」

「そうか。それは確かにペットネームだったんだな。きみの愛称（ペットネーム）じゃなくて、彼のペットの名だったってわけだ。カボチャのイメージは、その言葉を伝えるのに充分役立ったよ」私はまたもや誤解と先入観に騙されてしまったわけだが、「パンキン」と「パンキー」はあまりにも似通っていた。

「そうよ、ブルース」と彼女は笑いながら言った。「まさに旅立つ瞬間まで、父は自分の犬のことをひどく心配してたのよ。今朝、父は私に、パンキーの面倒をみるっていう約束を思い出させたかったんだと思うわ」

「お父さんのメッセージは、両方の目的に役立ったようだな」私は考えたことを電話口で声に出して言った。

「私はどういう意味なのかちゃんとわかっていなかったのに、きみにこのメッセージを伝えることができた。そしてさらに、お父さんは自分が大丈夫だってことをきみに伝えられたんだ。すごい！」

私たちはもうしばらく、話したり笑ったりしていた。ロザリーは、父親が無事で、母親（彼の妻）とまた一緒になれたと知ってとても嬉しい、と何度も口にした。このことは、父親を喪った悲しみのただ中で、彼女に喜びと安堵をもたらしたのだった。彼女は、ジョーのための追悼式が来週の木曜に予定されていると話してくれた。

「父の遺体が火葬されるの。そして、父の友達がみんな、父の働いていた材木置き場に集まって思い出を語り合い、父にお別れをするのよ。もしあなたも来てくれるなら大歓迎よ」

「もちろん、ぜひ出席させてもらうよ。二、三日前になったら、電話で詳しいことを打ち合わせようか？」

「嬉しいわ！」

「少なくとも、きみのお母さんが――それにたぶんお父さんも――当日、式に来るとしてもまったく不思議はないよ」と私は付け加えた。

「会えたらいいわね」と彼女は応えた。「あのね、私、父も誰も探そうなんて思ってなかったんだけど、昨晩眠りに落ちていくときに、母と父のイメージが見えたのよ。若い恋人同士みたいにキスしてたの。私はすぐにそこを離れたわ。とてもプライベートな時みたいだったから。まったく、ふたりがあんなふうにしてるところは、私の子ども時代にも見たことがなかったわ！」

私たちはもうしばらく、喋っては笑い、笑っては喋りしていた。

「あのね、誰かが父の持ち物を全部袋に入れてくれて、その袋は父と一緒に救急車で病院に運ばれたの。父はトラックに轢かれる直前、食料品とお気に入りのお酒――ブラック・ベルベットを買いに行ってきたところだったのよ。私たち――子どもたちと私は、病院を出て父の家へ戻るとき、その袋を持ってきたの。そしてそのボトルを開けて、グラスに注いで、父に乾杯したのよ。

この週末のひどく苦しい試練に、まったくふさわしい終わり方に思えたの。父も喜んでくれたと思うわ」

「まさにそのとおりだと思うね」

「ねえ、ブルース。あなたのできることがどれほど素晴らしいか、全然わかってないでしょう」

「うん、そうなんだろうな。私は、できるからやっているだけでね。人にどんなインパクトを与えるか、自分ではわかっていないみたいだ。でも、役に立てて嬉しいよ」

私たちは互いにさよならを言って、電話を切った。私は「あの世」と「この世」に奉仕できて、本当に嬉しく感じていた。

翌朝、仕事へ行く途中で、私は思いがけなくシルヴィアとジョーとコンタクトした。

フリーウェイの入り口は、四、五百メートルにわたって駐車スペースのようになってしまう二車線道路だが、いつもどおり混雑していた。入り口の下にある信号が、一度に二台ずつフリーウェイに入っていくように合図をする。後続の車はみんな、カタツムリのようにノロノロ進む。ほとんどいつも、長いこと待たされるが、この朝も例外ではなかった。

ジープがゆっくりと信号に向かって進んでいたとき、私は、かなりの騒音がするのに気づいた。交通による騒音の類ではなく、むしろ自分の内面で、何かはっきりしない思考が混じり合って、ガヤガヤ騒ぎ立てているような感じだった。

私は最初、この騒ぎと、ほとんど肉体的といってもいい不快感を無視しようとした。しかし、この騒音が切迫した感じになってきたので、ジープのラジオを消して、その騒ぎにチューニングを合わせた。

「わかったよ、この騒音を立ててるのはいったい誰なんだ?」

この手のことを口に出して言うのは、少し馬鹿みたいな感じもする。だが少なくとも、ひとりでジープに乗っているときは、あまりきまりの悪い思いはしなくてすむ。私の質問には、即座に感覚を通じて答えが返ってきた。

「シルヴィアよ。ブルース、もしよければ、あなたが走り出す前に、お話ししたいのだけど」

「シルヴィア、もちろんかまいませんよ。誰かが本当にいたとは気づかなかっただけです。あの騒ぎはみんな、私が気づかなきゃいけない自分自身のパターンなのかと思ってました。あなただったと知ってどんなに驚いたか、考えてみてくださいよ!」

「電話が鳴ってるみたいなものだと思ってちょうだい。注意を引くためにも、あるレベルの刺激が使われるのよ」とシルヴィアの返事が返ってきた。

頭の中でシルヴィアの声を聴いているうちに、シルヴィアとジョーの映像に気づいた。

シルヴィアは、淡いパステルイエローを帯びたまばゆい白い光の中、ベッドの枕元に立っていた。彼女は私のほうを向いて、あの昇る朝日のような微笑みを投げかけていた。しかし今回、ジョーは、私たちの間にあるベッドに横たわってはいなかった。ジョーはベッドの脇に立っており、私が見守っていると、こちらを向いてまっすぐに私の目を見た。

「ほらね、ブルース。ジョーは事故の影響から、とても急速に回復しつつあるわ」とシルヴィアは言った。「ジョーは、ここでの物事が今まで住んでたところとはかなり違うってことを学んでいるの。あなたにこれを見せたかったのは、ロザリーに、お父さんがよくなってきているし無事にやってるって、伝えてほしかったからなのよ」

ジョーを見ていると、異例なほど急速な回復に自分でも驚いていることがわかった。

「喜んで、ロザリーに電話して、あなたのメッセージを伝えますよ」

「それに、私たちがみんな、あなたのしてくれたことに心から感謝してるってことを知ってもらいたいわ。ありがとう、ブルース」

シルヴィアが話しているとき、私を包み込んだ感覚が、愛されているという、とてもパワフルな経験だったので、私の目には涙がこみ上げてきた。これを書いている今もそうだ。

「フリーウェイに入っていく前に、最後にひとつ、伝えておかなきゃいけないことがあるの。あなたがこれから誰かと関わって、あの世とこの世のコンタクトを助けていくとき、私はいつでもそばにいてお手伝いするわ。あなたは頼みさえすればいいの。そうしたら私が行って、お手伝いするから。これは、あなたが私たちを手助けしてくれたみたいに、私たちが人に感謝を表して手助けをするやり方なの」

愛と感謝と賞賛の感覚が私の中に打ち寄せてきて、涙が頬を伝って流れ出しそうになった。

「ありがとう、シルヴィア。あなたの申し出に、本当に感謝しますよ。あなたと一緒に活動する

ましょう」

「もう行かなくちゃ。そろそろ、あなたがフリーウェイに入る番が来るわ。また近いうちに会いましょう」

のを楽しみにしています」私は彼女に心の中で返事をした。

彼女の言うとおりだった。私の前の車が、青信号で入り口に進入していくところだった。次は私の番だ。信号が青に変わると、私は入り口を加速して、北に向かうラッシュの仲間入りをした。そうして、日常の世界に戻っていった。

物事というのは時として、実に奇妙なかたちで私に忍び寄ってくる。ジョーとシルヴィアと交流したことは、予想外の影響をもたらした。ふたりと最後にコンタクトしてから三日後、私がこの世界を把握する力が緩み始めた。

最初、それはとても変な感じで、怖いと言ってもいいほどだった。自分の慣れ親しんだ世界が、崩壊して消え去ってしまうのではないかという予感に絶えず襲われた。

誰かと座って会話をしているうちにも、周囲のものがすべて消え去ってしまいそうな感じだった。はっきり実感できる不安が、常に私の中を駆け抜けていた。足下の砂がゆっくりと崩れて運び去られていくような感じだった。それがなくなってしまえば、私の世界全体も消え去り、私は空虚で形のない無の中に取り残されて漂うことになるだろう。とても嫌な感じだった。

その後何日かで、この感覚は変化した。

私がこれまでの人生で知ってきた世界全体は、まだ、映画の終わりのように、ゆっくりと暗闇に溶けていきそうな感じだった。しかし、もしそうなったら、代わりにまったく違った新しい世界が戻ってくるだろう、と思えてきたのだ。

レベッカに教わったことに従って、私は、こうした感覚が自分に何をもたらそうとも、それを喜んで受け入れるという意思を表明した。これを整理するには数日間かかり、何人かの親しい友人と話さねばならなかったが、ついに私はこれを理解することができた。

私は、死後の人間存在について、ライフラインから三年と少しにわたって探索を続けてきた。この領域で多くの経験を積み、ある程度まで実証可能な情報が得られた。

しかし私は、そういう実証可能な経験をしていても、常に疑いの感覚を抱いていた。私の中の一部が頑として、自分の経験が事実だということを完全には受け入れまいとしていたのだ。

私のその部分は、自分が死後の世界を探索できるはずなどないと否定していた。そんなものは存在しないという信念にしがみついていたからだ。それは自信の欠如と言ってもいいし、単なる懐疑主義と言ってもいいが、私はある程度、常に疑いを抱いていたのだ。

ジョーとの経験のときに、私は初めて、死後の世界に住んでいるはずの人から、ある特定の単語を受け取ろうと試みてみたのだった。

それまで、いつも躊躇してしまったのは、それがありうるとか、現実だとかいうことを完全には信じきれていなかったからだ。そうして、初めて本当にやってみたら、うまくいったのだ！

ただ、ひとつの単語を聴き取ろうとして、それを聴き取れたという経験は、私が深いところで持ち続けていた信念と矛盾した。それが具体的にどういう信念なのかはわからなかったが、その信念を抱き続けることと、「パンキー」の経験を事実と受け入れることとは、両立できそうもないとわかった。

世界全体が今にも消えてしまいそうだという感覚から気づかされたことは、その矛盾する信念が何であれ、それが私の世界観の中核をなしていたということだった。物質界（私もその一部なのだが）の存在について、私が信じてきた一切合切が、消滅の危機に瀕していたのだ。

こうした不快感の意味を知りたいと求め続けるうちに、私はひとつの選択を迫られていることに気づいた。

反駁できないほどはっきり証明されたジョーとの経験が本当だと受け入れることを拒むか、あるいは、その事実を組み込めるような新しい信念の体系を作り出すか、どちらかだ。

なんとかして、それが起こったことを忘れてしまうか、死後の世界が現実だということを、最終的に完全に受け入れるか、どちらかを選ばねばならない。

私がこれまでしてきた探索でも、すでにこういう事態になっていてもおかしくなかった。私は何度も、後になって現実だと実証されるような情報を手に入れてきたのだ。しかし、いつも、どうにか偶然として片づけて無視することができていた。問題は、今回のジョーとの経験は否定しようがない、ということだった。

私の世界は（世界というものはみなそうだが）、信念を最も基礎的な建築材料として作り上げられている。私は生まれてから今まで、どんどん成長していく信念を通して、すべての経験を解釈し、それによって自分の生きている世界についての世界観を作り上げてきた。

深いところで自分の核となっている信念と矛盾してしまう、ジョーとの経験を受け入れるということは、私が四七年以上にわたって築き上げてきた世界の少なくとも一部が、崩壊して消え去ることを意味していた。

それが私の不快感の原因だったのだ。

だが、私には事実上、選択の余地はなかった。それは実際に起こったのだ。

だから、それは既成事実だった。

私は、死後世界での経験が、これから自分が住むことになる新世界の一部であるということを、意識的に受け入れるという決断をした。昔の船乗りたちのように、私は自分の世界観に世界の真の姿を付け加えたのだ。

地球が平らで、世界の果てまで行くと奈落に落ちて死んでしまうという古い信念のように、私の古い世界観も崩壊して消え去った。船乗りたちが発見した新世界と同様、私の新世界も、今や水平線の彼方まで永遠に広がっている。

「パンキー」の一件で、死後世界が現実だと受け入れたことによって、それ以降、私の非物質界での経験はすべて、疑いを超越した旅となったのだ。

第33章　疑いを超越した旅

今やニックナックヌックは、私の自宅の電話番号を本当に必要とする人に伝えてくれるようになっていた。「ネクサス」の広告に、四番目に応えてきたのがメイだった。

メイの友人のチェリクは一年半前に亡くなったのだが、まだその辺にいるようだ、とメイは心配していた。

私がコンピュータで原稿に取り組んでいたとき、机の上の電話が鳴った。それがメイからの電話だった。

彼女は、細かいことを私に話しすぎないように気をつけていた。私が食わせ者ではないと確かめるために、細かいことは私の口から聞きたかったようだ。私は別にかまわない。もう、本当のことだとわかったのだから。

メイはチェリクに会ったとき、イスラエルのキブツに住んでいた。チェリクがどうして死んだかについては、それが暴力による死だったということ以外、細かいことは話してくれなかった。

彼女はもう長いこと、チェリクが自分のそばにいるのを感じていた。彼がいることは、鬱陶《うっとう》しいわけでも怖いわけでもなかった。彼女はただ、チェリクを心配していたのだ。

彼を失った心の傷は、すでに時間が癒してくれて、時折、少し悲しみを感じるだけになっていた。しかしメイが彼の存在に気づくとき、とても強烈な悲哀と悲嘆の感覚が伴っていたのだ。

メイは、これがチェリクの抱いている感情なのではないかと心配していた。もしかすると、いまだにそういう悲しみから解放されていないのかもしれない、と彼女は言った。それで彼女は、私に連絡を取ってきたのだ。

私が何らかの方法で、チェリクに手を貸して、行くべきところへ行く手伝いができるのかどうか、知りたかったからだ。

私はやってみることを承知した。ただ問題は、彼の名を私が発音できるようになることだった。私のミネソタ風の英語では、私がちゃんと発音できるようになるまで、彼女はお手本を何度も繰り返さなくてはならなかった。それがうまくいくと、私はメイに、何かニュースがあったらすぐに電話すると言った。

もういくつか段落を書き上げると、私が書いていた章の下書きが完成した。わざわざコンピュータをシャットダウンせずに、私は立ち上がって寝室に向かった。

横たわって落ち着くと、リラックスして、身体がマットレスに沈む心地よい感触を感じた。一分もたたないうちに、チェリクが私の前の暗闇に隠れているのが感じ取れた。気分はどうかと訊くと、彼は素知らぬ顔で、元気だし大丈夫だと答えた。それから、彼の悲しみと苦悶の感覚が透けて見えてくるのを感じたので、彼がフォーカス23でその感情に捕らえられていることがわかった。私たちが会話を始めたとき、彼の声には悲しみが特に際立っていた。

「あんたは誰だ?」

「私はブルース」

「なんでここに来た?」

「お友達のメイに頼まれたんだ」

「なぜ?」

「彼女は、きみがいるのが感じられるので、きみのことを心配しているんだよ」と私は答えた。

「じゃあ、彼女はおれが一緒にいるのを知ってるんだ!」

「ああ、彼女はきみの存在に気づいている。でも、それで彼女は心配してるんだよ」と私は話した。

「なぜ心配してるんだ?」

「きみが死んでから、もう長いことたっているんだよ、チェリク。きみがまだこんなに悲しんでるから、彼女は心配してるんだ」

「どれだけたってるんだ、その、おれが死んでから?」

「一年半と少しだよ」

「そんなに？　そんなにたってる気がしないよ。それでいて、永遠みたいに長くも感じる」

「きみが見えるように、光の中に出てきてくれないかな？」チェリクとの結びつきをもっと強くしようとして、私は頼んだ。

「いや、それはできない……おれはあまりにも……グロテスクな姿なんだ！」

「私はただ、きみの外見をメイに説明できるんじゃないかと思っただけだよ。そうすれば、私が本当にきみに会ったってわかるだろうから」

「彼女にはおれがわからないさ。おれのおふくろだって、おれの身体がわからなかったんだから」

「きみの死に方のせいかい、チェリク」

「爆弾が爆発した後、おれの身体のパーツは、道のそこらじゅうに飛び散ったんだ。その大部分は、爆発でひどく焼けこげてたよ」

　暑い陽に照らされた気候の印象がやってきた。軽い、ゆったりしたコットンシャツを着た若者が、すぐそばの縁石のところに立っていた。前をバスが通り過ぎるのが見えた。チェリクは爆弾で死んだとき、バスには乗っていなかったが、彼の死には何かバスが関係していた。

「わかった。それじゃ、しばらく話すことはできるね？」

「おれは、友人たちに伝えてもらいたいメッセージがあるんだ」とチェリクは言った。「メイには、誰のことかわかるだろう」

「喜んで彼女に伝えるよ。その人たちに何が言いたいんだい？」

「赦しこそが唯一の道だ。それが友人たちへのおれのメッセージだ。この狂気を止める唯一の道は、赦しなんだよ」

「何の狂気？」

「アラブ人とユダヤ人は互いに憎み合ってる。双方とも、どこへ行ってもその憎しみを持ち歩いてるんだ。磁石が磁石を引き寄せるみたいになってる。お互いに対する憎しみが、おれたちを恐ろしい行為に引き寄せ、その行為はさらに憎しみをもたらすだけだ。終わりのない、憎しみの悪循環だ。これは止めなくちゃならない！　おれたちは心を変えなくちゃならない。赦しこそが唯一の道なんだよ」チェリクは断固として言った。

「憎しみの行為への赦しこそ、唯一の道である。それが、お友達に聞いてもらいたいメッセージなんだね？」

「そうだ、誰かはメイが知ってるよ。連中はまだイスラエルに住んでるんだ。あの国で、彼女はおれと友人たちに会ったんだ」

「ああ、彼女が話してくれたよ」

「友人たちに伝えてくれ、やつらがおれたちにちょっかいを出すように、おれたちもやつらにちょっかいを出したんだってことを。確かに、おれ自身もやつらにちょっかいを出したんだ」

平らな荷台に支えの棒がついた大型トラックが、私の前を通り過ぎた。黄褐色の軍服を着て、肩に自動小銃をかついだ若い兵士たちが、積み荷を載せ終えたところだった。トラックに積まれた死体の山の上に、明るい色の防水シートがかけられていた。積み荷がわからないように、シートはトラックの荷台の周囲にきっちりと結びつけられていた。トラックは私の左に向かって走り去り、石でできた壁の開口部を通っていった。開口部を覆っているカーテンを通りすぎると、私の視界から消えた。

「メイに頼んで、きみの赦しのメッセージをイスラエルにいるお友達に伝えてもらうよ」

「赦し……それが唯一の道なんだ」チェリクはうめいた。

「メイに、私が確かにきみに会ったんだとわかってもらえるような、証拠を何かあげたいんだが。私が彼女に言ったら疑いなく信じてくれるような言葉を、何か一言もらえるかな」

「『テカシュロウ（Tekashrou）』だ、彼女に『テカシュロウ』って伝えてくれ！」

彼が言ったこの言葉の綴りは、音を聴いて私が精一杯推測したものだ。彼のアクセントと発音の仕方は、私のミネソタ英語ではとても手に負えなかった。

「私には発音が難しいな。どういう意味なのか教えてもらえるかい？」

「彼女に『テカシュロウ』、『テカシュロウ』って伝えるんだ！　彼女にはどういう意味かわかるから！」

彼がそう言ったとき、声にはカッとしたような怒りが混じっていた。私はしばらく間をおいて、メイに向けられたその言葉の響きを記憶に刻みつけた。それから、またチェリクとの会話に戻った。

「メイは私に、きみがここから行くべきところへ移っていくのを手助けしてほしいと頼んできたんだ。それが、私がここに来た一番の理由なんだよ」と私は言った。事実だけを言っていると聞こえるように気をつけた。

「ここを離れるって？　まだここを離れるわけにはいかないよ！　まだやるべきことが終わっていないんだから！」

「彼女は、きみの幸せをすごく心配しているんだよ、チェリク」

「そんなのは問題外だ！　まだ終わってない！　終わるまでここを離れるなんて許されないんだ！」

チェリクが私の正面に立っているのが見えてきた。背が高く痩せた普通の若者で、身体をこなごなに吹き飛ばされた人間には見えなかった。彼は、「まだ終わっていない」ということをブツブツ話し続けていた。それからしばし言葉を切ったかと思うと、激しくすすり泣き始め、詠唱《えいしょう》のような叫び声を上げた。今こそ、助けを求める時だった。

「誰かこの辺に、チェリクのことで力を貸してくれる人はいませんか？」私は四方八方に向かって呼びかけた。

私の背後の暗闇から、ひとりの老人が歩み出てきた。髭を生やした長髪の老人で、きらびやかな長いローブをまとい、片手に長い木の杖を持って、頭にはヤムルカ（訳註・ユダヤ教の男性がかぶる小さな縁なしの帽子）をかぶっていた。老人はすぐに私に話しかけてきた。

「この子は、どうしようもないやつだ！　この子が死んでから、わしはずっと意志の疎通を図ってきたんだ。何度やってみても、この子には通じないんだよ！　この子ときたら、同じことを何度も何度も繰り返し続けて、まだわからないんだ」

声の響きからすると、この老人はニューヨークに長年住んで、それでもまだ訛りが抜けていないといった感じだった。ニューヨーカーの発音が、明らかに故国の知的階級を思わせる発音と混じり合っていた。

「私もまだ、彼をどうにもできていないんですよ。ところで、私はブルースといいます」私は自己紹介のつもりで言った。

「わしは、あんたがあの子といるところを見ていた。だから、あんたの名前はもう知っていたよ！あんたはあの子に、なかなかうまいやり方をしとるよ、ブルース。わしは見ていたんだ。あんたはうまくやっとるよ！」

彼の声にも態度にも、実際的で率直な力強さがあふれており、彼の感じていることは、疑いようもなく伝わってきた。私はたちまち、彼の率直なやり方に好感を持った。

「わしのことは『リビー』と呼んでくれ！」

ちょうどそのとき、チェリクが歩み寄ってきて、私のリビーとの会話を遮った。リビーはチェリクに近づき、目の前で両腕を振ったり、ジャンプしたりし始めた。

「チェリク……チェリク……」リビーは名前を叫んでいた。「わしはおまえの前に立っているんだ。

おまえの前で名前を呼んでいるんだ。それなのに、おまえときたら、わしが目の前にいることにも気づかない！」

リビーは横を向いて腰を下ろしたが、一方チェリクは、リビーの滑稽な騒ぎには明らかに気づいていない様子で、話を続けていた。リビーの声は、苛立ちでいっぱいだった。

「この子を見ろ、ブルース。わしがこんなに大騒ぎしているのに、この子には通じないんだ！」

私はリビーのほうを向いて話しかけようとした。そのときすぐに感じ取れたのだが、チェリクは私が関心を示さないので侮辱されたと思ったようだった。

「おい、ブルース、おれが話してるのは大事なことなんだぞ。ちゃんと聞いてくれよ！」チェリクは叫んだ。

リビーはまだ脇を向いて座っていた。

「言ったとおりだろう、ブルース。この子はかなりの難物だ」とリビーは続けた。「イライラする！この子にはイライラさせられるよ！」

私はチェリクのほうに向き直り、わざと気分を害したような大声に切り替えた。それをチェリクの顔に向かって、まともにぶつけた。

「チェリク！　私がリビーと話してるのに、邪魔してるのがわからないのか！　順番を待てよ！こっちの話が終わったら、また話を聞くから！」

私はリビーのほうに顔を向け、リビーの目がきらりと光るのを見た。

「あんたはうまいよ、ブルース。うまい手だ！」リビーは私に微笑んだ。

「だって！　……だって！　……だって、ここには、ほかに誰もいないじゃないか。あんたとおれだけしか」チェリクは弁解するように言った。

彼の弁解には耳を貸さず、私は憤慨した声をまたチェリクに向けた。

「礼儀知らずな！　それとも、私の友達のリビーが見えないとでもいうのか！」

リビーは、わざと怒鳴っている私を見て、身を屈めて大笑いしていた。

「だって！　……だって！　……だって、ここには誰もいないよ！」

「おい、こんな乱暴な言い方をしなきゃ、聞けないっていうのか！　私がリビーとの話を終えるまで待ってくれ！　その後で話すから！」

私は振り向いてまたリビーを見たが、真面目な顔を保とうとするので必死だった。ついには、チェリクに背を向けて、湧き上がってくる笑いの爆発を逃してやらねばならなくなった。リビーはまわりこんで、私の正面に立った。

「これはうまくいきそうだと思うよ、ブルース。うまくいくぞ！　さあ、あんたはもういっぺん真面目な顔をして振り向いて、チェリクに話しかけながら、まっすぐ目を見るようにさせるんだ。いいかい？　さあさあ、これはうまくいくぞ！」

私は笑いのエネルギーを全部出し切ってから、また真面目な顔をして、チェリクのほうに向き直った。

「チェリク、私を見るのだ！　まっすぐに、この目を見よ！」

リビーが私の声と目に流れ込んでくるのが感じられた。リビーは私の真後ろに立ち、私の目を通してチェリクをまっすぐに見つめていた。チェリクが見ている目は、私の目であるのと同時に、リビーの目でもあった。

「私を見るのだ。私が話しかけているときには！」リビーは私の声を使い、大げさな言い方をしていた。

彼はもう二、三秒は、厳しい態度を保っていた。チェリクが私の身体を通してリビーを見たとき、リビーはゆっくりと私の背後から出て、私の右側に姿を現した。その間じゅうずっと、彼はチェリクと話し続け、目によるコンタクトも保っていた。私が見ていると、チェリクの視線がリビーの動きを追って、私の右側に移るのがわかった。リビーが完全に姿を現して、私の横に立ったとき、激しい驚きの表情がチェリクの顔いっぱいに浮かんだ。チェリクはそこに立ったまま、口をあんぐり開けて、リビーを見つめていた。

「まったく！　本当に長いことおまえと通じ合おうとして頑張ってきたんだよ！　そしてこの男、ブルースは、やり方がうまい」リビーは目に微笑みをきらめかせ、私を指さして言った。「本当にうまいよ！」

七月四日の花火のように、感情がチェリクの中で弾けていた。彼は幸せで、悲しんでおり、震え、すすり泣き、同時に喜んだり嘆いたり、ありとあらゆる思いを味わっていた。

「さあおいで、わしらには行くところがあるんだ！」リビーはチェリクに向かって大声を出し、やさしい口調で言った。

チェリクはまだ唖然としたまま、リビーのほうに歩き出した。チェリクは長身で痩せた身体つきのハンサムな若者だった。彼の死に方を示す証拠は、私が見ている身体にはまったく見あたらなかった。私が見ていると、彼が着ていた服が美しい儀式ばったローブに変化した。とても装飾的で、金糸の刺繍が施されており、とても色鮮やかだった。彼は、自分がこんな服を身に着けていることに衝撃を受けた。チェリクはどんな名誉も、こうした服が意味するものも、自分にはふさわしくないと感じていたのだ。

「さあ行くぞ、チェリク。この人にさよならを言いなさい。今日、この人はおまえを助けてくれたのだ！」

チェリクの衣服で最後に現れたのが、何か飾り帯のようなものだった。これも、非常に装飾的だった。華やかな刺繍と意匠が端から端まで施されていた。これは彼の首から両脇に垂れ下がり、少なくともウエストのあたりまでできた。

「リビー、どこへ行くんですか？」

「すぐにわかるさ。すぐにわかるよ！」

そう言うと、リビーはチェリクの傍らに立ち、片手に長い木の杖を持ち、もう片方の手をチェリクの肩に置いた。それからふたりは、フォーカス23の闇の中へ消えていった。私は、リビーがチェリクをどこに連れて行くのか見ようとして、ふたりの後を追った。

そこは村だった。乾いた砂漠のような場所に、村の中心となる広場があって、そのまわりを低い近代的な建物が取り囲んでいた。

ふたりが到着する直前に私は到着し、広場に集まっている人たちがチェリクに挨拶するのを見た。チェリクとリビーは集団の真ん中に姿を現し、人々は口々に歓迎の声を上げた。人々はチェリクを取り囲み、両腕を振りながら彼の名を呼んでいた。人々は代わる代わるチェリクを抱きしめたが、多くはチェリクの知っている相手だった。

広場には、食べ物を載せたテーブルがいくつもしつらえられており、その場所全体が、チェリクの到着を祝う賑やかな宴となった。十人か十五人の人たちが輪になって踊り始めた。以前、ユダヤの人たちがそんなふうに輪になって踊るのを見たことがあった。笑いつつ、叫びつつ、歌いつつ、みんながこの経験の一瞬一瞬を楽しんでいる。チェリクの顔には、再会と祝賀の喜びが浮かんでいた。

リビーは広場の脇のほうに立っていたので、私は話をしに行った。

「ブルース、わしはあんたに感謝しておる。それを知ってほしい。あんたのうまい手際がなければ、あの子はまだあそこに囚われておったろう。ブルース、感謝しているよ！」

「お役に立てて最高に嬉しいですよ、リビー！　彼と意思の疎通ができてよかった。いったいどうして、彼はあそこに囚われてしまっていたんですか？」

「あの子は、これが『贖罪』だと考えて、嘆きと悲しみにあまりにも長い時間を費やしていたのだ」

「『贖罪』？」

リビーはその言葉を、非常にはっきりと、さらに三度繰り返した。彼は私にその言葉を正しく受け取ってほしかったのだ。

「この子らときたら！『贖罪』の意味がわかっているつもりなのだ。『贖罪』の意味など全然わかっておらん！この子、チェリクの考えでは、『贖罪』とは、人生で自分がしてきたことへの嘆きと悲しみの気持ちを繰り返し味わうことだったのだ。そのおかげで、この子はあんたのいう『フォーカス23』に囚われてしまったのだ！もう充分だ！『贖罪』とは赦しを求めることだ。今のこの子らは、『贖罪』とは、自分がしてきたことへの嘆きと悲しみの気持ちを繰り返し味わうことだと思っている。だが、そんなことではないのだ！赦しこそ、その本質だ。『贖罪』とは赦しなのだ！これこそ、あの子らが学び、知るべきことなのだ。赦し、それが『贖罪』だということを！」

リビーの説明に感謝してから、私はメイを探しに行くことにした。

彼女はすぐ見つかったので、チェリクの祝いの宴がまだたけなわの村に、彼女を連れてきた。彼女はチェリクのために助けを求めるほど心配していたのだから、彼にもう一度会って話すチャンスを与えられてしかるべきだと思ったのだ。私たちは、まだ喜びに歌ったり踊ったりしている集団の、すぐ外側に到着した。驚いたことに、彼女はチェリクとその祝いの宴にはまったく興味を示さなかった。そのかわりに、しばらくあたりを見回した後、広場のはずれにある建物の前に立っている、年配のカップルのほうへまっすぐ歩き出した。

「ふたりが一緒だったって、今知ったわ」彼女はその年配のカップルに向かって駆け出しながら、私に叫んだ。

その男性は女性よりもかなり背が高かった。メイが近づいてくるのを見ながら、ふたりは彼女に微笑んでいた。私は一瞬のひらめきで、これがメイの祖父母だということに気づいた。どちらも死後の世界の住人なのだった。

メイが彼らのところまで行くと、感激の再会に、喜びの涙と抱擁が目一杯かわされた。近くに立っていた私は、メイの祖父がメイに、心配するなと言っているのを聞いた。おまえの時が来るときには、ふたりで待っているから、と。私は彼女を祖父母と一緒に残しておいた。彼女は自分で戻れるだろうとわかっていたからだ。

私は目を開け、あくびをしながら身体を伸ばして起き上がり、日誌に記録を書いた。

三〇分後、私はメイに電話をして、チェリクについてわかったこと、チェリクに起こったことをみな、彼女に話した。その後で、彼女はチェリクについて、詳しいことを教えてくれた。

彼女のボーイフレンド、チェリクは、彼女と同じキブツに住む、若い兵士のグループのひとりだった。メイの説明によると、軍事訓練を受けた後、国の兵役につくイスラエル人はキブツに送られ、そこに住んで働くということだ。キブツで民間人と一緒に、労働力を必要とする様々なプロジェクトに取り組みつつ、警備を担当するのだ。

チェリクは生まれながらのリーダーであり、彼の生来の才能によって、人々はその指示に従っていた。

私が彼の「ちょっかい」という言葉の使い方に言及すると、メイにはその意味がわかった。彼女は、あったことを詳しく知っていたわけではないが、その若い兵士たちのグループをよく知っていた。彼らはアラブ人を憎んでいたので、できることならほとんど何でもした。

メイが話してくれたところでは、チェリクが死んだのは、彼の兵役の最終日だったという。彼と若い兵士たちのグループは、自分たちの装備を軍の基地に返却しなくてはならず、そのためにバスに乗る必要があった。彼らが町の中へ歩いていき、バスを待っていたときに、大きな広場のキオスクでテロリストの爆弾が爆発した。彼らが立っていた場所は爆発から充分に離れていたので、若い兵士たちは誰も爆風で怪我はしていなかった。

しかし、広場の敷石の上には、死んだり傷ついたり死にかけたりしている人たちが横たわっていた。その人たちを助けるために駆け出そうとするチェリクを、同僚たちは止めようとしたが、彼はそれを振り切って、爆発の中心近くに倒れている人たちを助けようと駆け出した。

彼が血を流している人に近づこうとしたとき、二個目の爆弾が爆発した。

チェリクは二度目の爆風にあまりにも近いところにいたため、彼の身体は誰なのか判別不可能なほど細かく粉砕され、広場じゅうに飛び散っていた。

これらの肉体のかけらがチェリクだったということを確かめる唯一の証拠は、チェリクが駆けていったときに仲間たちが彼をしっかり目で追っていたということだけだった。

仲間たちは全員、チェリクが赤い霧と細かいかけらになって消滅するのを目撃していた。これは、彼らのアラブへの憎悪に油を注ぐ結果になった。そして間違いなく、後になって、報復の「ちょっかい」による死者も出たのだった。

メイは、憎しみの力と赦しの力を理解していた。彼女は、赦しだけが狂気を止める唯一の道だというチェリクのメッセージを伝えるとは言ったが、あまり効果があるとは期待していなかった。

メイはリビーと同じく、「贖罪」について説明してくれた。ヘブライ人は、自分の倫理観を逸脱するようなことをしてしまうと、赦しを求めねばならない。「贖罪の日」というのは、ヘブライ人全員がこれをする日なのだ。彼女は話を聞いて、チェリクが贖罪を試みていたのだと感じたという。

私が、メイに伝えるようにとチェリクに言われた言葉を口にしたとき、ヘブライ語になじみも経験もなかったために、その言葉を伝えるのが難しかった。ここに書いた綴り「テカシュロウ(Tekashrou)」というのは、精一杯、その発音に近いと思える綴りを私が考えたものだ。彼女がその語を聴き取ろうとする間、私はその慣れない音を何度も発音しなくてはならなかった。速い指使いで鳴らすトランペットのリフを、声で再現しようとしているかのようだった。

私の声は、ヘブライ語の音をきちんと発音する訓練ができていなかった。だが幸いにも、メイはそういう発音に慣れていた。彼女はチェリクと同様、ヘブライ語を学んでいたのだ。

何度も試みたすえに、彼女が私に返してきた発音が、チェリクが言った「テカシュロウ」と完全に一致した。彼女はその語の正確な意味を知らなかったので、調べてみると言った。

その晩、後でメイが電話をしてきて、「テカシュロウ」の意味を教えてくれた。彼女はとても驚いていた。

「テカシュロウ」とは、結びつきを作ったり、ふたりの人を一緒にしたりすることを意味していたのだ。そういう結びつきを促進することや、そういう結びつきを作ったり助けたりする外部の人たち、という意味もあった。ヘブライ語の「仲人」という言葉が、似たような音を持っていた。

そして、同じではないが、似たような特定の意味を持っていた。

チェリクは、この経験全体と、その中で私が果たした役割を表現するのに、これ以上ふさわしい言葉を選ぶことはできなかっただろう。

チェリクは「彼女に『テカシュロウ』、『テカシュロウ』って伝えるんだ！ 彼女にはどういう意味かわかるから！」と言っていた。

その一語に詰め込まれていた意味の深さに、私は驚嘆した！ 私がまったく知らなくて発音すらできない言語の、そのたった一語で、私が実際にチェリクとコンタクトしたことがメイに証明されたのだ。そのたった一語で、メイがその言葉を受け取ったときに、私の果たした役割が説明されたのだ。彼らふたりを結びつけるという役割が。

それと同時に、そのたった一語が、物質界を超えたところで人間が存在し続けることをメイに証明したのだ。その一語は、死後の世界から、私を通じて彼女にもたらされたのだ。

私はチェリクが選んだ言葉に驚嘆しつつも、自分にとって、これはたいしたことではないと気づいた。自分で何かを確信するために必要な証拠が、またもうひとつ見つかった、というわけではなかった。前にジョーを救出した「パンキー」の経験で、その必要がなくなったのだ。

あの経験を受け入れたことで、私は変化していた。私はもはや、救出に取り組む前に、何日もグズグズして思い悩んだりすることはなかった。今度は、電話の依頼を受けてから、ただ立ち上がり、すぐにそれをしたのだ！

私がチェリクに一言くれるように頼んだとき、チェリクはそれを言い、私はそれを聴いた。

本当に、私は今や「新世界」に住んでいるのだ。疑いの彼方に存在する、新しい世界に。

第34章　地獄の猟犬

水平線を越えて死後の世界へ船出するとき、予想外の事態に遭遇するのは、いつもありうることだ。予想外の事態は、新しいことを学ぶ最高のチャンスを与えてくれる。レスリーの叔母を救出したときも、まさにそういうチャンスだったのだ。

物質界で、私が特に好んで訪問する場所のひとつは、ヴァージニアの片田舎で友人のデイヴとレスリーが一緒に暮らしているところだ。

夏の日の暑さを癒すのにぴったりの川が流れる、みずみずしい緑あふれる森林地帯に抱かれて、彼らの住まいは美しいファンタジーが現実となった場所のようだ。あのふたり以上に優しく愛に満ちて、親身になってくれる人は、どこへ行っても見つけるのが難しいはずだ。

レスリーの叔母が亡くなったとき、レスリーは電話をかけてきて、私に見に行ってもらえないかと訊いてきた。以来、私はその出会いで経験した予想外の展開を、自分の救出活動のプロセスに組み込むようになっている。それは、難しい救出では特に役に立っているし、簡単な救出にも素晴らしい効果を付け加えてくれたのだ。

グロリアは、つい最近に死んだばかりだったので、簡単に見つけることができた。少しの間リラックスして、その名前を思い浮かべると、たちまち彼女が三メートルほど先の暗闇の中に立っているのが見えた。しばらく彼女を見ていると、彼女は自分がどこにいるのかよくわかっていないようだった。それから、彼女は私の存在に気づくと、悲鳴を上げながら駆け出し、できるだけ私から離れたところへ逃げようとした。私は名前を呼びながら、少し追いかけた。それから止まって待った。彼女が走るのをやめて少し落ち着いたとき、彼女はとても遠くまで行っていたので、私にはもう彼女が見えなくなっていた。まだ彼女のシグナルは感じられたが、それはかすかで、とても遠かった。

私が彼女のいる方向に加速すると、彼女がまた見えてきた。彼女は私が来るのを予想していたらしく、走るのをやめた後も、まだ私のシグナルを感じていたようだ。彼女がまた見えてくるとすぐに、私は名前を呼びかけた。

「グロリア」

彼女は私に向かって、何かよくわからないことを甲高い金切り声で叫ぶと、向きを変えて、叫びながら逃げ出した。私は少しだけ追いかけてから止まり、彼女が逃げるのをやめるのを待った。今度は、もっとゆっくり彼女に近づいていこうとした。彼女が見えてくるとすぐに、私はまた名前を呼んだ。

「グロリア？」

彼女がはっきり見えてきたとき、彼女は目を恐怖に見開いて、私のほうを見ていた。彼女はまた逃げ出し、金切り声の叫びには恐怖と不安があらわれていた。十秒くらいして、彼女は逃げるのをやめ、とても静かになった。隠れようとしているようだった。彼女のシグナルはとてもかすかになった。

〈ちょっと違うやり方のほうがいいかもしれないな〉私は心の中で独り言を言った。

私はとてもゆっくり移動しながら、彼女が見えないけれど、彼女のすぐ近くの地点を目指した。それから、とてもゆっくりと、彼女がどこにいるのかわかる場所に近づいていった。彼女が見えてきた途端に、彼女はまた叫びながら逃げ出した。

〈私の外見の問題かもしれないな。私が何か怖いものに見えるとか？〉

今度は、彼女が逃げるのをやめた後で、私はまたとてもゆっくり近づいていき、彼女の視野の外で止まってみた。

「グロリア、私は友人で、ここに来たのは……」

私がここまで言ったところで、彼女はまた恐怖の叫びを上げて逃げ出した。

〈だめだ、これは何の足しにもならない。むしろ事態を悪くしただけだ！　私が見えないのに声だけ聞こえたら、よけいに怖がってしまった！〉

もう一度、私は彼女にゆっくりと、とてもゆっくりと近づいた。彼女の視野の外に留まりながら、私は少なくとも一分間は、黙ったままそこに浮かんでいた。私の存在の何が彼女を怖がらせているのか、確かめようとしたのだ。彼女は、私が近くにいるとわかっており、私の存在を感じ取ることができて、それで怖がっていた。

〈私が脅威でないことに彼女が気づくくらい長く、そばにいてみたらどうだろう?〉

彼女の恐怖がおさまるまで、さらに二分くらい待ってみたが、まだ私が存在するというだけで彼女が不安になっているのが感じられた。ゆっくり移動して、彼女がぼんやりと見えてきたところで、私は自分が出せるかぎりで最高に天使らしい声を使って、優しく彼女に話しかけた。

「私は友達……」

「とんでもない! 地獄の猟犬よ!」彼女は金切り声を上げ、私が言葉を言い終えないうちに叫びながら駆け出して、また視野の外に逃げ去った。

「……のレスリーに頼まれて、あなたを助けに来たんですよ」最後の言葉が空中に流れて消えていくまでに、彼女はほとんど、聞こえる範囲の外に行ってしまっていた。

〈まあ、少なくとも問題が何かはわかったぞ。彼女には私が地獄の猟犬に見えるんだ〉

グロリアは信念のどこかで、悪意に満ちた凶暴な犬の群れが死後の世界をうろついている、という考えを受け入れてしまっていたのだ。その犬どもは悪魔の手先で、人の魂を攻撃し、バラバラに引き裂いて、地獄へ引きずっていく。私がそういうものだと、彼女は考えたのだ。自分を引き裂いて悪魔に引き渡そうとしている、恐ろしい犬の群れなのだと。

私は、彼女にとって最悪の悪夢を現実化してしまったのだ！　彼女の恐怖が私に覆いをかけて、私を地獄の猟犬に見せてしまったのだ。

いくら私が彼女に近づこうとしても、マーティの悪夢に出てきたバンシーのようになってしまう。マーティが、眠るたびに叫び声を上げて逃げ出そうとしていた、あのバンシーのように。

これは、私が自分では遭遇したことのない状況だった。この問題を回避する助けになるような過去の経験は、何も思い浮かばなかった。

彼女に愛を投げかけるやり方を教えるには、彼女と話す必要があるが、彼女の恐怖が私を地獄の猟犬に変えてしまっている。もしすぐに何かが起こらなければ、彼女をあそこに置いていくしかないだろう。それでは問題は解決しない。

誰かが彼女を助けに来ても、それがいくらまばゆく輝かしい天使だったとしても、彼女には地獄の猟犬に見えてしまうのだ。つまり、あの世の誰かを呼んできても同じことだ。彼女は何を見ても何を聞いても、恐怖と不安にかられて逃げ出してしまうだろう。

〈これは、助けが必要だ。誰か、グロリアのことで手助けしてくれる人はいますか？〉もう、自分で解決策を見つけようとするのはやめて、霊的存在（スピリット）に道を示してもらうべき時が来ていた。

「レスリーをここに連れてくるんだ。彼女が助けてくれるよ」誰が答えてくれたのかはわからないが、そういう言葉が私の頭に流れ込んできた。

〈レスリーか、もちろんだ！　レスリーをここに連れてくるんだ！　なぜもっと早く思いつかなかったんだろう？〉

「きみはこれまで、こういう状況に出会ったことがなかったね、ブルース。死後の世界の新しい領域だよ」聞き慣れない声が言った。

「しかし、少なくともきみは、何をすべきか思いつこうとするのをやめるってことは、憶えていたね。霊に道を示してもらうことについて、レベッカに教わったことを憶えていたんだ。これは、きみが霊への信頼を増している証拠だ。よくやった」

グロリアは走るのをやめて、次に猟犬に出会うのをこわごわと待ち受けていた。

レスリーを頭に思い浮かべてまもなく、レスリーがすぐそばに立っていた。

「やあ、レスリー。私はグロリアを救出しようとしてるんだが、きみの助けが必要なんだ」

「何をしたらいいの、ブルーシー？」

私は、彼女の叔母に近づこうとするたびに何が起こったかを説明し、なぜそんなふうに反応しているのかを話した。

「じゃあ、叔母さんを助けるために、私はどうしたらいいの？」とレスリーは尋ねた。

「もし、ちょうどいいところまで近づけば、叔母さんにはきみの声が聞こえるが、姿は見えない。きっと、叔母さんにはきみの声がわかるだろう。もし叔母さんが私たちを見れば、私たちが何をしようと、また逃げ出してしまうはずだ。叔母さんは完全に怯えきっていて、私たちが猟犬の群れに見えてしまうだろうからね。叔母さんは私がわかっているので、私が近づきすぎれば、私の存在を感じ取って逃げ出すだろう。きみが私より先に立っていって、叔母さんから見えないところで止まるというのが一番いいと思うね」

「彼女はどこ？」

私たちはゆっくりと三六〇度回転し、グロリアの位置を感じ取ろうとした。彼女が真正面に来たとき、私は動きを止めて、彼女のほうを指さした。

「彼女はあそこだ。感じるかい？」

レスリーは、私が指さした方向を何度か往復するようにスキャンした。

「見つけたわ。彼女はまっすぐあっちにいるでしょう？」レスリーは指さしながら言った。

「そうだ、見つけたね。じゃあ、本当にゆっくり近づこう。あまり近づきすぎないように」

「彼女に私の声が聞こえるくらい近づいたってことが、どうしたらわかるの？」

「ただ、彼女の方向に、ごくゆっくりと移動し続けるんだ。目の前にある暗黒に、よくよく注意を払って。もし少しでも何かが見えてきたら――点とか、渦巻きとか、ほんのちょっとした揺らぎでも――何か見えたら、すぐに退くんだ！」

「ああ……わかったわ！　もし暗黒の中にある小さな点とか何かに、私がフォーカスしたら、それは私たちを視覚的に接続するのね。彼女が私の視覚的な認識の範囲に入って来たら、私も彼女の範囲に入るってわけね！　理にかなってるわ！」

「レスリー、私はこれまで、そんなふうに考えたことはなかったよ！　もうずいぶん長いこと、そうやって人を見つける手法を使ってきたけど、実際に何が起こっているのかは、全然頭に浮かばなかった！　もちろん、あの渦巻きというのは、非物質的だが、視覚的な経験だ！　あれに意識をフォーカスすることで、私は相手の人と視覚的に接続されるんだな。ありがとう、レスリー。新しいことを学べたよ！　ありがとう！」

「どういたしまして、ブルーシー！」

「私はできるかぎり、自分を閉じるようにするつもりだよ」と私はレスリーに言った。「充分に閉じられるといいいんだが」

「閉じる？」

「ああ、誰かが私の存在を感知できる範囲を最小限にするんだよ」と私は答えた。「自分のボリュームのスイッチを下げるみたいなものさ。スタートレックに出てくるクリンゴンの遮蔽装置と、潜水艦が隠密に航行するための装備が混ざったみたいなものだよ」

レスリーは笑い声を立てた。「ＯＫ、ウォーフ、作戦開始よ！」

私たちは、グロリアのいるほうに向かって、ゆっくりと動き出した。レスリーが先に行き、私は少し離れて後に続いた。しばらくして、私たちは止まった。レスリーが何を言おうか考えているのが感じられた。

「グロリア叔母さん。私よ、レスリーよ」彼女がそっと言うのが聞こえた。

グロリアはまた逃げ出した。

「グロリア叔母さん、レスリーよ。何も問題ないわ」レスリーは、グロリアが逃げているほうに向かって呼びかけた。

グロリアがレスリーの声だと気づくのが感じられた。グロリアは走るのをやめて振り返り、私たちのいるほうを見た。

「レスリー?……レスリー……あなたなの?」

「そうよ、グロリア叔母さん、私よ。レスリーよ」

「どこにいるの、おまえ? 見えないわ」

「私はここよ」レスリーが優しく言った。「私の声をたどってみて。こっちよ」

〈うまいぞ、レスリー! グロリアがこっちにやってくる。追われているという感覚はなくなったんだ。彼女は自制心を取り戻している!〉私の考えることは、たぶんグロリアには聞こえないだろうとわかっていたが、将来参考にするために、今は隠しておきたかった。

「あなたなの、レスリー? そこにいるのは」グロリアは私たちのほうを指しながら尋ねた。

「ええ、グロリア叔母さん、私よ。私はここに立ってるわ」レスリーは手を振りながら声をかけた。

グロリアはどんどん近づいて、ほんの一メートルほどのところまで来た。

「あなたに会えて本当に嬉しいわ!」と彼女は言った。「さっきまで、あの怖い犬たちに追いかけられてたのよ。すごく怖かった！　捕まらないように逃げたんだけど、あいつらは何度も戻ってくるのよ！」

「もう何も かも大丈夫よ。あれは二度と戻ってこないわ」

ふたりはもうしばらくお喋りをしていた。レスリーが見事なやり方でグロリアを落ち着かせているのが私にはわかった。ふたりが立って話している間に、私はふたりを取り囲んで、三人一緒にそっとフォーカス27へ移動させた。私たちは「公園」の開けた野原に着地した。グロリアは、場面が変わったことにほとんど気づかなかった。

「会ってほしい人がいるの」とレスリーが叔母に伝えた。「いい友達で、ここに来て私たちを助けてくれるように、私がお願いした人なの。会ってもらえる?」

「いいわよ。その人はどこにいるの?」グロリアは訊いた。

「ここよ」レスリーは、私のほうを指さしながら言った。

グロリアは、私がどこにいるのか、どんな外見なのか見定めようとして、最初は目を細めていたが、すぐに私をとらえた。

「あら、素敵な若者のように見えるわね」

「グロリア叔母さん、こちらはブルースよ」とレスリーが紹介してくれた。

私は微笑みながら、草の上を歩いて彼女のところまで行った。

「グロリア、ついにお会いできて私がどれだけ嬉しいか、想像もつかないと思いますよ」

私たち三人はしばらく話をしていたが、やがて、別の人がふたり現れた。グロリアの母親と兄が、彼女を死後の世界に歓迎するためにやってきたのだ。

グロリアがそのふたりに気づき、ふたりが彼女を会話に引き入れると、レスリーと私はグロリアに別れを告げて立ち去ることにした。

「レス、ちょっと待った！」と私はレスリーに声をかけた。

彼女は私の前方で止まり、私は追いついた。

「ちょっとお礼が言いたかったんだ。きみが来てくれたこと、そして、こっちの世界での視覚的な結びつきについて、洞察を与えてくれたことにね。私は、救出しようとしている人の知り合いで、肉体的に生きている人を、わざわざ呼び寄せたのは今回が初めてだったんだ。これはすごくうまくいったから、今後はもっとしょっちゅう活用していくつもりだよ。ありがとう、レスリー！」

「どういたしまして、ブルーシー！　お役に立てて嬉しいわ」

ギュッと抱き合ってから、私たちは別れ、私はこの死後世界への旅から帰還した。この旅からは、大きな宝を持ち帰ることができ、私は日誌に記録をつけた。

この、海図のない水域での出来事は、ぜひ記憶しておきたいものだった。結果として得られた死後世界に関する知識を、私は将来の航海にも携えていくことになるだろう。

エピローグ

死後世界の探索を始めた頃にも、自分の経験が何らかのかたちで自分の信念に影響するかもしれないと、頭ではなんとなく理解していた。新しい知識が古い知識に取って代わり、それが既存の信念の中に統合される必要があることは、納得できた。

しかし、それが本当はどういう意味なのかは、深く考えたこともなく、そうした変化を経験するとどんな感じのするものなのか、ほとんど考えもしなかった。

頭でわかっているといっても、それがどんな感じがするのかを知っているというわけではない。それは、直接経験を通じて知ることと較べれば、不毛で生気のない代用品にすぎないのだ。

新しい死後世界の知識は、既存の信念に必ずしも統合できるとはかぎらなかった。むしろ、既存の信念を否定して、取って代わらねばならないことが多かった。

古い信念を大々的に破壊して、代わりに新しい信念を据えることを、純粋に知的レベルで成し遂げられると思っていたとは、私はじつに浅はかだった。

私の浅はかさがはっきりしたのは、次のようなことを発見したときだ。

私は子どもの頃から、自分の信念が織りなす巨大な網《あみ》が、自分であり、自分のアイデンティティであると認識するようになっていたのだ。私はこの網をボールの形にイメージするようになった。

この巨大なボールの中にある、個々の信念は小さなビー玉のようで、その信念を支える別の信念（ビー玉）に向かって糸が伸びている。私のアイデンティティである、これらの信念はみな互いに結び合って、自らを維持する信念のシステムを形成している。私はこのシステムを使って、自分の経験を解釈するのだ。

私がもし、この巨大なボールの表面にある信念と矛盾することを経験して、その矛盾する経験を現実だと受け入れるとすれば、その信念、または信念をあらわすビー玉は、溶けて消え去ってしまう。その消えた信念に支えられていた、周囲にある信念も、私がその経験を受け入れたせいで、試練にさらされてしまう。残りの信念が、理屈をつけたり気をそらしたりして身を守り、崩壊を回避できるまでは、私のアイデンティティそのものが危機に瀕してしまうだろう。

「パンキー」の経験によって、私のアイデンティティである巨大なボールの中で、中心部に近い信念がいくつか消えてしまった。

これらは、物質界の性質に関して、私が中心的な理解を解釈するために使っていた、中核の信念だったのだ（その時点までは、物質界こそが、私にとって唯一の現実世界だった）。

これらの信念は、信念が織りなす構造体の中心部に位置していたため、私のアイデンティティのまさに中核をなしていた。それが中心部に位置していたということは、表面にあった場合よりも、お互いを支え合っている信念のネットワークの中で、より広い部分と結びついていたということだ。

「パンキー」の経験から、死後世界が現実であると受け入れた結果、それらの信念が消え去ったとき、「現実世界は物質界の縁《へり》で終わっている」という整然とした理解が、一緒に消え去ってしまったのだ。消えてしまった中核の信念から出ていた糸が、私のアイデンティティの中で、どんどん広い領域に対立をもたらしていった。精神科医が「アイデンティティの危機」と呼ぶような状態を、私は経験したのだ。

「パンキー」と対立した信念は、単なる知的レベルの構造物ではなかった。それは私であり、私のアイデンティティの一部だったのだ。

自分とは誰で何者なのかという理解の中心をまとめ上げていた中核の信念が、この経験で消え去ってしまった。中心がなくなったので、私の中で大きな部分がほつれてきた。まるで、自分が崩壊しつつあるかのような感じだった。恐ろしく、落ち着かなくて、とても混乱してしまった。「パンキー」の一件の後、自分を取り巻く世界が消え去っていき、自分の残りの部分が虚無の中で漂っているような感覚に襲われたのは、それが原因だったのだ。何日もの間、霧の中でさまよっているような感じがしていた。もはや自分が誰なのか、わからなくなってしまった。私はもはや、自分で自分だと認識できるようなかたちでは機能していないようだった。時折、自分が死にかけているか、もう死んでしまったかのように感じた。これは、私の人生の中でも、特に不快な時期だった。

やがて私は、自分が新しいアイデンティティを形成しつつあることに気づいた。「パンキー」が示したとおり、死後世界が現実であると受け入れたことによって、自分がもはやこれまでと同じ人間ではなくなっていることに気づいた。死後世界の探索を始めてから発見してきた一切合切を組み込んで、徐々に新しいアイデンティティを組み立てていかねばならないのだと気づいた。

私の中心部からもっと離れたところにある信念が、「パンキー」の示している見方に反抗して戦っていたので、このプロセスは長いこと続いた。

しかし、物質界を超えた存在が現実であると受け入れたことは、もはや撤回できなかった。それは実証可能の、否定できない現実だったのだ。

このプロセスが進行するうちに、私は自分の信念の構造体、自分のアイデンティティが、新しい現実をどのように受け入れたのかを理解し始めた。この新しい自分が、情報をこれまでと違ったかたちで処理しているのがわかった。日常の経験の中で、自分がどのように結論を出すのかがわかった。

それは、より大きな現実に対する新しい理解を反映していた。

自分の経験やまわりの人の経験を深く見ていくと、今では、そういう経験がもっと大きな全体図にどのようにあてはまるのかがわかるようになった。死後の世界が疑問の余地のない現実として含まれている、大きな全体図の中に。

私がこれを書いているのは、死後世界の探索を始めようとする方々を心配してのことだ。このアイデンティティの危機と再統合のプロセスは、時間がかかるし、非常に混乱する経験になるかもしれない。

こうした探索の局面を理解するようになってから、私が話をしたある人たちは、自分が死にかけていると信じ込んで恐ろしい思いをしていた。中には、遺言を書き直して、愛する人たちに別れを告げ始めた人たちまでいたのだ。これは深刻な事態にもなりかねない。

みなさんの中で、死後世界の探索に自力で取りかかろうとする方があれば、自分の中核の信念に反することを直接経験した後に、しばしば、このような混乱や喪失感を覚えるものなのだと知っていただきたい。もはや自分が誰なのかわからないような感じがするかもしれない。どこへ行き、何をしたらいいのかもわからないと感じるかもしれない。ひどく落ち着かない感じがするかもしれない。

私がこれを書いているのは、私の経験から、こうした感覚が再生と成長の一部なのだと知っていただきたいからだ。

これは、私の経験からすると、かつて知らなかったことに気づくときに誰もが経験する、自然な変化のプロセスの一部なのだ。死後の世界に関する知識は、私たちの中心部に、より大きな影響をもたらすものかもしれない。

私たちの信念の多くは、物質界だけが唯一「本当の」現実だということを中心に据えている。「あの世」を探索して「未知」に出会ううちに、自分が何者なのか、ということが変化してくる。私にとって、それは成長のプロセスなのだ。そのプロセスを通して、私は新しい、より統合された人間となり、私たちの物質界と死後の世界とほかのあらゆるところでの人間存在について、どんどん多くのことに気づき続けているのだ。

あなたが、未知なるものの中で、ご自身の信念と対立する経験に遭遇するときに、このメッセージを思い出してくださるよう、せつに願っている。

ジョーの救出と「パンキー」の経験から二、三日のうちに、もうひとつ私の一部が消え去った――コーチが消えたのだ。

私は、非物質界を探索するのに、自分の一部であるコーチを頼りにするようになっていたが、それがいなくなってしまったのだ。

何週間にもわたって、私は彼を探し回ったが無駄だった。

二度目のライフライン・プログラムのときに会った「白熊」というガイドが、しばらくは代わりを務めるかに思われた。しかしやがて、何度か断片的なコンタクトをした後、彼もいなくなってしまった。

コーチが消えたことは、レベッカがよく言っていた「魂の闇夜」というものの始まりだった。

私はまったく完全にひとりぼっちだと感じた。私は暗闇の中で、まる二ヶ月間、失ったすべてを悲しんで嘆き暮らした。

ボブ・モンローは、その著書の中で、彼の「インスペック」が別れを告げて去った時のことを書いていた。今や、私も同じような喪失を経験することになった。これで、ボブの書いていた言葉が、私にとって既知のものとなったのだ。

やがて、一条の明るい光が、その長くつらい夜の闇に差し込んできた。

ジョーの救出より二、三週間前に、私はモンロー研究所の最新プログラム、「エクスプロレーション27」に申し込んでいた。これは、フォーカス27で、公園やレセプションセンターより先を細かく探索するプログラムと銘打たれていた。人間のために作られ、人間が住んでいる、非物質界にある広大な未踏査の領域で、発見と実地調査に加わる機会が与えられるのだ。

フォーカス34／35で深宇宙を探索する、という説明もあった。これはボブ・モンローが、二冊目の著書である『魂の体外旅行』の中で「大集合（ギャザリング）」と書いていた領域だ。

この「大集合」とは、ボブの説明によれば、物質的な宇宙の他の領域に住む知的生命体たちが集まってきているフォーカス、あるいは意識レベルだという。

その存在たちは、ボブの言う「ビッグ・ショー」というものを目撃するために、集まってきているのだそうだ。これは最近人々が「地球の変化（アース・チェンジ）」と呼んでいるものだ。

私の闇夜が始まる前には、こうした新しい未知なるものを探索するのが楽しみでワクワクしていた。しかし、「パンキー」の経験の後にやってきた寂しさと落ち込み、そしてコーチがいなくなったことで、私はもはや何にもワクワクすることなどできなくなってしまった。

二月中旬に予定されていたエクスプロレーション27の日程が近づくにつれて、それが自分を、魂の闇夜からなんとか救い出してくれるだろうという期待を感じ始めた。もしかして、プログラムにしっかり集中することが、ガイダンスと再びつながるのを助けてくれるかもしれない、と思ったのだ。

そのプログラムの最初の二日間は、まったく何とも接続できず、フラストレーションの溜まる繰り返しばかりだった。

だが三日目に、私の魂の闇夜に太陽が目も眩むような輝かしさで上ってきて、闇夜の終わりと魂の新しい夜明けを告げ知らせた。その日の出は、私の肉体が耐えられるかぎりで最も強烈な、非物質界の経験と共にやってきた。純粋な無条件の愛を感じる経験だった。

レベッカとエド・ウィルソン、ボブとナンシー・モンローらと分かち合った、あの経験を説明しようとしても、とても言葉では言い尽くせない。

その日、光の中で私は、それまでの経験をはるかに超える、新しい知覚の能力を見いだしたのだった。

フォーカス27の「私の場所」では、驚くようなことも待っていた。

高い山岳地帯で、傘のような浜小屋の屋根があり、テーブルの周りにキャンバス地のブランコ型の吊り椅子がある場所だ。最初にあの場所を作ってから、そこを訪れるたびに私は、あるグループがテーブルを囲んで座っているのに出会っていた。彼らの顔は見たことがなく、いったい誰なのかまったくわからなかった。

エクスプロレーション27で、彼らが自己紹介してきたとき、その正体は目を見はるような驚きだった。コーチもそこにいて、なぜ自分が消え去ったのか説明し、新しいガイドを紹介してくれた。

この新しいガイドは私に言葉では話しかけなかった。このガイドと交流し、その正体を知るには、音を使った新しい手法を学ぶ必要があった。ある意味でこれは、何物とも誰ともどんな場所ともコミュニケートを可能にしてくれる、万能の翻訳者なのだ。

私は今でもまだ、この手法について、さらに多くの面を学んでいる最中だ。これは言葉と感覚を結びつけて確かな知に変えてくれる、驚くべきツールなのだ。「パンキー」によって疑いを超越できたことで、このツールを理解して使い、新世界についてさらに多くのことを学んでいく準備が整ったのだ。

エクスプロレーション27は私にとって、死後世界の発見における新時代の幕開けとなった。それ以前は、フォーカス23に囚われている人たちの救出を利用しながら、非物質界について学び、「向こう」を探索する方法を学んでいたのだった。

エクスプロレーション27では、物質界を超えたところで人間存在を支えている施設について、詳細な情報を集めるために、もはや救出活動という補助輪を使う必要はなくなったのだ。

私の次の本、「死後探索シリーズ」の三作目では、新世界で活動を担っている、様々な「センター」についてご紹介する。

「教育センター（The Education Center）」では、人類が獲得したすべての知識が蓄えられ、提供されている。

「素晴らしいアイデアの館（The Hall of Bright Ideas）」では、物質界にはまだ存在しない発明がどのように創造されるか、ということがわかる。

「計画センター（The Planning Center）」は、物質界と非物質界の間で活動を調整している。

「健康・回復センター（The Health and Rejuvenation Center）」は、新しく到着する人たちが死の後遺症から回復する場所だ。

エクスプロレーション27から数ヶ月後、一緒に参加した仲間たちと私は、新世界の実地調査を継続するために、定期的にフォーカス27への旅をするようになった。私たちは「向こう」でお互いを認識し、私がかつて訓練を受けていた頃、レベッカとしていたように、よくコミュニケーションを取り合った。それぞれが一緒に探索の旅を行なった後、収集した情報を確かめるために、記録を比較し合ったのだ。

今は死後の世界に住んでいるボブ・モンローが、現地在住のガイドとして、私たちの探索に加わってくれた。おかげで私たちの探索は、アメリカ大陸を初めて横断したルイスとクラークの探検旅行のような雰囲気を帯びることになった。

私たちは、数ヶ月にわたって週に二回、非物質界という新世界で、地図に記されていない領域をトレッキングした。案内役のガイドは、地形や住民について、そこの人たちが何をしているか、どこに行けば会えるのかを知っていた。彼は、私たちが求めている情報を持つ死後世界の住民と、会って交流できるように導いてくれたのだ。

ボブは、物質界で生きている間に著作の中で説明した場所に連れていってくれることもあり、私たちがそこを観察したり、もっと学んだりできるようにしてくれた。これらの探索は、私の死後探索シリーズの四作目で紹介する内容のもととなった。

その四作目の本では、次のような場所をご紹介することになる。

「回顧センター(The Review Center)」では、職員たちが過去の人生の情報を提供し、人々が将来の選択について決断するのを手助けしている。

「スケジューリングセンター(Scheduling Center)」の機能は、物質界の時間の中で、出来事をコーディネートすることだ。

そして、フォーカス25にある地獄も、またいくつかご案内する。なぜ人々がそこに引きつけられ、つなぎ止められてしまうのかが、もっとよくわかっていただけるはずだ。マックスの地獄も、そのうちのひとつだ。

「リハビリテーションセンター(Rehabilitation Center)」から来た職員が登場するが、その人は、これらの地獄に入っていって人々が早く抜け出せるように手助けしている。彼らの言葉を借りれば、地獄から出るための裏口を用意するということだ。

フォーカス25にある「うわべだけの天国（Hollow Heaven）」のひとつにもみなさんをご案内して、どんなところか知っていただくことになる。

「神の家センター（The House of God Center）」の職員のひとりが、「うわべだけの天国」で過ごした時について語り、どのようにそこから抜け出したか、今はどのように、ほかの人の解放のために働いているか、ということを教えてくれる。

次の二冊の本で、私たちはこうした場所やもっと先にある場所を訪れ、死んだら誰もが行くことになる世界について学ぶことになる。

ここでいったん筆を置くにあたり、私は、読者の中に好奇心をお持ちの方がいれば、ぜひ探索を開始してくださるようにお勧めしたい。

ご自分の信念を探って、その信念がどれほど自分の知覚に影響しているかを知っていただきたい。イマジネーションをコミュニケーションの手段として使うことを憶えていただきたい。肉体を超えた存在として、自分が誰で何者であるかということを、もっと学んでいただきたい。

もしあなたが、好奇心を持つ普通の人間であるならば、ご自分で疑いの彼方へ船出し、死後の世界という新世界で発見を始めることができるのだ。

付録A　エド・ウィルソン博士による電磁気的重力理論

エド・ウィルソン博士は、死後の世界に移った後、物質界で生きていたときに興味を持っていた事柄について、研究を開始した。私の三度目のライフライン・プログラムの際に、彼があれほど時間をかけて私とのコミュニケーション手段を確立しようとしたのは、自分が発見したことを私に伝えるためでもあったのだ。

彼の「電磁気的重力理論」は、私が興味を持つだろうと彼が考えたもののひとつだ。私は大学に入ったとき、物理の専攻だったので、彼の読みは正しかった。一九九三年の一二月三日、私が夢を見ている状態のときに、彼はこの理論を私にダウンロードしてきた。その朝、目覚めたとき、私はエドがそばにいて話しかけているのを感じていた。ほかにふたりの人が、彼と一緒にいた。私の印象では、そのふたりは、エドが調べて回っていたときにたまたま出会った、この理論の「専門家」のようだった。

実のところ、彼らの話してくれたことを物質界の言語に翻訳する私自身の能力が限られているせいで、彼らが実際に話した内容に影響が及んでしまった。結局、誰でも、自分がかつて知らなかったことを説明するのに、すでに知っていた言葉や概念を利用するしかないのだ。

私はこれについて書くだけでも、いささか大それたことだと感じている。アイザック・ニュートン以前から、物理学者たちが取り組んできている難問に答えようとするなんて、私はいったい何者だというのか？

それでも私は、エドの理論がかなり興味深いものだとわかる程度には、物理学について知っている。

私が翻訳したものは、エドの新しい友人たちが言っていたことそのものではない。この主題を完全に解明するとまではいかないが、重力について新しい考え方を提供するものだ。

エドの重力理論は、物質的な宇宙における他の力について現在判明している知識と結びついて、新しい統一場理論のコンセプトを提示するかもしれない。

先に言ったとおり、これは大それたことに思われるが、死後の世界にいる友人とのつながりを通して、情報が得られるという実例になる。もし、誰か物理学者が、重力についてとらえ直すきっかけとなる、真実の核心を見いだしてくれるなら、エドは間違いなく喜ぶことと思う。

■理論

私たちが重力と呼ぶ力は、質量に作用する電磁放射圧の不均衡（アンバランス）の結果として生じる。この不均衡は、純粋にランダムに作用する電磁エネルギーが構成する、ほとんど不可解なほど高密度な「場《フィールド》」における密度勾配から生じている。この密度勾配は、その「場《フィールド》」の局所的圧縮によって誘発される。

■仮定

1　電磁気的性質を持つものとして概念化できる、純粋にランダムに作用するエネルギーの極度に高密度な「場」の存在。この場は、「空虚な空間」を満たし、浸透し、全体に広がっている。それを視覚化してみると、ほとんど無数に近い、あらゆる種類の電磁気的エネルギーの「ビーム」（可視光、電波、X線、赤外線など）が、純粋にランダムなかたちで、あらゆる方向から、空間のあらゆる点を通過して進んでいる。

2　電磁気的性質を持つものとして概念化できる、この非常に高密度なエネルギー場は、内向きに凝集する特性を持つ。

■実験から得られるであろう証拠

比較的質量の軽い個々の原子を非常な高倍率で観察すると、常時ランダムに「揺れ動いて」いるのが明らかになる。近代科学は、これを説明できない。エドの友人たちによれば、この「原子の揺れ」は、質量に作用するランダムな高密度の「場」がブラウン運動のように作用していることの例であり、そのエネルギー場の存在の証拠であるという。彼らはさらに、原子の揺れを定量分析すれば、そのエネルギー場自体を計測することができると示唆している。

■ブラウン運動

一八二七年、イギリスの植物学者ロバート・ブラウンが、水の上に浮遊する花粉の粒を顕微鏡で観察すると、たえずランダムな動きをしていることを発見した。この「花粉の揺れ」については、一九〇五年にアルバート・アインシュタインが力学に新たな手法を持ち込むまで、科学的な説明がみつからなかった。ブラウンの発見は、原子の存在の証明と、その大きさの定量的な計測につながった。

エドの友人たちは、その理論の説明を始めるときに、私の理解を助けるために、ブラウン運動を比喩やモデルとして利用することを提案してきた。彼らはさらに、今後この理論を確かめていくための方法が、同じ比喩を使って視覚化できると示唆した。読者のみなさんの理解を助けるために、私は、エドの友人たちに勧められたのと同じように、みなさんにも、提示されたイメージを視覚化してみるようにお勧めしたい。

ブラウン運動に関する典型的な実験

まず、一二年生（高校三年生に相当）のとき、物理のクラスでやった、ブラウン運動を確かめる実験を思い出してみてほしい。

私の記憶している実験では、小さな透明の箱が顕微鏡の下に置かれるのだった。少量の煙が、バルブからその小箱に注入される。バルブが閉じられると、それによって、煙が小箱の静止した空気の中に隔離されることになる。

その小箱は透明なので、顕微鏡は、中にある煙の小さな粒子に焦点を合わせることができる。そうすると、粒子は予想のように完全に静止してはおらず、むしろ常にランダムな動きのようなものを見せながら揺れているのがわかる。

この動きが、発見者の名にちなんで、ブラウン運動と呼ばれているものだ。これは、熱運動している空気分子（編集部註・酸素、窒素、二酸化炭素、他ネオンなど）が、煙の粒子に衝突してつつき回しているせいだと説明されている。

小箱の中にある空気分子を思い描くと、次のような状態になっている。非常に多数のとても小さな粒子が、粒子同士や、小箱の壁や、煙の粒子と、完全にランダムなかたちで衝突しあっているのだ。

その空気分子は、エドの理論で言うところの「ビーム」、すなわち「純粋にランダムなかたちで、あらゆる方向から、空間のあらゆる点を通過して進んでいる」ビームと同じように作用している。煙の粒子は、エドの重力理論で言うと、物質の個々の原子にあたる。

煙の粒子一個の質量はとても小さいので、空気分子のランダムな動きがもたらす効果を観察する機会を与えてくれる。

空気の分子が煙の粒子に衝突するとき、おなじみのビリヤードの球のように力が働く。空気分子が、その運動量の一部を煙の粒子に渡すのだ。空気分子一個が煙の粒子に衝突するときに働く力は、砂粒ひとつが大きな石にぶつかるときのようなもので、あまりにも小さすぎて観察できない。だが、何十億の何十億倍という空気分子がその小箱の中に存在するので、非常に短い時間のうちに、何十億回もの衝突が起こる。

空気分子の動きは完全にランダムなので、どんな短い一瞬のうちにも、煙の粒子の片側に、別の側より多く衝突が起こるという確率が存在する。煙の粒子は、こうした、より多くの衝突が起こる点から離れる方向に加速する。百個のビリヤードの球がボウリングの球の片側にぶつかり、反対側には五十個だけがぶつかったようなものだ。ボウリングの球は百個がぶつかった場所から離れる方向に動くだろう。その次の瞬間、煙の粒子の別の側に、より多くの数のランダムな衝突が起こるかもしれず、それによって粒子が別の方向に加速するかもしれない。ある一定時間内には、ランダムな衝突は、煙の粒子の周囲に一様に分布するので、その時間内には粒子は動かない。

こうした、空気の粒子のランダムな、確率に基づく衝突が、小箱の中にある煙の粒子の揺れ動き、すなわちブラウン運動の説明となる。ブラウン運動は、エドの電磁気的重力理論のコンセプトを理解するための出発点となる。

イマジネーションを用いた実験

ここまでで、ブラウン運動のモデルは、「実験から得られるであろう証拠」として先に述べた原子の揺れ動きを説明するために利用できる。この理論でいう「場」に存在する物質の原子一個は、ブラウン運動に似たような揺れ動き方をする。充分な密度を持つ「場」があれば、質量の小さい一個の原子に対する確率に基づく衝突は、その原子に揺れを生じさせる。

理論の説明を始めるにあたって、イマジネーションを利用して、ブラウン運動の実験をもう一歩進めてみよう。ここで私たちは、「場」が持つ内向きに凝集する特性を利用して、重力を説明するのだ。

まず、まったく新しい、空気のようなガス状の媒質で、内向きの凝集力を持つものを仮想的に創り出してみよう。この新しいガス状の媒質を「アンオブテイニウム」と呼ぶことにする。なぜなら、このコンセプトを想像することは役に立つが、それを実際に手に入れる（「オブテイン」する）ことは非常に難しいからだ。

アンオブテイニウムは、空気と同じだが、ただひとつだけ特性が追加されている。それは内向きに凝集する力があるのだ。別の言い方をすれば、それはゴムのように引っ張って伸ばすことができるということだ。いわば、「バネ定数」を持っているようなものだ。

さて今度は、ブラウン運動を確かめるための、新しい箱を想像しよう。透明な長方形の箱で、横が約一メートル、縦が約一〇センチ、高さが約二・五センチだ。この新しい箱をアンオブテイニウムで満たしてから、この箱を薄切りにするのを思い描いてみる。

横が一メートル、縦が五センチのとても薄いゴムのシートが、箱の両端にクランプ（挟み込む金具）で固定されているようにイメージしてみよう。そして、想像上のフェルトペンで、この「弾力のある気体」のシートに、約〇・五ミリ刻みの等間隔で縦方向に並行な線を引いていき、端から端まで全体にマーキングする。

これらの線は、アンオブテイニウムの最初の密度を示すための目安になる。線が等間隔になっているということは、アンオブテイニウムの分子が均一に分布しているということだ。このアンオブテイニウムは、箱全体にわたって均一の密度を持っている。実際、この薄いアンオブテイニウムのシートのどこかに煙の粒子を一個入れたとすれば、その動きは、通常の気体中で見られる典型的なブラウン運動と見分けがつかないだろう。先に論じたような分子の衝突によって、ランダムなかたちで揺れ動くはずだ。

これで準備が整ったので、内向きの凝集力という、アンオブテイニウムの想像上の特性を実験してみよう。ふたつのクランプを使って、アンオブテイニウムのシートの真ん中近くを縦方向に挟む。クランプは互いに並行で、一五センチの間隔をおいて取り付けられ、シートをしっかりと挟んで固定する。このふたつのクランプは、間隔が二・五センチになるまで近づけることができる仕組みになっている。この仕組みを使って、ふたつのクランプを近づけるとき、アンオブテイニウムのシートに引いてある線を観察してみよう。

私は今、アンオブテイニウムという気体の真ん中近くで、局所的な圧縮を引き起こしたのだ。クランプとクランプの間では、引かれた線は接近しており、ここでアンオブテイニウムの密度が高くなっていることがわかる。それでは、クランプで挟まれた外側の領域で、しるしの線がどうなっているか、よく見てみよう。もはや、その線は等間隔ではない。線と線の間が引き伸ばされているのだ。

一番伸ばされている量が多いのは、クランプの近く、私が引っ張った箇所に一番近いあたりだ。伸びは、シートの両端に近くなるにつれて、漸近的にゼロに近づいていく。最初に線が等間隔だったことは、気体の密度が均一だということを示していた。今、線と線の間隔が広がったことは、この空気のような気体の密度が、横方向に見て変化したことを示している。分子はもはや箱全体に均一に分布してはいない。内向きの凝集力を持つという仮想的な特性のために、線と線の間にある気体の分子の数は変わっていない。しかし今や、クランプの外側では、同じ量の分子が前よりも広い領域を占めている。物理学者に言わせれば、密度が低くなっているということだ。

シートの両端の、伸びが一番少ない部分では、気体の密度は元の伸ばされていないときの値に近い。シートの中心近くの一番伸ばされている部分では、密度は元の値より低くなっている。私たちは、シートの横方向（長辺）に沿って、密度勾配を生じさせたということだ。シートのどの部分を取っても、ガスの密度は中心に向かって低くなり、両端に向かって高くなっていく。引っ張ったのと垂直方向に、どんな厚みでスライスしても、この密度勾配が存在する。

ではここで、私たちがイメージしたもの――密度勾配を持つ気体、アンオブテイニウムが入っている密閉された箱――これを利用して、興味深い質問をしてみよう。

「ブラウン運動のモデルを使って、煙の粒子を一個、箱の中のアンオブテイニウムが引き伸ばされた領域のどこかに置いたら、何が起こるだろう？」

まず、気体の分子が煙の粒子とランダムに衝突する数には、私たちが引き起こした密度勾配のせいで偏りが生じるだろう、ということはわかる。

密度は箱の両端近くで最高であり、中心近くで最低となる。それゆえ常に、煙の粒子の密度が高いほうの側面（箱の両端に近い側）で空気分子の衝突がより多く起こり、局所的な圧縮が行なわれているほうの側面（箱の中心に近い側）でそういう衝突が少なくなるはずだ。

というわけで、質問への答えはこうなる。

「箱の中の、シートが引き伸ばされた領域のどこかに置かれた煙の粒子は、衝突数の不均衡（アンバランス）によって、箱の中心に向かって加速されるはずだ」

実際、この不思議な透明の気体に引いてある線を見ることができない、外部からの観察者はこう言うかもしれない。「ふーむ、ふたつのクランプが、外側に重力のような力を及ぼしているようだ。そして、煙の粒子を引きつけているんだ！」

しかし、私たちは実際に何が起こっているのかを知っている。私たちは煙の粒子を取り巻く気体に、密度勾配を引き起こした。そして、空気分子のランダムな衝突の数に偏りが生じたせいで、煙の粒子はクランプに向かって動かされるのだ。クランプが引力（引きつける力）を煙の粒子に及ぼしているわけではない。煙の粒子は、アンオブテイニウムの粒子との衝突数の不均衡のせいで、クランプの方向に向かって押し出されているのだ。その不均衡は、クランプが気体の局所的圧縮によって引き起こす、密度勾配が原因となっている。

重力は引力ではなく、押す力なのだ。

それでは、アンオブテイニウムを、電磁気的性質を持つものとして視覚化できる、純粋にランダムに作用するエネルギーの「場」というものと置き換えてみよう。極度に高密度で、内向きの凝集力を持つ「場」だ。その「場」が、物理的な宇宙全体に広がっていると想像してみてほしい。煙の粒子を、物質の原子一個と置き換えてみる。私たちは、「場」の局所的な圧縮を説明しさえすれば、その原子一個に作用する重力を説明することができるだろう。

では、私たちの実験で見た、クランプとクランプの間のアンオブテイニウムはどうなっていただろうか？　シートのその部分では、引かれた線同士がとても接近していた。これは何を意味するのだろうか？

エドの理論から言うと、これは「場」が圧縮されていることを意味する。十分に圧縮されれば、「場」のその領域は「物質」となっている！　エドの友人たちによれば、それこそが「物質」というものなのだ。物質とは、私たちが論じてきた、極度に高密度なエネルギー場の局所的圧縮なのだ。物質と電磁エネルギーは同じものなのだ。アインシュタインの「電磁エネルギーは質量と光速の二乗の積に等しい」E = mc²という式を憶えているだろうか？　私たちが電磁エネルギーと呼ぶものと、質量とは、同じものの異なる形態にすぎないのだ。どちらも、お互いに違うもののようだが、実は「場」というひとつのものが、違った現れ方をして、違った形を取っているだけなのだ。

重力以上のこと

以上、エドの友人たちから聞いたことを翻訳する試みをしてきたが、読者のみなさんが理解してくださったことを願う。友人たちは議論を続けて、この理論の様々な面をさらに詳しく説明していた。彼らは物質の形成について、どのようにして「場」が圧縮されるか、何が原子レベルで物体を結びつけるのか、などについて語った。なぜ物体は、この「場」の中では、光速より遅いスピードでしか移動できないのか、という説明もした。また、この「場」の観点から、超伝導性についても議論していた。

彼らの議論をここで続けるには、この本におさまりきる以上のスペースが必要になるだろう。彼らの説明は徹底的で、すべてが首尾一貫したパターンに合致しており、私はそれに満足した、とだけ言っておこう。

私がここで紹介した内容だけでも、死後の世界を通じてどんな情報が得られるかということを、少し味わっていただけたのなら嬉しい。「向こう」にいる正しい相手を見つけられさえすれば、どんな質問の答えでも、きっと手に入るだろうと思う。

付録B　無用となった古い信念を変えたり、除去したりする方法

私がこの項で書く内容は、信念を変える方法をお伝えするためのものだ。

私はよく人から、「そんな大変そうなことがどうやったらできるのか」と訊かれたりする。私にとってそういう変化は、死後世界を探索するという目標追求のために必要不可欠だった。自分の信念を変える必要があるかないかは、まさに、個人個人が選ぶべきことだ。それをぜひ実行したいと思っている方々を手助けするために、私はこの情報をここに収録する。

私がここでお伝えする手法は、レベッカに教わったことに基づいている。あなたがすでに「ある信念が現在、自分の知覚や経験に関する能力を制限してしまっている」と認識していることが前提となる。あなたがそういう信念を変えたい、あるいは除去したいと願っていることが前提なのだ。

この手法において、最も基本的な仮定は、「自分自身のある側面が、自分のためにその信念を保っている」ということだ。過去のある時点で、あなたは意識的にであれ、無意識的にであれ、その信念が自分にとって有益だと判断したのだ。あなたは、自分自身のある側面に頼んでその信念を保たせた。そして、その側面が適切だと判断すればいつでも、その信念を適用するようにさせたのだ。その側面や信念について、必ずしも私が意識する必要はなく、ただ私の一側面が、ふさわ

しい時に信念の効果を発揮させるというわけだ。

ごく単純な例としては、「落ちれば身体に怪我をする」という信念があるだろう。物質界での経験を通じて、私はこれを信じるようになった。

私はこの信念を、自分自身のある側面の中に蓄えてきた。それで、落ちたらかなりの距離の落下になりそうな場所に身をおくことを考えると、私のある側面が抵抗するのだ。これは信念に基づく、自分にとって有益な制限であり、自分がどこに身をおこうとするかに影響している。

地上二〇メートルくらいの高さにあるロープの上に、自分を立たせようとすれば、私は抵抗を感じる。それに関わっている特定の信念を意識することはないかもしれないが、それでも抵抗を感じるだろう。その信念を保っている自分の側面が、あらゆる手だてを講じて、そのロープに乗るのをやめさせようとするはずだ。

私の両腕、両脚が突然、弱々しくなって、上に登れなくなるかもしれない。恐怖に凍りついて動けなくなるかもしれない。

私がその信念を託した側面は、あらゆる手だてを尽くして、自分の身体がロープに乗るのを止めようとするだろう。

単純でバカバカしい例かもしれないが、以下の内容が、信念を変えるという概念の説明に役立つだろうと思う。

■信念を変える

私が綱渡りを覚えたいと思っているとしよう。私は、少なくとも綱渡りに関するかぎり、あの「落ちれば怪我をする」という信念を変える必要があるだろう。

これから提案する手法を説明するために、「落ちれば怪我をする」という信念を持つ自分の側面との間で、想像上の会話をしてみることにする。私が、綱渡りのロープに乗るために登らなくてはならないはしごの下にいるところから、会話を始めよう。

私は膝ががくがくして、恐怖に麻痺したようになっている。それで私は、自分を制限する信念を持っているのではないかと疑いだす。信念を変える手順をスタートするにあたって、私は目を閉じ、リラックスしてから、会話を始める。フォーカス10かフォーカス12の状態にリラックスするのがいいだろう。

「私は、このはしごを登るのを邪魔している、私自身の側面と話がしたい」

「ああ、何が望みなんだい？」

「このはしごを登りたいんだよ。どうしてできないんだ？」

「冗談じゃない！　あれは高さが少なくとも二〇メートルはあるぞ！　おまえがはしごを登るのを許したら、落ちて、おれたちの身体が滅茶苦茶になるかもしれない！」

「この信念はどこから来たんだ？」

「おまえは、これに関する信念をごく幼い頃に身につけたんだ。ちょっと落ちれば、ちょっと怪我をする。たくさん落ちれば、たくさん怪我をするってな。これは、本当にたくさん落ちることになるかもしれないぞ！」

「きみはどうやって、この信念をこの場合に適用してるんだ？」

「この信念はこの状況に当てはまるみたいだから、恐怖の信号を送って身体を麻痺させて、おまえがはしごを登れないようにしているのさ」

「だけど私は、本当に綱渡りのやり方を覚えたいんだよ！」

「身体を滅茶苦茶にすることになるならだめだ。絶対に！」

「きみが私のためにこういう信念を持って、行動を制限してくれていることに感謝するよ。でも、この場合には、この信念は当てはまらないんだ」

「なぜ？」

「私が綱渡りについて学びたいと思っているからだよ」

「だから？」

「だから、自分の身体の安全については、私が自分で責任を取るよ。とてもゆっくりはしごを登って、よく気をつけてつかまって、落ちないようにするよ」

「だけど、まさにそれを妨げるのが、おれの役目なんだ！　だから、おまえのために、この信念を持って適用してやってるんだよ！」

「きみは今後も、落ちることと怪我をすることについて、これまで信じてきたとおりに行動していいが、たった今、このはしごの件だけは例外だ。この場合に関しては、私たちはその信念を変えることにするんだ。この変更については、私が責任を負うよ」

「でも、でも……」

「私がそう望むんだ」

「わかった。おれはやはり、おまえが慎重にするのを忘れないように、少し恐怖の信号を送るけれど、身体が麻痺するほどじゃないよ」

「ありがとう、この信念を変えたいという、私の願いを理解してくれたね」

この時点まで私は、このことに関わっている自分の側面に出会い、自分の学びたいこと（綱渡り）のために、信念を変えたいという願いを表明した。私のその側面は、はしごを登れる程度まで制限を緩めてくれた。では、はしごの途中まで登ってみよう。

「おまえは本当に、こんなことをしたいと思っているのか？　ずいぶん高いところまで来てる。もし滑って落ちたら、ひどいことになるぞ」

「おい！　私はこれを望んでいるんだよ！　あの古い信念から来る信号が、安全に登るのに必要な集中を妨げてる。きみがそれを変えないのなら、きみのお節介な考えのせいで、私は集中力を失ってしまうかもしれない。もし私が滑って落ちたら、きみの責任だぞ！　きみも私も、怪我をしないで登りきりたいと思っているんだから、何か建設的なことを言うんでなければ、黙っててくれよ」

「わかった。その三段目に気をつけろよ。ほかよりも、少し滑りやすくなっているから。それ以外は、すべてＯＫだ」

「きみの言うとおりだな。少しツルツルしてるのを感じるよ。この段は特に気をつけることにする。教えてくれてありがとう」

というわけで私は、てっぺんの台に向かって、はしごを登り続ける。台にたどり着き、ロープの上に最初の一歩を踏み出そうとする。そこで私は、膝ががくがくし始めるのを感じ、台の手すりから手を放すことができない。

「おい、私は綱渡りを覚えたいって言ったじゃないか。なぜ私は動けないんだ？」

「はしごとロープじゃ、話が別だよ。あの細くて頼りないロープからは、実に簡単に落っこちてしまうぞ」

「きみの言うとおりだ。私はロープから落ちるかもしれない」

「落ちるって？　こんな高いところから？」

「そうだ、落ちるかもしれない。でも、下を見てみれば、安全ネットが張ってあるのがわかるだろう。落ちても、身体に怪我はせずにすむよ」

「でも……でも……落ちる経験をしなきゃならないのかい？　おれが、おれたちのために持っている信念は、あくまでも身体が落ちないようにするというのを基本にしてるんだ。絶対、絶対、絶対だめだ！」

「いや、この場合は落ちても安全だよ。この場合、ネットの張ってある綱渡りの綱に関しては、その信念を『落ちても大丈夫』というふうに変えるんだ。私が責任を持って、その可能性に備えている。私たちは無事に、ネットの上に落ちられるよ」

「でも、でも……」

私は無理やり自分を押し切って、ロープの上に二歩踏み出した。私は集中力とバランスをうまく保っていたが、そのとき……

「だけどもし、おまえがバランスを失ったら、おれたちは落ちて怪我をするぞ！　おまえにこんなことをさせるわけには行かない！　おれたちの身体の全筋肉を恐怖で硬直させて、おまえを止めてやる……うわっ！」

私の側面が身体をコントロールするやり方は、これまではいつもうまくいっていたのだが、今はただ、私のバランスを崩しただけだった。そして私たちはネットに向かって落ちていく。無事にネットに着地して、何度かバウンドしてから……

「ものすごく怖かったよ！　身体はどこも怪我していないようだ。あそこにネットがあったのは幸運だったな」

「運なんかじゃないさ。私が責任を持って、ネットがあそこにあるようにしたんだよ。だから、今回のこの件に関しては、信念を変えていいと言ったんだ。きみがコントロールを奪おうとするまでは、私たちはうまくやっていた。恐怖で硬直したせいで、落ちたんじゃないか！」

「ああ、いつもの、恐怖で麻痺させるっていう方法は、この状況では身体を守るのには役立たないようだな。何か別のことを試すべきかな？　ちょっと待てよ、おまえはまたはしごを登ろうっていうのかい？　一度で充分じゃなかったのか？」

「ああ、充分じゃなかったさ。綱渡りについて、もっと学びたいんだよ！」

「本当に？」

「ああ、そして今度は、恐怖で身体を麻痺させるんじゃなく、きみは別のかたちでコントロールするように努力してみたらどうだい」

「たとえばどんなふうに？」

「ああ、わかったよ。ロープに乗ったら、体重のバランスを維持するように努力するとか」

「ああ、わかったよ。ロープの上では、体重をバランスさせることに全精力をつぎ込むよ」

「素晴らしい！　綱渡りっていうのは、そうやるんだ。ロープの上で、潜在意識的にバランスをコントロールすることを学びさえすればいいんだ。それこそ、今この場合に、私の信念に起こしてもらいたい変化なんだ。『バランスが落下と怪我を防ぐ』ってね！」


これはバカバカしい例かもしれないが、古くなった信念を変える手順のあらゆる要素を含んでいる。整理すると、以下のようになる。

1　自分が制限を受けていることを認識する。自分は、自分の望むことができない。

2　そういう制限のもととなる信念を持っている、自分の側面とコミュニケートしたいと申し出る。

3　自分のその側面を会話に引き入れる。それと対話する。

4　その信念が何なのか、どのように機能して自分を制限しているのかを理解する。

5　自分が学びたいと思っている状況において、その信念を変えたいという願いを表明する。

6　もう一度、自分がしたいことを試みる。

7　その信念による制限が、もっといろいろな形で現れてくる中で、自分の側面との対話を続ける。

8　バランスを取ろうと考えなくても綱渡りができるようになるまで、この手順を繰り返す。そうすれば、望んだとおりの信念の変化を、自分の側面が受け入れたことがわかる。

■信念を除去する

自分を制限している信念は、変えるというよりむしろ、除去することが必要な場合もある。「非物質界を探索するには、物質界と同じような視覚や聴覚が必要だ」という信念は、非物質界での私の知覚を完全にブロックしてしまっていた。これは、ただ変えるだけでなく、除去すべき信念の一例だ。

『未知への旅立ち』で、私が初めてライフライン・プログラムに参加したときの経験についてお読みになった方は、私の知覚がブロックされていたことを憶えておいでかもしれない。

私は、フォーカス27に行けば、「こちら」でしているように、「向こう」でも見たり聞いたりできるはずだと期待し、信じ込んでいた。ところが、私は完全な無の中にいた。

私は見えず、聞こえず、においも嗅げず、触れられず、味わえず、何も感じ取れなかった。私にわかるかぎりでは、フォーカス27にはまったく何もなく、誰もいなかった。物質界と同じような感覚を使うことに関する、私の信念が除去されるまでは、非物質界での知覚は完全にブロックされたままだった。

無用となった古い信念を除去するための手順は、信念を変えるときのものと似ている。私は先の例と同じように、対話の手法を使って、手順を説明してみることにする。

私は非物質界で何も知覚できないことに、ひどくフラストレーションを感じていた。ライフライン・プログラムは詐欺に違いないと思い込み、フォーカス27は「裸の王様」の話のようだと考えた。プログラムの参加者はみな、「向こう」で何も見えないし聞こえないなどとは認めたくないために、見える、聞こえると言っているに違いない。

レベッカは、私が感じ取ろうとしているものは非常に微細なエネルギーであり、違ったかたちの感覚が必要かもしれない、とアドバイスしてくれた。

私がまずリラックスしてフォーカス10の状態に入り、制限を課す信念を保っている自分の側面と会話をしたら、こんなふうになったかもしれない。

「私は、非物質界の知覚をブロックしてしまっている、私自身の側面とコミュニケートしたい」

「何が望みなんだい？」

「非物質界で、はっきりと知覚したいんだ」

「で、それについて何をしろっていうんだい？」

「まず、なぜきみが私の知覚をブロックしているのか教えてくれ」

「『見えもせず聞こえもしなければ、それは存在しない』という信念を保って、適用しているんだよ」

「じゃあ、それで私は非物質的な知覚ができないのかい？」

「そうさ！　非物質的だよ！　この目で見えないし、この耳で聞こえなければ、それは存在するはずないんだ」

「その信念はどうやって私の知覚をブロックしているんだい？」

「数学の方程式みたいなものさ。もし目に見えず、耳に聞こえなければ、おれがそれをなかったことにするんだ」

「きみが、それをなかったことにするのかい？」

「もちろんさ、それがおれの役目なんだから！　そこにあるものが何も知覚されないようにしているんだ。おれがおまえのために保っている信念に合致するようにね。『目に見えず、耳に聞こえない』イコール『知覚のブロック』だよ」

「そんな単純なことなのかい？」

「ああ、そんな単純なことなのさ！」

「その信念を変えたいな」

「そう簡単には変えられないさ。しっかり組み込まれているんだ」

「組み込まれているって、どういうことだ？」

「これはとても古い、中核となる信念なんだ。これはとても長いこと存在しているので、全体の体系の中で、あまりにもたくさんの信念と結びついている。ほかに、ものすごくたくさんの信念に影響を与えずには、変更できないのさ。中核となる信念に基づいたり、関連したりしている他の信念を、すべて変えなくちゃならなくなるだろう。こうした関連をみなつきとめて、そっと少しずつ取り消していくには、永遠の時間がかかるかもしれない」

「だが、私はこの信念を今、変えたいんだ。どうすればいい？」

「システムの中で関連しあう信念をすべて養って保持している、中核の信念を除去するんだ。木の幹を根っこのところで切ってしまえば、葉っぱはみんな枯れる。わかるかい？」

「わかるよ。じゃあ今すぐ、中核の信念を除去しようじゃないか」

「これは予想のつかない、途方もない影響をもたらすかもしれないぞ。これは、たくさんの枝や葉っぱを支えている、深いところで核となっている信念なんだ。おれたちがここで話しているのは、おまえのアイデンティティのことなんだぞ。この信念を根っこのところで切ってしまえば、ほかの信念もたくさん死んでしまい、システム全体が崩壊するぞ」

「私はそれを除去したいんだ」

「その信念がもういらなくなったのかい？　この決断が何を意味するのか、確かにわかっているのか？　死ぬような思いをするかもしれないぞ！」

「そんな大ごとにはならないさ！　私はそれを除去したいんだ！」

「その信念をおまえのために保って適用してやることは、もう不要だというのか？」

「そのとおり。私はこれまでの人生では、その信念が働いていることが必要だと思っていたんだ。

長年にわたって、よく役目を果たしてくれたきみに感謝を伝えたい。きみは、これまで素晴らしく役に立ってくれた。私のために、そうしてくれてありがとう。きみの役目はもう必要なくなったんだ。その役目を果たすという義務から、たった今、きみを解放するよ」

「わかった。お役に立ててよかったよ」

「今度は、まったく新しい役目を作りたいんだ」

「わかった。どんなことだい？」

「今から、新しい機能が働き始めるんだ。その機能はこういうものだよ。『私が非物質的なエネルギーを知覚したいと願えば、どんな能力が使われるにしても、それは必ず私の意識に入ってくる』」

「おまえの意図がわかっていると確信できるように、例を挙げてもらえるかな」

「私が、非物質界にいるガイドの存在を知覚したければ、きみはそのガイドをはっきりと私の意識に入れるんだ。もし私が非物質界の誰か、あるいは何かとコミュニケートしたければ、きみはそれをはっきりと私の意識に入れるんだよ」

「じゃあ、おまえが非物質界にある何かを知覚しようとしたら、おれの役目は、どういう能力を使ってでも、それをできるかぎりはっきりと意識に入れてやるってことなのかい？」

「そうだ、そして、もし新しい知覚能力によって、私の知覚が向上する可能性があるなら、私がその能力を開発するのを、きみは手助けするんだ。それも、きみの新しい機能の一部なんだよ」

「結構。その信念は可能だし、おれはその信念を保って、そういう機能を果たすことにするよ」

「ありがとう。その機能を果たすことに同意してくれて、きみに感謝するよ」

そのすぐ次のライフラインのテープエクササイズで、私はフォーカス27にいるガイドの存在を認識できた。

この機能が作用し続けるにつれて、非物質界を知覚する私の能力は発達していく。その知覚能力の限界に出会うたびに、これまで紹介してきたような、限界を除去するための手順を利用することができるのだ。

この手順は、新しい機能をどんどん強化していった。時には、「疑いを抱く最後の旅」（32章／p366）と題した章で書いたとおり、除去した信念のせいで、私が予想した以上に、関連する信念が消去されてしまうこともあった。続いて起こった混乱、悲しみ、落ち込みは、でこぼこ道のようにかなり長い試練となった。


古く無用となった信念を除去し、ブロックする作用を取り去るための手順は、概略をまとめると次のようになる。

1　自分がブロックされていることを認識する。ブロックされて、自分がしようとすることができなくなっていることを認識する。

2　そのブロックの原因となる信念を持っている、自分の側面とコミュニケートしたいと申し出る。

3　自分のその側面を会話に引き入れる。それと対話する。

4　その信念が何なのか、どのように機能して自分をブロックしているのかを理解する。

5　これまでブロックする機能を果たしてくれた、自分のその側面に感謝を伝える。

6　もうその信念を持ち続けたり、ブロックする機能を果たし続けたりしなくていいように、自分のその側面を解放する。

7　古い機能に代えて新しい機能を導入したければ、その新しい機能について、言葉遣いと意図を慎重に組み立てる。時には、新しい機能が不必要なこともある。もし必要だとすれば、新しい機能の意図をよくよく検討すべきかもしれない。自分の選択の意味をよく考えること。

新しい機能には、肯定的な言葉遣いをする。たとえば、「はっきりした知覚を望む」というのが、肯定的な言葉遣いの一例だ。「私の知覚をブロックされたくない」というのは、同じ願いを表現するのに肯定的な言葉遣いをしていない。

新しい機能には、現在形を使うこと。「私が知覚したければ、それは必ず私の意識に入ってくる」というのは現在形だ。「私の知覚はよりよくなるだろう」というのは未来形だ。このような未来形で表された機能は、未来にはよりよい知覚を保つ働きをするかもしれないが、現在はそうしてくれないのだ！　言葉遣いは厄介だ。

8　瞑想状態（たとえばフォーカス10など）で、慎重に言葉を選んだ新しい機能と、それが有効になるという願いを表明する。

9　この新しい機能が実行されていることに感謝を表明する。

10　これは一度だけすればいい。そして、願いがかなうことを期待する。

経験から私は、これらの手順がどちらも、信念や信念のもたらす影響を変えたり、除去したりするのに役立つと知っている。私が提案するように、自分自身に向かって話しかけるのは、少し変だと思われるかもしれない。しかし、だとすれば、それもまたあなたを制限する別の信念で、調べてみる必要があるのかもしれない。

これらの手順を使ってみれば、その信念が自分のアイデンティティの一部かもしれないと気づくはずだ。そして、その信念を除去することで、不快な感覚のパターンが起きるかもしれないと気づくだろう。

私はそうした感覚を、いくつかの形で味わった。アイデンティティの喪失、自分がすぐ死ぬのではないかという感覚、悲しみ、落ち込みなどとして。

自分の信念に挑戦するような何かを経験した後で、何かこうした感覚を感じ始めたら、どうか、ここで言われていることを思い出していただきたい。これはとても重要だ！ **あなたの新しい経験を新しいアイデンティティに統合していくにつれて、これらの感覚は消えていくだろう。**

自分に優しくするといい。新しい自分を統合し、それを知っていくために、時間をかけていただきたい。

あなたの知覚をブロックする信念を特定し、除去すれば、あなたの経験には様々な進歩や成長が起こってくるだろう。それが私の信じていること（信念）だし、それは私にはうまく働いているのだ。

付録C　ゴーストバスター初心者のための手引き

私は一年に何度か、自宅などに何かがいることで悩んでいる人から電話をもらう。電話の主は、ヘレイナのように半狂乱になって、幽霊に危害を加えられるのではないかと心配していることもある。あるいはメイのように、幽霊の幸せのほうを心配していることもある（メイが友人のチェリクを心配していたように）。

幽霊がもっといい場所に移動するのを手助けするために、誰にでもできる簡単なことがある。それについて書く前に、いくつか基礎的な事項を説明して、できれば少し誤解を解いておきたいと思う。

まず**第一**に、知っておくべき最も重要なことは、幽霊というのは単に、肉体を持たないだけの人間だということだ。あなたや私と同じ人間なのだ。どこにでもいる人々と同様、親切だったり、怖かったり、賢かったり、愚かだったり、その中間の様々な性質を持っていたりするが、彼らはただの人間だ。

第二に、特に基礎的なことだが、あなたが幽霊を認識できるのは、その幽霊の意識が物質界の現実レベルにフォーカスしているからなのだ。なぜ幽霊がそうなっているのかについては、様々な理由が考えられる。

自分が死んだことに気づかず、慣れ親しんだ環境や人々の近くに留まっている場合もある。シルヴィアが、そういう幽霊だった。

あるいは、死には気づいていても、何をしたらいいのか混乱してしまっている場合もある。チェリクがその例だった。

シルヴィアの夫、ジョーのような幽霊は、物質界にまだ生きている人に伝えたいメッセージがあった。

ヘレイナの切り裂きジャックのような幽霊は、恐怖を求めてこの世に留まっていた。

幽霊の意識が物質界のレベルにフォーカスしているのには、様々な理由があるが、その意識のフォーカスがあるからこそ、あなたは彼らを認識できるのだし、彼らはここに留まっているのだ。

第三に、あなたは何も幽霊を恐れる必要はない、ということがある。ハリウッドの恐怖映画のせいで、私たちが何を信じ込まされていようとも、幽霊である人間は、あなたの脅威にはならないのだ。

自分自身の恐怖を幽霊に投影してしまうと、確かに逆のことが立証されているように思われるかもしれない。しかし、ヘレイナの話が、基本的な真実を説明してくれる。彼女が一番恐れていた幽霊がソファの隣りの席に腰を下ろすまでに、彼女は立ち去ってほしいという願いを表明するだけで、その幽霊を永遠に退去させることができるようになっていた。彼女に必要な助けは、そうするのを思い出させてやることだけだった。

電話での会話を終えるまでに、彼女は、自分自身の直接経験を通して、どんな幽霊も恐れる必要はないということを学んでいた。ヘレイナは、自分のアパートで起きていた、ポルターガイストのせいと思われた出来事がみな、自分自身の恐怖が形になったものにすぎなかったことを知った。

私が関わる人たちは、大多数がハリウッドの恐怖を喚起するイメージに巻き込まれて心底震え上がってしまっており、おかげでいっそう問題が深くなっているのだ。

第四に、非物質界にはヘルパーたちが住んでいて、幽霊を移動させようとするあなたの試みを喜んで手助けしてくれる、ということだ。

ヘルパーは、リビーのような状況ということも多い。リビーは、すでにチェリクを手助けしようと一生懸命に試みていたが、まだ成功していなかったのだ。あるいは、マーラの祖母を手助けに来たマギーのように、機会が訪れた瞬間に現れることもある。そして、死につつある夫のジョーを手助けしようと待っていた、シルヴィアのような存在ということもある。死後の世界には大勢のヘルパーたちがいて、機会が訪れさえすればいつでも、喜んで手を貸そうとしているのだ。

第五に、一作目の『未知への旅立ち』でも説明したとおり、あなたはまだ肉体を取って生きているせいで、ヘルパーたちと比較して特別な利点を持っている、ということだ。

幽霊の意識は物質界のレベルにフォーカスしているので、幽霊はあなたを認識できる。同じ理由から、幽霊はたいていヘルパーの存在に気づかないのだが、あなたを見ることはできるのだ。

幽霊はあなたが考える内容を聞くことができる。つまり、ヘルパーがその幽霊とコミュニケートできないときにも、あなたにはコミュニケートが可能なのだ。これは特別な利点だ。

もしあなたがコミュニケートすることで、ヘルパーの存在を幽霊に意識させることができれば、ヘルパーがその先を引き受けてくれるだろう。ゴーストバスター初心者としては、幽霊とコミュニケートする能力こそ、最も重要な力なのだ。幽霊とヘルパーを結びつけることに成功しさえすれば、そのヘルパーがあなたに代わって幽霊を移動させてくれるだろう。

あなたは幽霊やヘルパーからのコミュニケーションを完全に意識でとらえる必要はない。そういうものが意識できれば面白く興味深いかもしれないが、幽霊が移動するのを助けるという目的を達成するために、それが必要というわけではない。

これで基本の説明が終わったので、あとは、幽霊とヘルパーの結びつきを促す簡単な手法をあなたが学べるように、お手伝いするだけだ。その手法はたいていの人が考えるよりずっと簡単だし、たぶんあなたはすでに聞いたことがあるだろう。

ヘレイナが、玄関ドアのそばに幽霊が立っているのを見たとき、彼女はその手法を使った。彼女はこう言ったのだ。「光を探しなさい。光が見えたら、それに向かって行きなさい」。

私たちの多くは、「彼らを光へと送り出す」という言い回しを聞いたことがあるはずだ。しかしたいてい、それがどういう意味であり、なぜそれがうまく働くのかについては、ぼんやりとしか理解していない。ゴーストバスター初心者のための手順全体を述べる前に、まず、私の解釈をお伝えしよう。

私が最初にライフライン・プログラムに参加して、非物質界にいる誰ともまったくコミュニケートできなかったとき、レベッカのアドバイスが鍵となって、接触が可能になった。

レベッカのアドバイスとは、「今感じ取ろうとしている微細なエネルギーをとらえるには、新しい感覚が必要かもしれないということを、意識を開いて受け入れるように」というものだった。

その次に、フォーカス27で非物質的なコミュニケーションを試みたとき、私はガイドの助力を求めてみた。そのガイドは（ひとりの「ガイド」ではなく「ガイドたち」だったことがわかったが）まさにヘルパーにほかならなかった。

ガイドの助力を求めたときに、私にとってガイドが来てくれたという最初の手がかりは、何かの存在を感じたことだった。

次の手がかりは、光が見えたことだった。初めのうちは、おぼろげではっきりしない、ぼんやりした光の玉だったが、続けてコンタクトしていくうちに、だんだん鮮明に明るくなってきた。たいてい、非物質界での知覚に不慣れな人は、こんなふうにして非物質的な人物に気づいていくものだ。

もしあなたが、初めて幽霊の存在を感じているために、この手引きを読んでいるとしたら、あなたもたぶん初めはこんなふうにして幽霊に出会ったのではないだろうか。あなたは少なくとも、何かが存在するという感覚をおぼえただろうし、もしかすると「光」を見たかもしれない。

そしてまたヘルパーも、非物質界での知覚に不慣れな人に対して、こんなふうに姿を現していくものだ。「非物質界での知覚に不慣れな人」というのには幽霊も含まれる。

幽霊は最初、何かの存在を感じ、それから光を見る。その光はヘルパーなのだ。そのヘルパーは光なのだ！　両者は、ひとつの同じものなのだ。その光は、手助けするためにやって来ている人間なのだ。だからこそ、臨死体験をした人の多くが光を見たという話をするのだ。そういう人たちは、自分の死に際して、手助けに来てくれた人を見ているのだ。シルヴィアがジョーを手助けに来たように。

こうしたヘルパーの一部は、信じがたいほど力強い愛に満ちた存在で、「卒業生（Graduates）」と呼ばれている。「卒業生」の光に照らされると、平安と、純粋な無条件の愛に満ちた受容の感覚を強く感じるのだ。私の四冊目の本では、この「卒業生」たちについて、もっとご紹介することになる。

幽霊を手助けするには、彼らが光、すなわちヘルパーを認識するのに手を貸してやりさえすればいいのだ。

では、どうしたらそれができるのか？　私がガイドに気づいたときと同じように、そしてあなたが幽霊に気づいたときと同じようにするのだ。幽霊の意識を誘導して、光を見ることに向けてやるのだ。

これから紹介する手順は、幽霊を立ち去らせる方法が知りたくて電話をしてくる人たちに、私が提案しているものだ。その人たちのフィードバックによって、この手順には効果があるとわかっている。エディの経験も、その一例だ。

たまたま私は、この手引き以外、本書の内容をすべて書き終えていた。ワープロのファイルを開いて、この手引きを書こうとしたものの、なぜか書き始めることができなかった。

その二日後、エディという男性が電話をくれて、家にいる幽霊のことで助けを求めてきた。彼との会話のおかげで、私の考えはまとまり、ここに載せた手引きという形に結実したのだった。先に言ったとおり、非物質界にはヘルパーたちが大勢いて、どんなときでも助けの手を差し伸べてくれるのだ。

私はまずエディとの会話を紹介してから、その手引きを読んでいただくことにする。私は手順の全体をよく説明するために、実際の会話に少しだけ付け加えている。

「直接、幽霊に向かって何かを始める前に、ヘルパーの助けを求めるのが役に立つことが多いんだ。ヘルパーのイメージは、自分の信念に応じて、どんなイメージを使ってもいいよ」

「ヘルパーのイメージ？　どういうことだい？」エディは尋ねた。

「もし天使がいると信じているなら、天使の助けを求めてもいい。『スピリット・ガイド』を信じているなら、その助けを求めればいいんだよ」

「じゃあ、特に使いたい呼び名がなかったら？」

「それなら、ただ『ヘルパー』を呼べばいいよ」

「どんなふうにするんだい？」

「まず、座るか横になるかして、リラックスする。瞑想状態、あるいは祈りの状態になるといい。でも、ほとんど気が散らない、リラックスした精神状態なら大丈夫だ。それから心の中で、こんなふうに言うんだ。『私は私の家から幽霊に立ち去ってもらおうとしています。そして、ヘルパーの助けを求めます』ってね。ヘルパーについては、どんな言葉を使ってもいいよ。天使、スピリット・ガイド、神、イエス、その他何でもね」

「瞑想の仕方や、あなたの言うリラックスした気の散らない状態に入る方法がわからなかったら？」

「それを習える場所はいろいろあるよ。地元のスクールや、精神世界関連の本屋が、瞑想のクラスを見つける手伝いをしてくれることもある。さもなければ、私がモンロー研究所の電話番号を教えてあげてもいいよ。モンロー研で扱ってるヘミシンクテープを使えば、ふさわしい状態に入る方法をすぐ覚えることができる。彼らの用語でいう『フォーカス10』が、とても適しているだろう」

「ヘルパーの存在に気づく必要があるのかい？　自分が助けを求めたのに答えがあったと気づく必要がある？」

「いや。リラックスした精神状態に入って、助力を求めさえすれば、それだけで充分だ」

「助けを求めてからすぐ、幽霊を移動させる試みを始めていいのかい？」

「いいよ、幽霊の存在を感じていればね。一度助けを求めれば、その先、幽霊が去っていくのを手伝おうとするときに、ヘルパーはいつでも来てくれるんだ」

「それ以降、また助けを求める必要はないのかい？」

「そうだ。ヘルパーに来てくれるように頼むことで、彼らは、きみが幽霊を移動させようとしていることを知って、警戒していてくれるようになるのさ。きみがそれを実行に移すときにはいつでも、ヘルパーが手を貸そうと待っていてくれるんだ。きみが幽霊の存在を感じたら、始める直前に、ヘルパーに準備をしてくれるように頼んでも失礼にはあたらないだろうが、それが必須というわけではないよ。ヘルパーたちはいつでも喜んで、幽霊を囚われた状態から助け出すのに手を貸してくれるんだ」

「じゃあ、実際にどうやって幽霊を立ち去らせればいいんだい？」

「次に幽霊の存在を感じたら、それが感じられる方向を見て、その幽霊と会話を始めるふりをするんだ。声に出してもいいし、頭の中で話してもいい」

「『ふり』かい。会話のふりっていうのは、どういうこと？」

「ふりをするっていうのは、イマジネーションの力を開く方法なんだ。イマジネーションは、コミュニケーションのツールだ。きみのメッセージを幽霊に伝えてくれるんだよ。誰でも、頭の中の声で会話をする方法はわかるだろう。私が言ってるのはそういうことさ。頭の中で自分の声を使って、幽霊と会話をするつもりになるんだ」

「それは双方の会話じゃなきゃいけないのかい？　幽霊の側も、こっちが演じるふりをするのかな？」

「いや、幽霊と会話するつもりになって、自分が言いたいことを頭の中で言いさえすれば、幽霊にはそれが聞こえるんだよ」

「これをしながら、何か特別なことを感じる必要があるの？」

「何も特別な感覚は必要ないよ。きみが会話をするふりをしていれば、幽霊はきみの言葉、あるいは考えを『聞く』だろう」

「幽霊を立ち去らせようという意図をもっと強力にするために、何か感じたほうがいいことはあるのかい？」

「ああ、一番いいのは愛を感じることさ」

「どうやって、自分に愛を感じさせたらいいんだ？」

「自分が愛されてるとか、愛してるとか感じたような出来事を思い出すんだ。たとえば、初めて自分の赤ちゃんを抱いたときとか、最後に自分の猫を撫でたときとかね。それがどんな感じだったか、思い出せばいいんだ。幽霊を移動させるのを手助けするために、きみにできる一番パワフルなことは、愛を感じて、ハートからものを言うことなんだよ」

「ハートからものを言うって？」

「これもじつに簡単なことだ。自分の言葉や考えが胸の真ん中から出てきている、というふりをすればいいのさ。ハートが特にパワフルな状態で、ハートからものを言うってことは、幽霊にメッセージと共に愛を送ることなんだよ」

「わかった。じゃあ、まず幽霊の存在を感じる。やり方がわかれば、愛を感じて、その愛を送りながら、頭の中の声を使ってメッセージを伝える。何と言えばいいんだい？」

「『光の存在を感じなさい』。そしてしばらく待ってから、こう言うんだ。『光を探しなさい』。またもう少し待ってから、こう言う。『光が見えたら、それに向かって行きなさい』」

「そんなに簡単なのかい？」

「そんなに簡単なんだよ。そう言った後で、きみが助けようとしている幽霊が見えたら、その幽霊はあたりを見回しているだろう。その幽霊が消えたら、光を見られたってことがわかるだろう」

「もし、その幽霊が光を見られなかったらどうする？　ヘルパーが来なかったり、単にその幽霊がそのヘルパーを見られなかったりしたら？」

「ヘルパーは必ず来るよ。しかし、きみが最初に幽霊の意識を光に向けてやったとき、その幽霊が光を見られないことはありうる。私の経験では、幽霊はほとんど必ず意識を光に向けるんだけど、きみが最初に言ったときにはまだ光が見えないこともある。もしそうなら、もう一度言ってみればいい」

「幽霊がいなくなったってことが、どうしたらわかる？」

「今、まだ幽霊がいるときに、きみが幽霊をどんなふうに認識しているかによるね。きみが単に幽霊の存在を感じるだけだとすれば、きみはその存在が突然いなくなるのを感じるだろう。きみが幽霊を一種の光として見ているなら、その光が消えるだろう。幽霊をもっと人間らしい姿で見ているなら、きみには幽霊があたりを見回しているのが見えるだろう。幽霊が何かを見つけて、それを見てから消え去るようなら、幽霊が去っていったことがわかるはずだ」

「幽霊が立ち去らないようだったら、この手法を何回使えばいいんだい?」

「きみが幽霊の存在を感じるたびに、それを使っていいよ。そのたびにきみは、幽霊に、光を見てヘルパーとつながる機会を与えることになるんだ」

「もし、幽霊が立ち去って、それからまた戻ってきたような感じがしたらどうする?」

「それはほとんどありえないな。一軒の家にたくさんの幽霊がいることは、全然珍しくないけれどね。もしきみが、幽霊の存在を感じ取るうえで、平均を少し上回る感受性を持っているなら、きみにはその幽霊たちの違いがわかるかもしれない。

私は個人的には、幽霊がヘルパーに移動してもらった後でまた戻ってくるというのは、見たことがない。同じ幽霊が一度いなくなってまた戻ってきたと感じるとすれば、その幽霊はたぶん、きみとの接触で怖がってしまったんだろう。

幽霊というのがただの人間だということを思い出してくれ。初めに、まったく見も知らぬ人が歩み寄ってきて、唐突に会話を切り出したとすれば、逃げ出したくなってもそうおかしいことじゃないだろう。幽霊のいる非物質的な世界では、ただ逃げ出したいと思うだけで、きみから遠ざかってしまう力になるんだ」

「その場合はどうすればいいんだい？」

「話しかけたら怖がって逃げてしまった、という人に接するように対処すればいい。戻ってきて話をするように呼んでみる。自分が害意を持っていないことを保証する。それで戻ってきたら、もう一度トライするんだ。そのうちに、幽霊はきみとのコンタクトに慣れて、そこに留まってきみの言うことに耳を傾けてくれるようになるだろう」

エディとその妻は、自宅に六人の幽霊がいることに気づいていた。何度か目にしたひとりは、彼らがアニーと呼んでいた若い女性だった。もうひとりは、ヘンリーと呼んでいた男性で、息づかいの荒い人だった。家の中でその音が聞こえたり、敷地内の薫製小屋の床を歩き回っているのが聞こえたりした。それから年配の女性がふたり、家の中で話をしているのが時々聞こえた。あとのふたりは子どもで、外の庭で笑ったり遊んだりしているのが聞こえるのだった。ほかにも、エディの知らない幽霊たちがいた。

エディたちがまず取りかかるにはあまりにも大勢だったので、私はその翌日、自分で最初の六人を退去させた。

その六人がいなくなったことを伝えるために、エディに電話をすると、彼は最初に電話で話した晩に出会った幽霊について話してくれた。

エディは階段を上がって寝室に行ったという。その部屋に入ると、窓のところの何かが目を引いた。二階の寝室の窓から、男の顔が中を覗き込んでいたのだ。エディの話では、その窓に顔が見えるということは、地上から三メートル以上離れた空中に立っていることになるので、幽霊に違いないとわかったという。

「できるだけ急いで、ハートから話すようにして、『光を探し、光が見えたらそれに向かって行きなさい』と伝えたんだ」とエディは言った。「その男の頭が少し動いたのが見えて、それから、その男は消え去ったよ」


エディの依頼は、私にとってありがたい贈り物だった。おかげで私の考えをみなまとめることができ、次のような手引きができたのだ。

1　電話のベルや予期せぬ騒音に邪魔されないような静かな場所で、座るか横になるかしてリラックスし、瞑想状態に入る。これをする自信がなければ、このステップは飛ばして、残りの手順を試してみてもいい。それでもうまくいくことが多い。このようにリラックスする方法を速く学びたければ、モンロー研究所に連絡を取ってみるといい（The Monroe Institute; Route 1, Box 175, Faber, Virginia, 22938-9749）。私はモンロー研究所で働いているわけではなく、単に自分がそこで学んだからということで、これを提案している。このリラックスした状態のまま、次のステップに進む。

2　ヘルパーの手助けを求める。自分の信念に応じて、どんな呼び名を使ってもいい。このステップで必要なのは、心の中で、次のような簡単な文を口にすることだけだ。「私は幽霊を私の家から移動させるつもりです。ヘルパーの助けを求めます」

3　次に幽霊の存在に気づいたら、それがどこにいるのか感じ取るようにする。そこに実際に人がいるかのように、その方向に向かって立つ。もちろん、そこには実際に人がいるのだ――ただ、肉体を持ってはいないというだけで。幽霊のいる場所を感じ取るには、目を閉じるとやりやすいかもしれない。

4　ハートに愛を感じること。あなたのメッセージをハートから言うように意識する。このステップは絶対に必要というわけではないが、あなたのメッセージの意図を強く後押ししてくれる。

5　誰かと会話を始めようとするときのように、幽霊に向かって話しているふ
り
をする。

6　このステップは、声に出してもいいし、心の中の声で言ってもいい。幽霊にこう言う。「光の存在を感じなさい」

7　しばらく待ってから、こう言う。「光を探しなさい」

8　またもうしばらく待ってから、こう言う。「光が見えたら、それに向かって行きなさい」

9　ヘルパーが手助けしてくれたことに、感謝を表明する。簡単に「ありがとう」と言うだけでいい。

手順はこれですべてだ。

これを使うと、あなたはヘルパーがやってくるのに気づくかもしれないし、気づかないかもしれない。幽霊が去っていくのに気づくかもしれないし、気づかないかもしれない。過去に幽霊の存在に気づいたことがあるのなら、きっといなくなったことにも気づくだろう。

いずれにせよ、そういうことはみなどうでもいいのだ。この手法はうまくいく。私は、失敗したという例は知らない。

その後、あなたがこの幽霊か別の幽霊の存在を感じるようなことがあれば、3から9までのステップをもう一度繰り返してみるといい。

あなたか知り合いの誰かが幽霊の存在に気づくことがあれば、ぜひとも、ここで紹介した手引きを利用してみていただきたい。それはあなたが、そういう人（幽霊）にしてあげられる、最大の親切なのだ。

エディの家にいたふたりの幽霊、アニーとヘンリーは、二〇世紀になった頃からずっと、そこに囚われていた。彼らもほかの者たちも、今や解放されて、フォーカス27にいるほかの人たちの助けを借りながら、自分が選ぶどんな道でも歩んでいけるようになった。今では、あの家に囚われていたときよりも、はるかに多くの選択肢を持っているのだ。

付録D　用語解説

死後探索シリーズ一作目『未知への旅立ち』を読んでいない方々のために、この用語解説を設けた。これらの用語をよりしっかりと理解するためには、シリーズ一作目をお読みいただきたい。

エクスプロレーション27・プログラム　Exploration 27 Program

モンロー研究所による、ライフライン・プログラムの卒業生向けのプログラム。エクスプロレーション27では、参加者はフォーカス27の基幹施設を探索し、あの世の様々な「場所」について学びを深める。「レセプションセンター」をさらに綿密に探索すると共に、「計画センター」、「教育センター」、「健康・回復センター」も訪問する。参加者は、フォーカス34／35も探索する。ここはボブ・モンローが二作目の著書『魂の体外旅行』で「大集合（ギャザリング）」として言及している領域だ。ここで、参加者は、私たちの住む宇宙のうち他の領域から来た知的存在たちとコミュニケートする機会を持つ。

解釈者　Interpreter

自分自身の一側面であり、現在、意識でとらえているものと関連するものを何でも、記憶の中から探し出す。解釈者はまた、新しい情報の記憶を構築するために、そういう関連事項を意識へともたらす。

ガイドラインズII・プログラム　Guidelines II program
モンロー研究所が提供する六日間の滞在型プログラムで、参加者に「ガイダンス」にアクセスする方法を教える。

救出　Retrieval
フォーカス23からフォーカス26までの領域に囚われてしまっている、非物質的な人間を探し出し、コンタクトしてコミュニケートし、その人をフォーカス27へ連れていく活動。救出活動は、死後世界の探索を学ぶためのトレーニング手段として、ライフライン・プログラムで利用されている。

ゲートウェイ・ヴォエッジ・プログラム　Gateway Voyage Program
モンロー研究所が提供する六日間の滞在型プログラムのうち、最初の入門編。ゲートウェイ・ヴォエッジは、構築された学びのプログラムを通じて、参加者をフォーカス10、12、15および20へと導く。各フォーカスレベルに到達する方法や、各自が使用できる様々な想像上のツールについても教える。

公園　The Park

フォーカス27にある領域で、「レセプションセンター」という呼び名でも知られている。（「レセプションセンター」の項を参照のこと）

ザラついた三次元の暗黒　Grainy 3-D Blackness

きめが粗くザラザラした、ホログラフィックなイメージを特徴とする、特別な意識レベル。目を閉じたときに見える暗闇で、単なる平面ではなく奥行きも伴っている。「質感のある暗黒」と表現する人も多い。このレベルは、他のあらゆるレベルと接続するポイントになっているらしい。

ＣＨＥＣ（チェック）ユニット　CHEC Unit

Controlled Holistic Environmental Chamber（全環境被制御室）。寝台車のベッドのようなスペースになっており、ゲートウェイ・ヴォエッジなどの六日間のプログラムで、参加者がここを宿泊場所兼ヘミシンクテープを聴く場所として使用する。個々のＣＨＥＣユニットは、マットレスと枕と毛布を備え、外の音や光から一定レベルの遮断が可能となっている。各ユニットには、コントロール室に接続されたステレオヘッドフォンと、照明および個別の換気設備が設置されている。

知覚者　Perceiver
自分自身の一側面であり、非物質界で知覚したものを自分の意識にもたらす。この側面は、知覚することしかできない。意識にもたらすものを使って、記憶を構築することはできない。

チャクラ　Chakra
ヨガの哲学で言われている、霊的な身体に存在する七つのエネルギーセンター。

DEC　DEC
ドルフィン・エナジー・クラブ（Dolphin Energy Club）。モンロー研究所では、六日間の各プログラムの中で、ヘミシンクの力を借りる自己ヒーリングと遠隔ヒーリングの方法を教えている。この手法では、イルカ（ドルフィン）のイメージが使用されるため、この名が付いている。このトレーニングのうち、遠隔ヒーリングの練習を続けたい参加者は、そのためのグループに加入できる。モンロー研究所は、遠隔ヒーリングの依頼を受けて、それをDECのメンバーたちに伝え、結果に関するフィードバックをメンバーに対して行なう。

囚われる（フォーカスレベルに）　Stuck
非物質的な人間が、死後世界にいる他の非物質的な人間と、まったく接触できずにいる場合、「囚われている」と表現される。これはたいてい、その人が死ぬときか死ぬ前に持っていた信念のせいで起こる。そういう人が死んだときの状況も、「囚われる」ことを招く場合がある。

フォーカスレベル　Focus Levels
それぞれのフォーカスレベルとは、ある特定の意識状態、もしくは意識レベルのこと。それぞれが固有の特性あるいは活動内容をもっており、プログラムの参加者たちは、ヘミシンクのサウンドパターンを利用して、それにアクセスしたり活用したりする方法を学ぶ。

フォーカスC1　Focus C1
通常の、物質界での意識レベル。私たちが普通に生活している物質的な世界のレベル。

フォーカス10　Focus 10（精神は目覚め、肉体は眠っている状態）
このレベルでは、肉体は眠っているが、精神ははっきりと覚醒している。この状態で作り出すことのできる想像上のツールは、不安や緊張を和らげるために使ったり、ヒーリングや遠隔視（リモート・ビューイング）や、そのほかの情報収集の手段として利用したりできる。フォーカス10は、夢を見ている状態にかなり似ていて、ここでは言葉よりもイメージで考えることを学ぶ。

フォーカス12　Focus 12（意識の広がった状態）

意識・知覚が肉体の限界を超えて広がった状態。フォーカス12は、多くの異なる側面を持つ。非物質界の探索、意志決定、問題解決、クリエイティブな表現の向上、などなど。

フォーカス15　Focus 15（無時間の状態）

「無時間」の状態は、時間と空間の制約を超えて自己を探求する機会をふんだんに与えてくれる、心の回路を開く意識レベル。

フォーカス21　Focus 21（他のエネルギー系）

このレベルは、いわゆる時空や物質的なものを超越した、他の世界やエネルギー系を探索する機会を与えてくれる。

フォーカス22　Focus 22

このレベルでは、肉体として存在している人間は、断片的な意識しか持たない。この意識状態には、譫妄《せんもう》状態、薬物やアルコール依存、痴呆症などが含まれるだろう。また、麻酔中や昏睡状態の患者なども同様だ。この状態での体験は、夢や妄想ととらえられるかもしれない。この領域での、私の個人的な経験では、ここにいる多くの人は錯乱し、混乱し、迷っているようだ。このおかげで、その人たちと接触しコミュニケートするのは、非常に難しいことがある。

フォーカス23　Focus 23

このレベルには、肉体としての生を離れたものの、死の事実を認識できず受け入れられなかったり、地球のエネルギー系に縛られて自由になれない人たちが存在する。すべての時代の死者たちが含まれる。ここに住む人たちは、必ずと言っていいほど、ひとりきりで孤立している。多くの場合、死んだときの状況のせいで、自分がどこにいるのかわからなくなってしまっている。自分が死んだことに気づいていないことが多いのだ。たいていは、何らかのかたちで物質界とのつながりを維持しているために、死後の世界から助けにやってくる者たちを知覚する能力が制限されてしまっている。

フォーカス24、25、26　Focus 24,25&26

これらのレベルが信念体系領域に相当する。様々な前提や概念を信じて受け入れている、あらゆる時代、あらゆる地域の人間たちが、肉体を離れるとここに来る。その信念には、何らかのかたちで死後の生の存在を仮定する宗教や哲学などが含まれるだろう。

フォーカス27　Focus 27

「レセプションセンター」もしくは、その中枢にあたる「公園」と呼ばれる場所が、ここにある。人間の精神が創り出した人工的な場所であり、肉体を失うことによって精神が受ける傷(トラウマ)やショックを癒すために設けられた中継地点だ。多種多様な人々を満足させるために、様々なこの世での環境が再現されている。

フォーカス34／35　Focus 34/35

人間の意識を超えた意識レベル。「大集合（ギャザリング）」とも呼ばれている。ここでは、宇宙の他の領域から来た知的存在たちが、地球の大変動を目撃するために集合している。ここでは、こうした知的存在たちとのコンタクト、コミュニケーション、相互の交流が可能だ。

フリーフロー・フォーカステープ　Free Flow Focus Tapes

言葉によるインストラクションを最小限にして、そのフォーカスレベルでの自由時間を最大限に取ったヘミシンクテープ。

ヘミシンク　Hemi-Sync

以下の説明は、モンロー研究所のパンフレットから許可を得て転載させていただく。

「モンロー研究所は、音の波形が人間の行動に与える影響の研究で、国際的に知られている。同研究所は研究の初期に、非言語の音響パターンが意識の各段階に劇的な影響を及ぼすことを発見した。

特定のサウンドパターンが、脳の電気的な活動に周波数同調反応（frequency following response ＝ ＦＦＲ）と呼ばれるものを作り出す。その混ざりあった連続するサウンドパターンは、脳を様々な状態、たとえば深いリラックスや眠りなどの状態へと、優しく導くことができる。この分野における包括的な特許権は、一九七五年にロバート・モンローが取得している。この発見や他の人々の仕事に基づいて、モンローは、独立した信号を左右それぞれの耳に伝える「バイノーラル・ビート」というシステムを採用した。独立した音のパルスが、ステレオヘッドフォンで左右それぞれの耳に送り込まれると、脳の左右ふたつの半球が同調して働き、ふたつの音のパルスの差である第三の信号を聴くのだ。この第三の信号は実際の音ではなく、双方の脳半球が同時に協調して働くことによってのみ生み出される電気的な信号だ。

こうして生ずる、一定の独特な脳の状態は、脳半球同調（hemispheric synchronization）すなわちヘミシンク（Hemi-Sync®）として知られている。この状態を作り出す聴覚刺激は、決して強烈なものではない。脳に侵入してくるようなものではなく、客観的にも主観的にも簡単に無視できる。

脳半球同調は、日常生活の中で自然に起こっているが、通常はランダムに、短時間しか存在しない。モンロー研究所が開発したヘミシンクの音響技術は、この非常に生産的な、一定した脳の状態を作り出し、維持するのを助けてくれる」

ヘミシンク（私の説明）

あなたが理系タイプなら、脳半球同調について、私独自の説明のほうが理解しやすいだろう。ステレオ・ヘッドフォンを使用して、左右の耳を聴覚的に独立させたうえで、ふたつの異なる周波数の音を、片方は左耳にもう片方は右耳に送り込む。

たとえば、毎秒四〇〇サイクルの音を片耳に、毎秒四〇二サイクルの音をもう片方の耳に聴かせるとする。この結果生ずる脳波の周波数パターンを分析したものをリアルタイムで観察すれば、双方の脳半球が毎秒二サイクルの周波数の脳波を発して同期し始めるのがわかるだろう。双方の脳半球の脳波は、入力されたふたつの周波数の差に同期するのだ（402－《マイナス》400＝《イコール》2）。この脳波の周波数パターンが、たとえばレム睡眠の脳波と等しければ（実際には違うが）、それを聴いている人物はレム睡眠に導入されていくだろう。また、もう一組、意識のはっきりした覚醒状態の脳波を生じさせるような音を、前の音と同時に使用することもできる。そうすれば、その人が導入されるのは「精神は目覚め、肉体は眠っている」状態、すなわちモンロー研究所の用語でいえばフォーカス10ということになる。

最も重要な点は、双方の脳半球が、情報を共有して協力しあうバランスの取れた状態になるということだろう。こうした状態は、ふたつの脳半球が合成する第三の音、先の例で言えば毎秒二サイクルの音によって促進される。このバランスの取れた状態で、ふたつの脳半球は建設的に協力しあうようになり、知覚や分析の能力が向上することがはっきり証明されている。このバランスから「知ること」がもたらされるのだ。

ヘルパー　Helpers

死後の世界に充分長く住んで、勝手がわかっている非物質的な人間たち。ヘルパーはしばしば、肉体的に生きている人が非物質界を探索するのを、ボランティアで手助けしてくれる。また、ほかの非物質的な人間にも、ボランティアで助けの手を差し伸べる。通常は、人が死後の世界に移っていくのを手助けするが、助けを求められたり、助けが役に立ったりするときはいつでも、進んで手助けしてくれる。

ライフライン・プログラム　Lifeline Program
モンロー研究所が提供する六日間の滞在型プログラムで、参加者をフォーカス22、23、24、25、26および27へと導く。参加者たちは、死後世界のこの領域で、そのレベルに住む者たち（ヘルパーや、他の非物質的な人間たち）とコンタクトし、コミュニケートする方法を学ぶ。ライフラインは、救出活動という手段を用いて、参加者たちがこれらのフォーカスレベルに達して、探索していく方法を教える。

レセプションセンター　The Reception Center
フォーカス27にある領域で、死んだばかりの人が、物質界を離れて死後世界に入っていくにあたり、適応するのを手助けしてもらう場所。

了

著者紹介／**ブルース・モーエン**
ブルース・モーエンは、コロラド州デンバーでファロン夫人と共に暮らし、自ら経営する小さな会社で技術コンサルタントとして働いている。非物質的なものへの好奇心から、死後の世界の探索を開始し、その経験を「死後探索」シリーズの第一作『未知への旅立ち』に著した。『魂の救出』はシリーズ第二作となる。「死後探索」シリーズは、アメリカでこれまでに4冊刊行された。

訳者紹介／**塩﨑麻彩子**（しおざき　まさこ）
1965年、群馬県生まれ。お茶の水女子大学大学院修士課程（英文学専攻）修了。翻訳家。訳書に、『死後探索』①（ブルース・モーエン著、ハート出版）『究極の旅』（ロバート・A・モンロー著、日本教文社）『トールキン 指輪物語伝説』（デイヴィッド・デイ著、原書房）などがある。埼玉県さいたま市在住。

監訳者紹介／**坂本政道**（さかもと　まさみち）
モンロー研究所オフィシャル・スポークスマン
アクアヴィジョン・アカデミー代表
監訳者のウェブサイト「体外離脱の世界」（http://www.geocities.jp/taidatsu/）
「アクアヴィジョン・アカデミー」のウェブサイト（http://www.aqu-aca.com）
に常時アップ。
主な著書……「死後体験」シリーズ①〜③、「絵で見る死後体験」「スーパーラブ」（いずれもハート出版）、「超意識 あなたの願いを叶える力」（ダイヤモンド社）などがある。

「死後探索」シリーズ2
魂の救出

平成18年9月3日　第1刷発行

著者　　ブルース・モーエン
発行者　日高裕明
Printed in Japan

発行　ハート出版
〒171-0014　東京都豊島区池袋3－9－23
TEL03-3590-6077　FAX03-3590-6078
ハート出版ホームページ　http://www.810.co.jp

乱丁、落丁はお取り替えします。その他お気づきの点がございましたらお知らせ下さい。
ISBN4-89295-544-2　編集担当／藤川　印刷／中央精版